渊鉴挹菁

贵州省社会科学院典藏

贵州省社会科学院 编

社会科学文献出版社
SOCIAL SCIENCES ACADEMIC PRESS (CHINA)

编辑委员会

序

“治学先治目录学”，这是历代学者的经验之谈。清代学者王鸣盛在其《十七史商榷》中谈及首治目录学的体会，如云：“目录之学，学中第一紧要事，必从此问途，方能得其门而入。”又云：“凡读书最切要者，目录之学。目录明，方可读书，不明，终是乱读。”又引金榜的话：“不通《汉艺文志》，不可以读天下书，艺文者，学问之眉目，著述之门户也。”

我国最早的目录专书，是西汉刘向的《别录》及其子刘歆的《七略》，班固的《汉书・艺文志》则是以《七略》为基础整理而成。《七略》已佚，而现存最早的群书目录则是《汉书・艺文志》。后来的官修史书，大都列有《艺术志》或《经籍志》。除官家目录外，还有私家目录和史家目录。目录学成为一门学科，涌现了许多专治目录的学者。如贵州省著名学者莫友芝，就是清代版本目录学的创始人之一，曾刊行五部目录学专著。其中《郘亭知见传本书目》（以下简称《郘目》）16 卷，被多家出版单位多次翻印，成为图书工作者和藏书家案头必备之物。

著名藏书家傅增湘去全国各地搜访古籍，随身携带《郘目》和笔记本，所见善本，详记在笔记上，又把各书行款、碑记、

特藏室珍藏古籍

序跋摘要记在《部目》上。后据此编写成《藏园群书题记》和《藏园群书经眼录》各五十多卷。

贵州省社会科学院，自1960年成立以来，便留意汉文古籍的搜集和保护。历经半个多世纪，共得古籍488部，6874册。版本上起元代，中经明代而迄于清代。文献数量，居于贵州省31家汉文古籍收藏单位的第8位。这批重要的文化遗产，具有颇高学术研究价值，版本学、文献学价值，有的还成为“古董”，具有文物价值。为了让它充分发挥其作用，尽量体现其价值，首先是整理其目录，摘要介绍与各书相关数据，以便于读者和学问家选择使用。为此，院图书信息中心经过两年多的努力，编写出院首部目录学专著，雅名《渊鉴挹菁——贵州省社会科学院典藏》，择录院藏32部善本古籍，介绍相关信息。

目录著作，按其所记的内容，可分为不同类型，有三分法与四分法。按四分法的准则：一是以纲纪群籍、簿次甲乙的目录，此为目录家的目录，也叫纯目录，只记载书名、作者等简单信息，如《旧唐书·经籍志》《新唐书·艺文志》《明史·艺术志》之类。二是鉴别旧椠、校雠异同的目录，此为藏书家的目录。如南宋尤袤《遂初堂记》，莫友芝《部目》等。三是以辨章学术、考镜源流的目录，此为史学家的目录，如《汉书·艺文志》《隋书·经籍志》等。四是摘要钩玄、治学涉径的读书家之目录，如刘向《别录》，北宋《崇文总目》，宋末元初马端临《文献通考·经籍考》，明高儒《百川书志》，清《四库全书总目提要》等。藏书家目录重版本，史家目录重序文，读书家目录重提要。

《渊鉴挹菁——贵州省社会科学院典藏》一书，除记录书名、作者、注释者、刻印者及卷数等基本信息外，还录载作者、注者、刻者的传记，介绍该书主要内容；有几种详记版式行款，也记述版本刻行等信息。所选的古籍，不分部类，以精善本为首选。每书之后，附有4~6帧书页照片，令读者有管窥之悦。

所憾的是，各书均未写提要或序文。按其类型，应属藏书家的目录。

这批古籍中，有一些属珍稀版本，现择要评述如下。

《增补六臣注文选》，元大德三年（1299）陈仁子古迂书院刻本。馆存二十四册，六十卷。世称茶陵陈氏本。莫友芝《部目》集部《门臣注文选六十卷》，称“曾见于许滇生先生所”。嘉靖二十八年（1549）钱扩洪梗氏仿刊，万历三年（1575）新都崖氏仿刊，皆依陈氏。《部目》同条中记述有关该书宋刊本情况，一则云：“绍兴二十八年修北宋本。见昭文张氏志：‘有明州司法参军卢钦跋云：直阁赵公来镇是邦，首加修正。’”

另一则云："天禄目载：赵子昂藏者，不着刻书年月。字用颜体，于整齐之中寓流动之致，纸质如玉，墨光如漆。不知与张志同板否？"由此推知，该书的宋刻版只在书目中记载，未曾见刊本。而陈氏茶陵刊本为今见较早者。而我院得存全帙二十四册，非常珍贵。

《玉海》是一部类书，二百卷，附四卷。明、清两代有补换之页，并经三次重修。《部目》有一则记述："元至元

特藏室珍藏古籍

六年庆元路儒学刊《玉海》，并附十三种，半页十行，行二十字，并仿赵体书，元印棉纸，宽大者极精美。丰顺丁禹生有之。”又云：“邵亭仅有嘉靖修本。”贵州省社会科学院图书信息中心藏书，字体为仿宋而非“赵体”，显然不是元代刊本，但即便是明、清修本，也很珍贵。

《史记钞》是茅坤所撰的《史记》选注本，刻印于明晚叶，流播不广。《郘目》中载有《史记》的各种版本，包括《史记正义》《史记集解》《史记索隐》的不同版本，未见《史记钞》。莫友芝走遍江南多处藏书楼和书肆，均未见到此书，足见颇为珍稀。

《唐宋八大家文钞》，明茅坤编选。有茅坤刻本，又有朱墨本，坊间有两翻本。我院存有四家:《欧阳文忠公文钞》《苏文忠公文钞》《苏文定公文钞》《王文公文钞》，前三部为完帙，后一部存半部（四册）。系明刻本，很珍贵。

其他精善刻本，尚有《佩文斋书画谱》，由清康熙年间内府刊印，品质很高。全书一百卷，馆存二十六卷二十一册。既有史料价值，又有学术研究价值。《历代名吏录》，雍正年间湖山草堂刻印，馆存者为原刻本，字迹为楷书体，清丽秀逸。《春秋四传管窥》也是张氏湖山草堂刻本，版式字迹与《历代名吏录》相似，堪称精善之本。

此外，《御选唐宋诗醇》乾隆刻朱墨印本、《徐霞客游记》嘉庆水心斋叶氏刻本、《明辩录》乾隆务滋堂刻本、《国语》乾隆诗礼堂刻本、《李太白文集》乾隆中国宝笏楼刻本，都是颇佳刻本，值得珍藏。

《渊鉴挹菁——贵州省社会科学院典藏》一书的编印，是

特藏室珍藏古籍

目录学界的重要收获。今后，将陆续编写藏书目录，充分发挥其“辨章学术，考镜源流”的作用，让广大读者和学问家了解这批难得的古籍，根据各自需要，选择合适之篇，顺利步入治学和著述的门户。

贵州省社会科学院研究员
贵州省文史研究馆馆员
著名学者
黄万机

2018 年 9 月

目录

015 ／特藏古籍

蘇文定公文鈔

埤雅

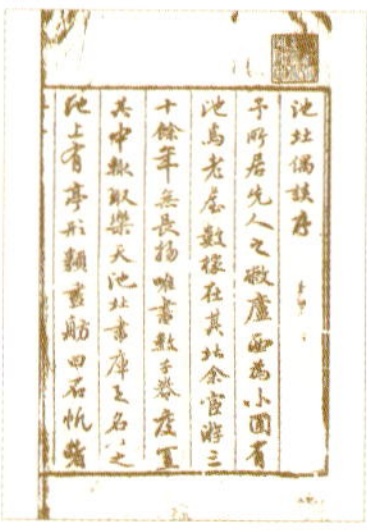

池北偶談序

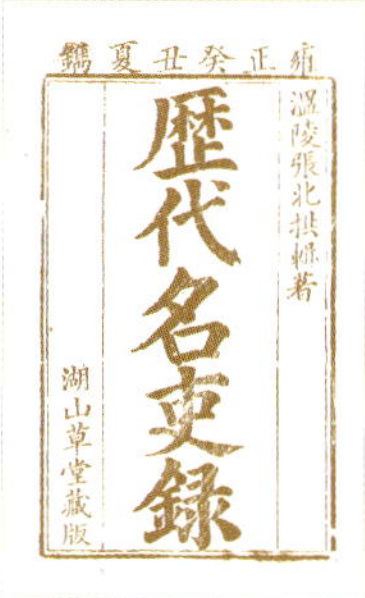

雍正癸丑夏鐫
歷代名吏錄
湖山草堂藏版

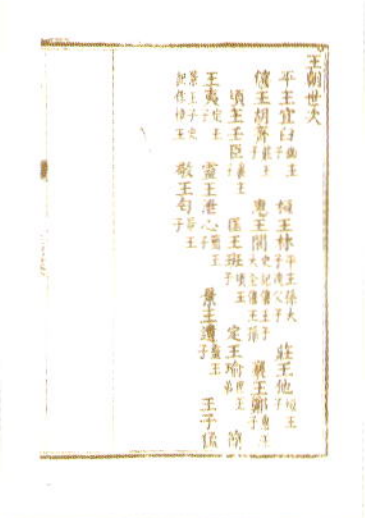

御選唐宋詩醇

天台齊息園先生著
水道提綱
傳經書屋藏板

乾隆戊申
爾雅正義
餘姚邵氏家塾本

221 ／名家画作

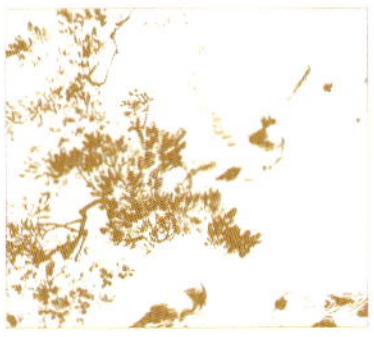

梁　昭明太子蕭統

唐　文林郎守太子右內率府録事參軍事崇賢舘直學士李善

衢州常山縣尉呂延濟

都水使者劉承祖男劉良

處士張銑　呂向　李周翰

觀元始眇覿玄風銑曰式用也眇遠也覿見也言用視太初遠見玄風冬

巢之時茹毛飲血之世世質民淳斯文未

《增补六臣注文选》

（梁）萧统　编纂
（唐）李善、吕延济、刘良、张铣、李周翰、吕向　注
（宋）陈仁子　增补

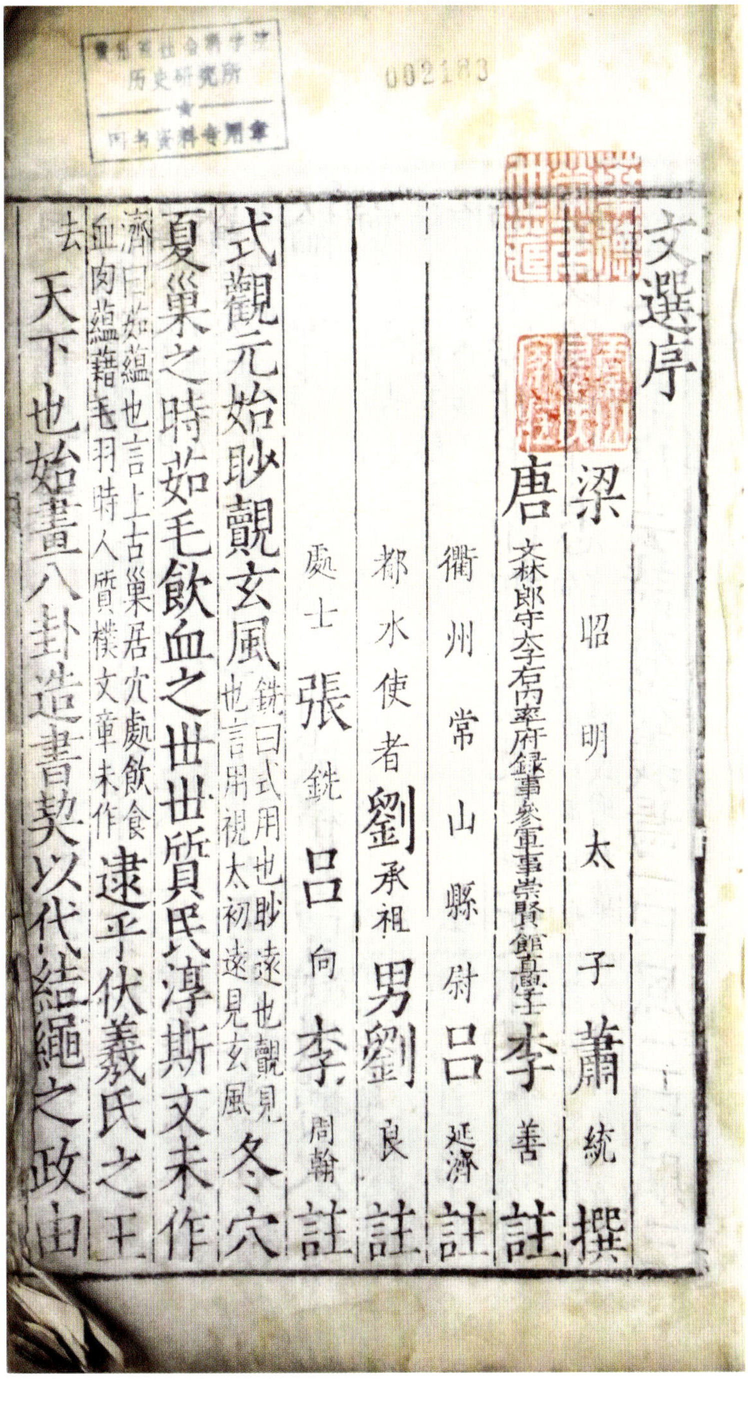

《增补六臣注文选》序

元大德三年（1299 年）
陈仁子古迂书院刻本

框高 20.8 厘米
宽 13.8 厘米
半叶 10 行 17 字
小字双行 23 字
左右双边

馆存
全二十四册　六十卷

萧统（501~531），字德施，小字维摩。南兰陵（祖籍江苏武进）人。南朝梁代文学家，梁武帝萧衍长子，两岁被立为太子，未及即位即于中大通三年(531)去世，谥号“昭明”。其人聪颖过人，信佛能文，遨游书海，著述勤奋，对文学颇有研究，曾主持编纂中国现存的最早一部汉族诗文总集《文选》（又称《昭明文选》）。

陈仁子，字同甫，号古迂，茶陵人，登仕郎，生卒年代不详，宋末元初在世。博学好古。咸淳十年(1274)漕试第一。宋亡不仕，营别墅于东山，世人呼为东山陈氏。元初杰出的教育家、著述家和刻书家。仁子自撰有《诸儒议论》《牧莱脞语》《二稿》《迂褚燕说》《唐史后言》《韵史》；整理出版《增补六臣注文选》《梦溪笔谈》《尹文子》《说苑》《文选补遗》《续文选齐补遗》。传世和存目的计有十三种之多，共计五百五十六卷。其中《牧莱脞语》《文选补遗》等著述由《四库全书》收录。

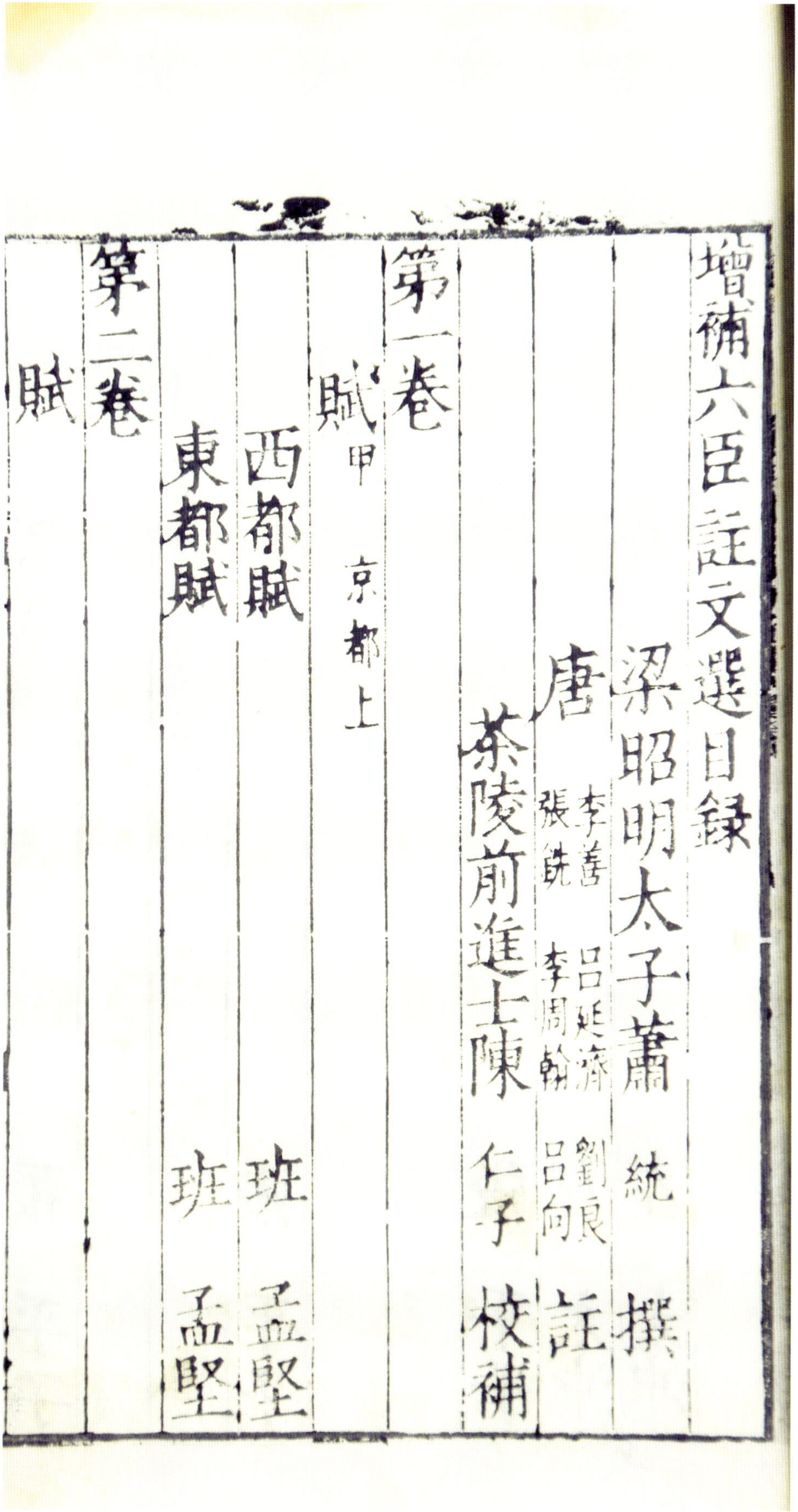
增補六臣註文選目録
梁昭明太子蕭 統 撰
唐 李善 吕延濟 劉良 張銑 李周翰 吕向 註
茶陵前進士陳 仁子 校補
第一卷
賦甲 京都上
西都賦 班 孟堅
東都賦 班 孟堅
第二卷
賦

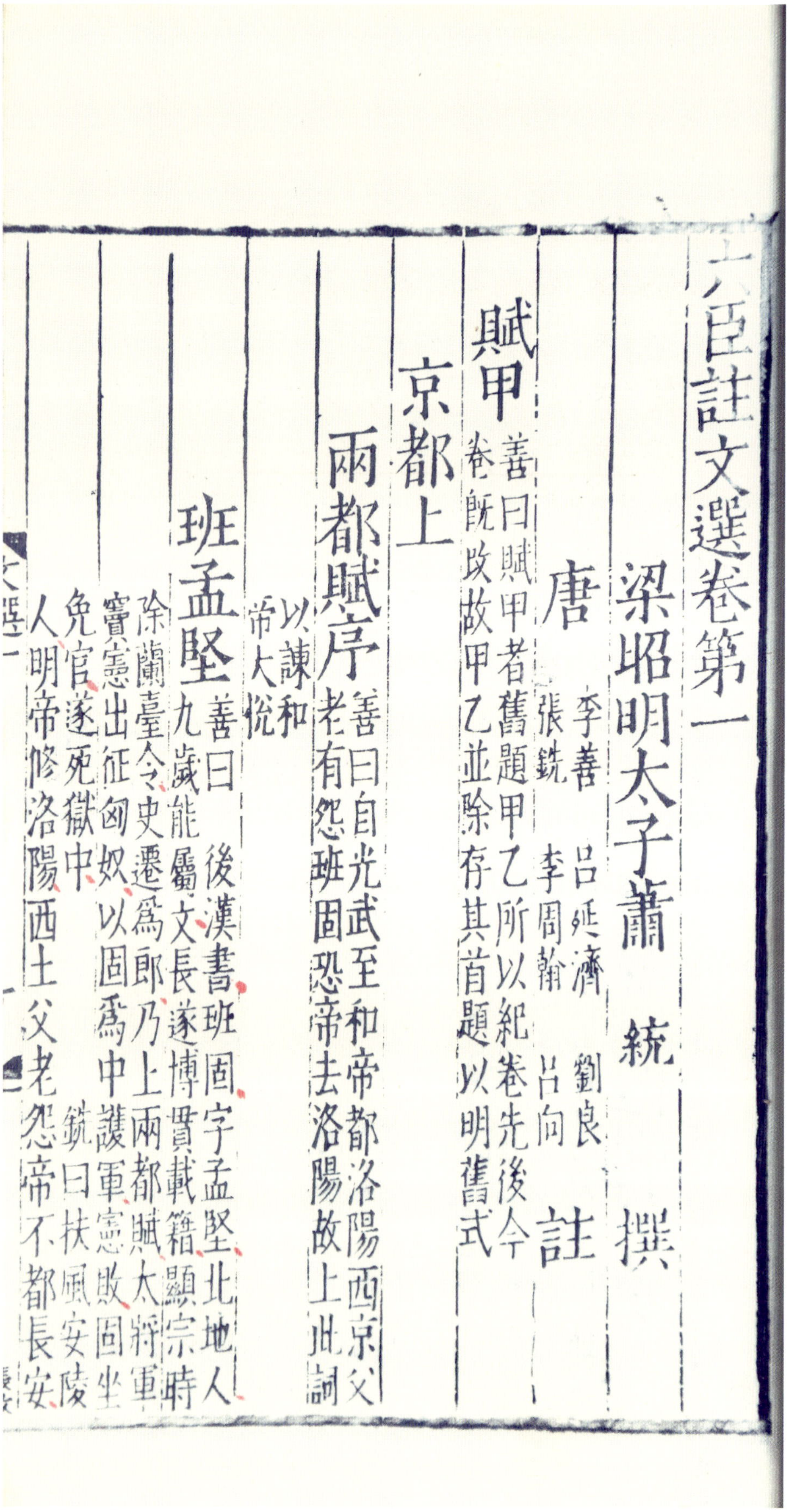
六臣註文選卷第一

梁昭明太子蕭　統　撰

唐　李善　呂延濟　劉良　張銑　李周翰　呂向　註

賦甲　善曰賦甲者舊題甲乙所以紀卷先後今卷既改故甲乙並除存其首題以明舊式

京都上

兩都賦序　善曰自光武至和帝都洛陽西京父老有怨班固恐帝去洛陽故上此詞以諫和帝大悅

班孟堅　善曰　後漢書班固字孟堅北地人九歲能屬文長遂博貫載籍顯宗時除蘭臺令史遷爲郎乃上兩都賦大將軍竇憲出征匈奴以固爲中護軍憲敗固坐免官遂死獄中　銑曰扶風安陵人明帝修洛陽西土父老怨帝不都長安

文選一　一

《增补六臣注文选》卷一首页

《文选》原本三十卷，李善为之作注而分每卷为二，后又有吕延济、刘良、张铣、李周翰、吕向等五人批注本出，据说为不失萧统之旧，仍为三十卷本，此为《文选五臣注》。旧说自南宋以来，世人偶有将“李善注本”与“五臣注本”合刊，名之曰《六臣注文选》，以“取便参证”。然南宋刊本《六臣注文选》留存后世者极少，当年修纂《四库全书》时也只能以明代袁氏刊本为采进本。

《六臣注文选》，引书广泛，是众多《文选》版本中最有代表性且流传最久的注本。分赋、诗骚、文等三十七类，赋一类又分郊祀、耕籍等十五种，诗又分补亡、述德、劝励等三十二门。书中多篇诗歌被选入教科书，形成了文选学，影响深远。《六臣注文选》的注中极多阐幽发微之处，准确精当，体例严谨。

《玉海》

（宋）王应麟 撰

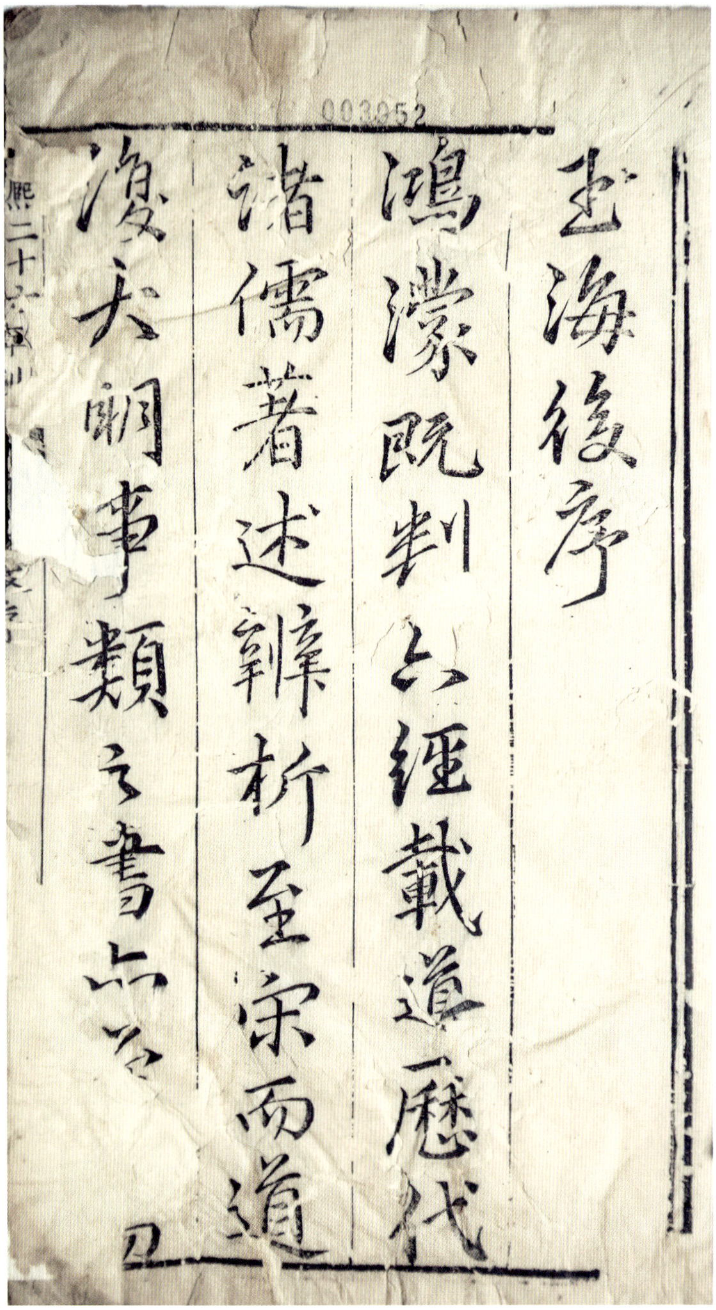
玉海後序
鴻濛既判六經載道歷代
諸儒著述辭析至宋而道
復大明事類之書亦多

《玉海》后序 元至元六年（1340）庆元路儒学刻元明清递修本

元至元六年（1340）
庆元路儒学刻元明清递修本

框高 20.8 厘米
宽 13.5 厘米
半叶 10 行 20 字
小字双行 20 字
左右双边

馆存
二十四册 八十卷
（一至六，三十五
至四十，八十一至
八十四，
八十八至一一〇，
一一九至一二二，
一五二至一六四，
一六九至一七一，
一七八至一八六，
一九五至二〇二，
诗考一，诗地理考一，
天文编上、下）

王应麟（1223~1296），字伯厚，号深宁居士，又号厚斋。庆元府鄞县（今浙江省宁波市鄞州区）人。南宋官员、经史学者。早年致力于典章制度研究，对经史百家、天文地理等都有涉猎。一生著述宏富，有《困学纪闻》、《小学绀珠》、《通鉴地理考》、《通鉴地理通释》、《玉海》、《诗地理考》、《通鉴答问》、《汉艺文志考》、《深宁集》、《玉堂类稿》、《掖垣类稿》、《诗考》、《蒙训》等二十余种、六百多卷。

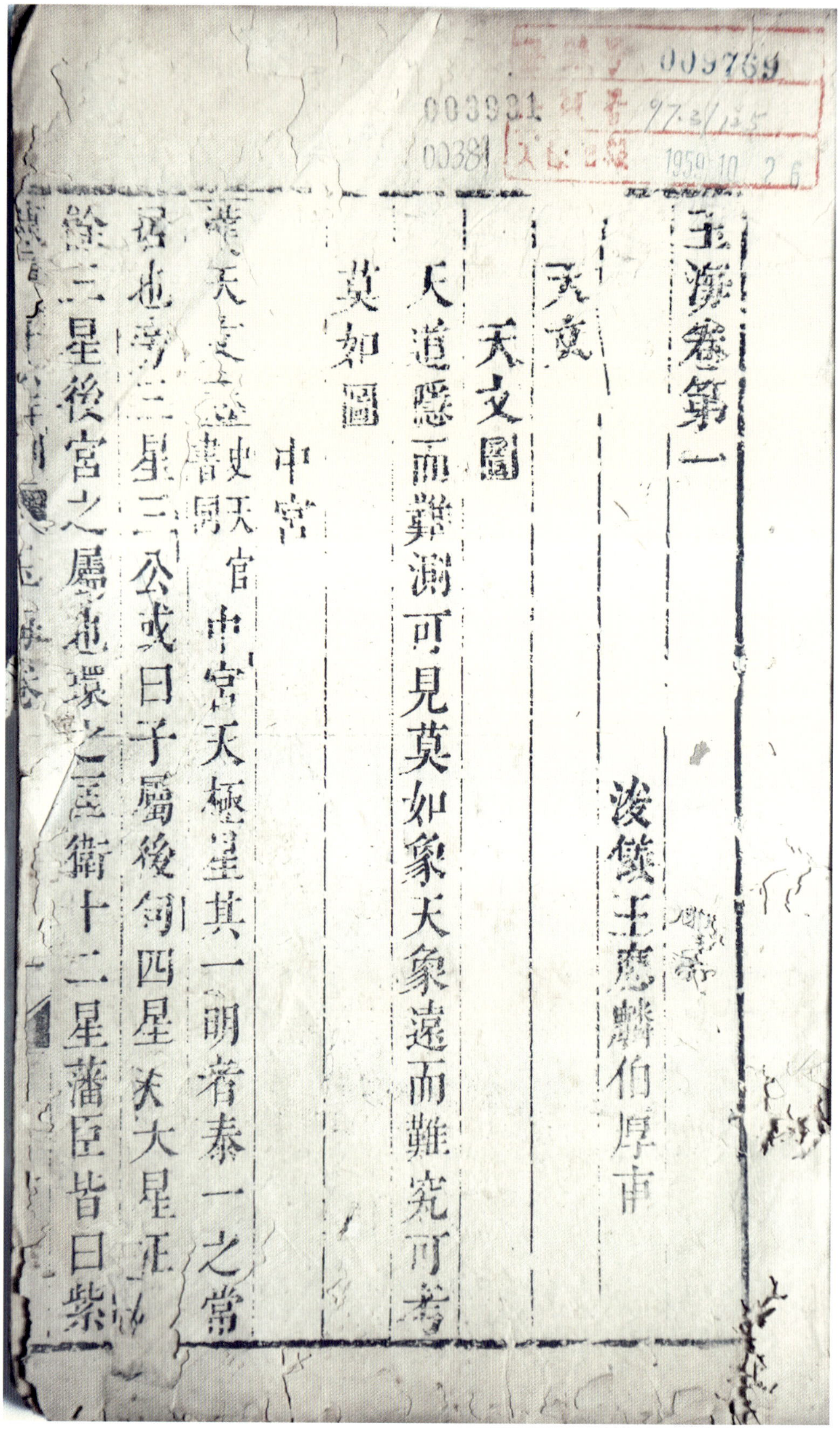

玉海卷第一

天文

浚儀王應麟伯厚甫

天文圖

天道隱而難測可見莫如象天象遠而難究可考莫如圖

中宮

漢天文志史記天官書同中宮天極星其一明者泰一之常居也旁三星三公或曰子屬後句四星末大星正妃三星後宮之屬也環之匡衛十二星藩臣皆曰紫

《玉海》 卷一首页 康熙二十六年刊

《玉海》是王应麟为应博学鸿词科考试而编纂的大型类书，在我国古文献学史上占有重要地位。《四库全书总目》称其："胪列条目，率巨典鸿章。其采录故实，亦皆吉祥善事，与他类书体例迥殊。然所引自经史子集、百家传记，无不赅具。而宋一代之掌故率本诸实录国史日历，尤多后来史志所未详。其贯串奥博，唐宋诸大类书未有能过之者。"《玉海》二百卷，附《辞学指南》四卷。是书分天文、律宪、地理、帝学、圣文、艺文、诏令、礼仪、车服、器用、郊祀、音乐、学校、选举、官制、兵制、朝贡、宫室、食货、兵捷、祥符二十一门，每门各分子目，凡二百四十余类。明代南京国子监刊本以应麟所著《诗考》、《诗地理考》、《汉艺文志考》、《通鉴地理通释》、《王会篇解》、《汉制考》、《践阼篇解》、《急就篇解》、《小学绀珠》、《姓氏急就篇》、《周易郑注》、《六经天文编》、《通鉴答问》等书附梓于后。

馆藏版本为元至元六年（1340）庆元路儒学刻元明清递修本。递修时间有正德元年、正德二年、嘉靖庚戌年、嘉靖乙卯年、嘉靖丙辰年、万历十六年、万历十七年、万历癸未年、万历丁亥年、崇祯丙子、崇祯丁丑年、崇祯十一年、康熙二十六年、康熙戊辰年、乾隆三年、乾隆五十六年等。

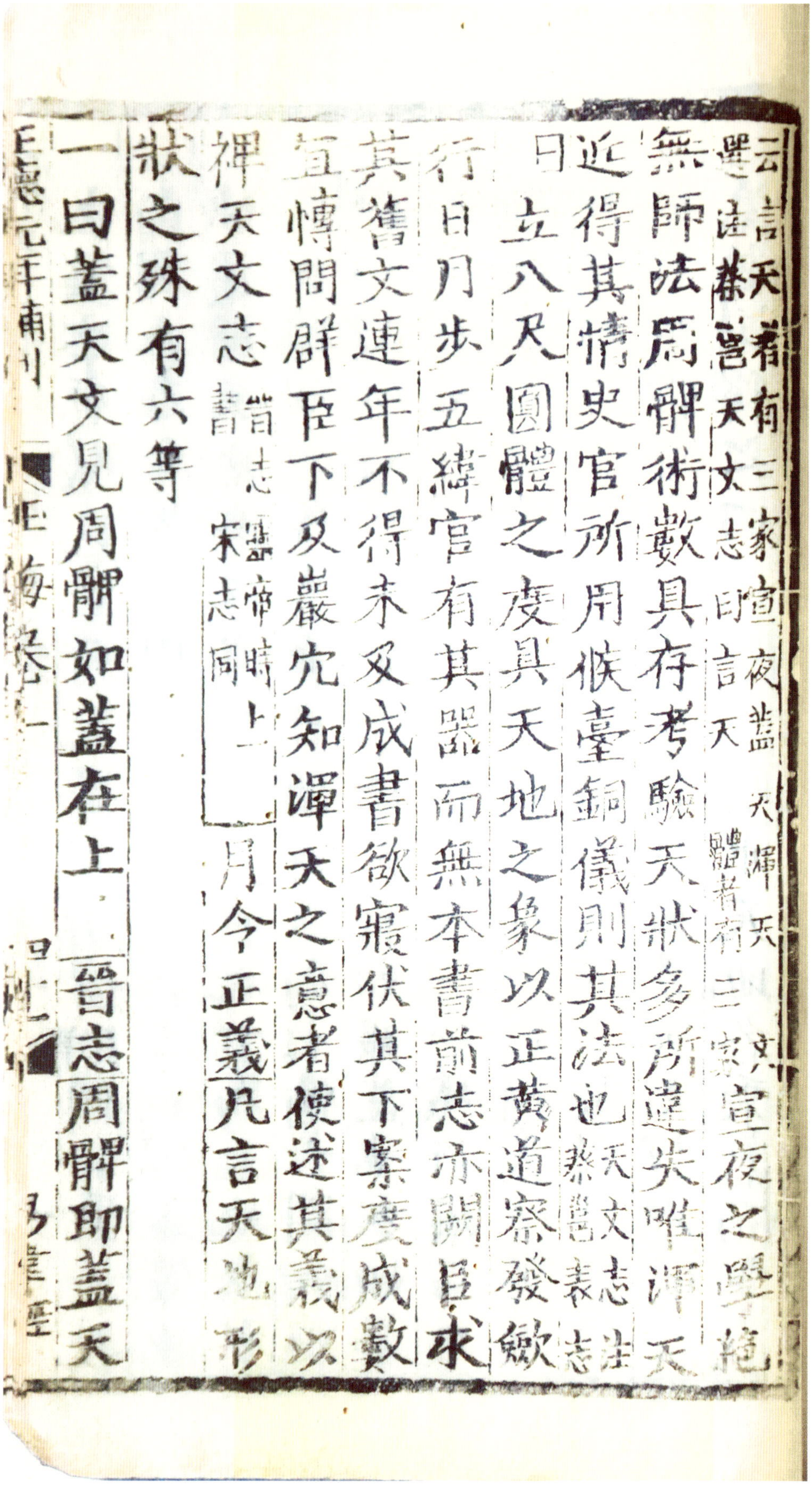
云言天者有三家宣夜蓋天渾天文
選注蔡邕天文志曰言天體者有三家宣夜之學絕
無師法周髀術數具存考驗天狀多所違失唯渾天
近得其情史官所用候臺銅儀則其法也天文志注蔡邕表志
日立八尺圓體之度具天地之象以正黃道察發斂
行日月步五緯官有其器而無本書前志亦闕臣求
其舊文連年不得未及成書欲寢伏其下案度成數
宜惇問群臣下及巖穴知渾天之意者使述其義以
裨天文志晉志靈帝時上書宋志同月令正義凡言天地形
狀之殊有六等
一曰蓋天文見周髀如蓋在上晉志周髀即蓋天
正德元年補刊　玉海卷一

《玉海》 正德元年补刊

《玉海》康熙戊辰年刊

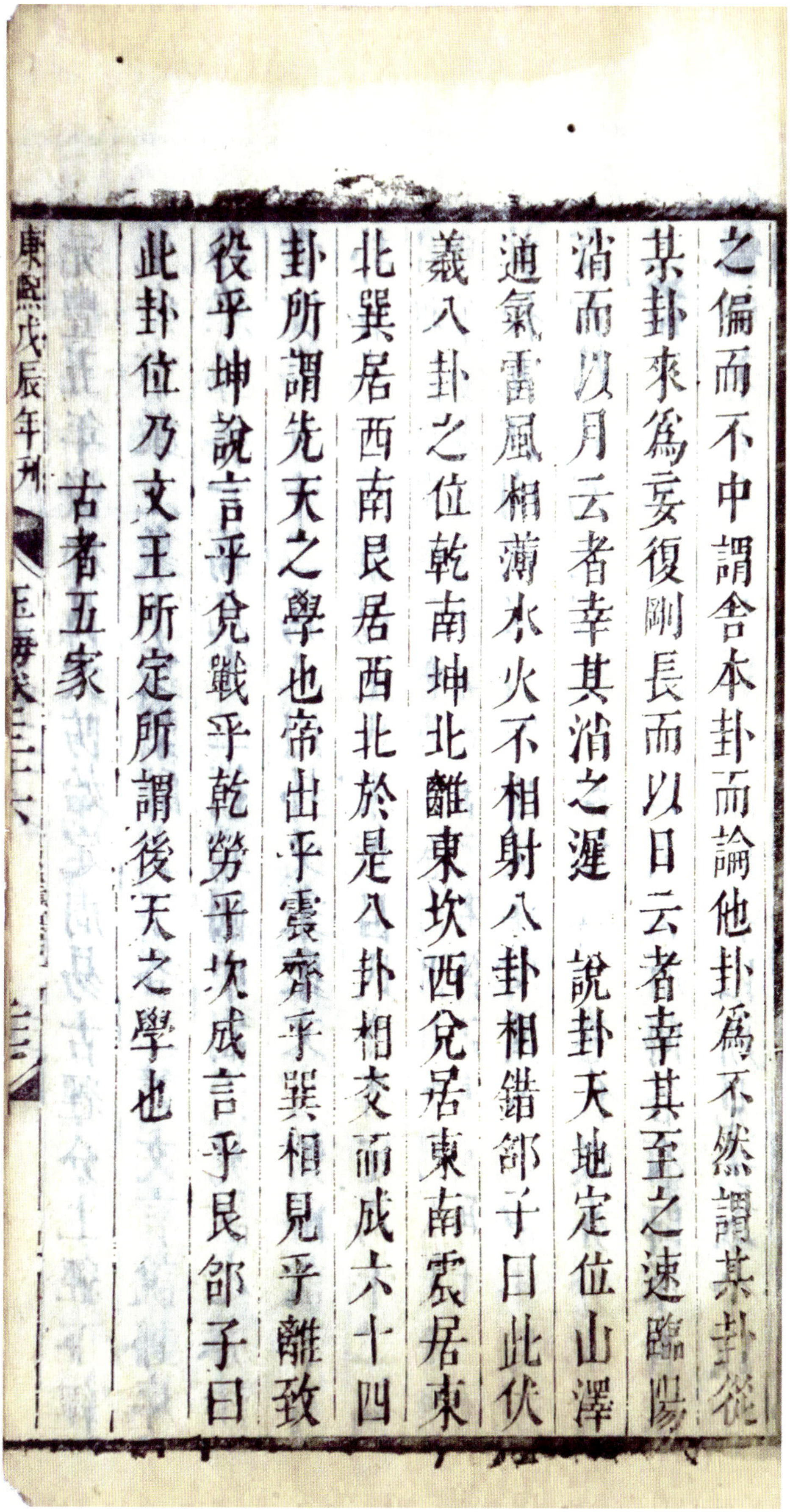
之偏而不中謂舍本卦而論他卦爲不然謂其卦從
其卦來爲妄復剛長而以日云者幸其至之速臨陽
消而以月云者幸其消之遲　說卦天地定位山澤
通氣雷風相薄水火不相射八卦相錯邵子曰此伏
羲八卦之位乾南坤北離東坎西兌居東南震居東
北巽居西南艮居西北於是八卦相交而成六十四
卦所謂先天之學也帝出乎震齊乎巽相見乎離致
役乎坤說言乎兌戰乎乾勞乎坎成言乎艮邵子曰
此卦位乃文王所定所謂後天之學也
古者五家

康熙戊辰年刊　玉海卷三十六　三

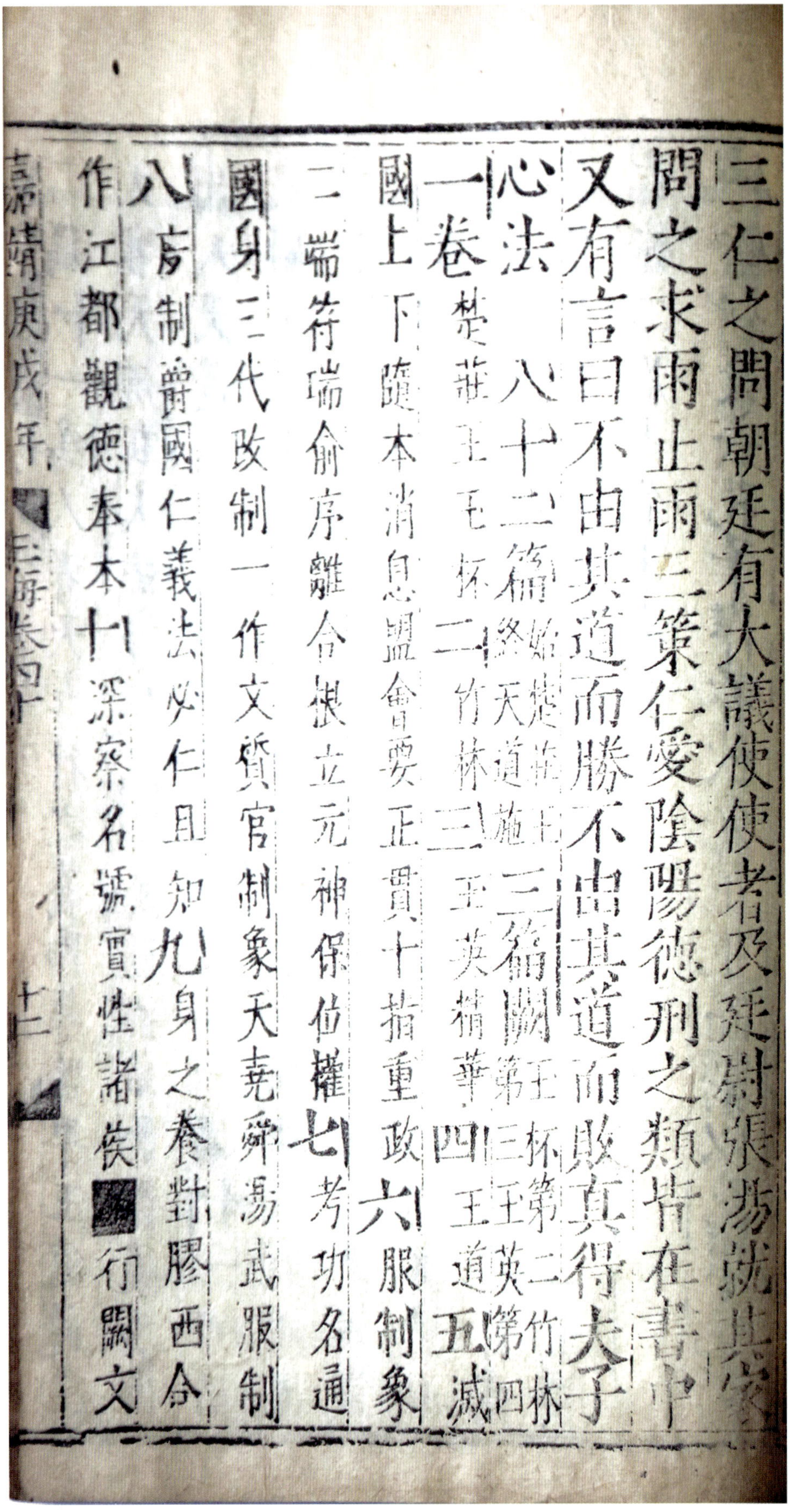
三仁之問朝廷有大議使使者及廷尉張湯就其家問之求雨止雨三策仁愛陰陽德刑之類皆在書中又有言曰不由其道而勝不由其道而敗真得夫子心法八十二篇始楚莊王終天道施三篇闕第三玉杯第二竹林第三玉英第四一卷楚莊王一玉杯二竹林三玉英精華四王道五滅國上下隨本消息盟會要正貫十指重政六服制象二端符瑞俞序離合根立元神保位權七考功名通國身三代改制一作文質官制象天堯舜湯武服制八度制爵國仁義法必仁且知九身之養對膠西合作江都觀德奉本十深察名號實性諸侯■行闕文

嘉靖庚戌年　玉海卷四　十二

《玉海》嘉靖庚戌年补刊

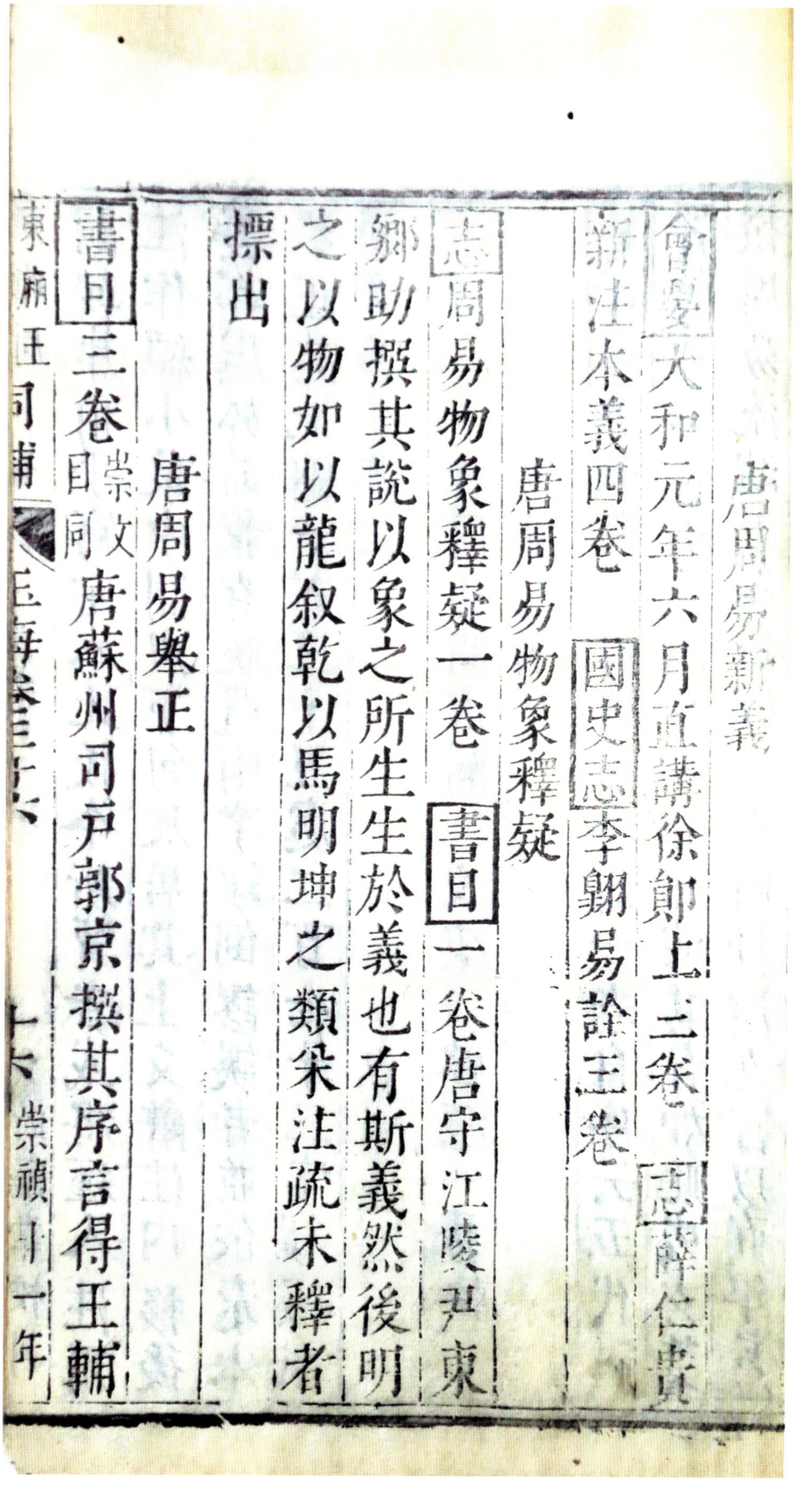
唐周易新義
會要大和元年六月直講徐郎上三卷 志薛仁貴
新注本義四卷 國史志李翺易詮七卷
唐周易物象釋疑
志周易物象釋疑一卷 書目一卷唐守江陵尹東
鄉助撰其說以象之所生生於義也有斯義然後明
之以物如以龍叙乾以馬明坤之類采注疏未釋者
標出
唐周易舉正
書目三卷 崇文目同 唐蘇州司戶郭京撰其序言得王輔
東廂王同補 玉海卷三十六 十六 崇禎十一年

《玉海》 崇祯十一年东厢王西厢王同补

《史记钞》

（明）茅坤 辑

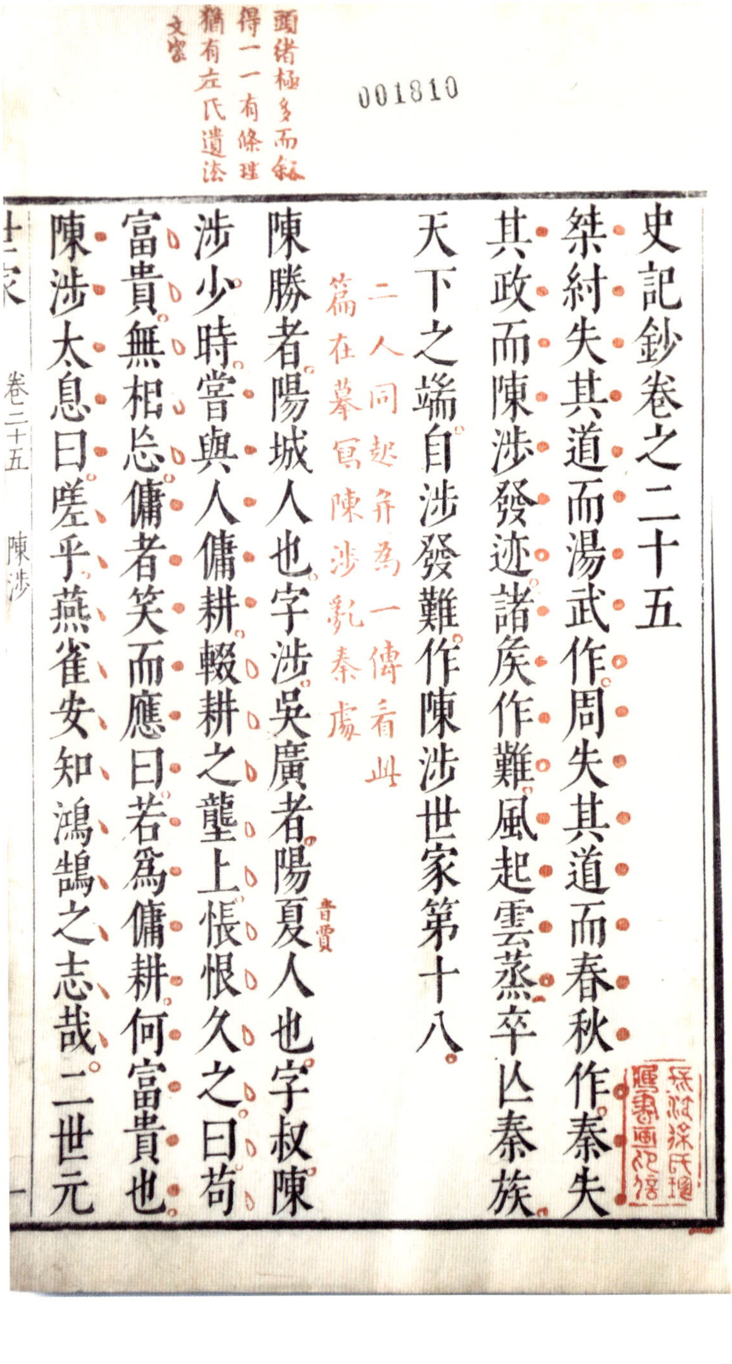
頭緒極多而敘得一一有條理猶有左氏遺法文字

001810

史記鈔卷之二十五

桀紂失其道而湯武作周失其道而春秋作秦失其政而陳涉發迹諸侯作難風起雲蒸卒亾秦族天下之端自涉發難作陳涉世家第十八

二人同起并爲一傳看此篇在摹寫陳涉亂秦處

陳勝者陽城人也字涉吳廣者陽夏（音賈）人也字叔陳涉少時嘗與人傭耕輟耕之壟上悵恨久之曰苟富貴無相忘傭者笑而應曰若爲傭耕何富貴也陳涉太息曰嗟乎燕雀安知鴻鵠之志哉二世元

世家　卷二十五　陳涉　一

《史记钞》明泰昌元年（1620）浙江吴兴闵振业刻朱墨套印本

明泰昌元年（1620）
浙江吴兴闵振业刻
朱墨套印本

框高 20.6 厘米
宽 15 厘米
半叶 9 行 19 字

馆存
十二册　六十六卷
（卷十九至二十、
卷二十五至八十、
卷八十四至九十一）

茅坤（1512~1601），明代散文家、藏书家。字顺甫，号鹿门，归安（今浙江吴兴）人，明末儒将茅元仪祖父。嘉靖十七年进士，官广西兵备佥事时，曾领兵镇压广西瑶族农民起义。茅坤文武兼长，雅好书法，提倡学习唐宋古文，反对“文必秦汉”的观点，至于作品内容，则主张必须阐发“六经”之旨。编选《唐宋八大家文钞》，对韩愈、欧阳修和苏轼尤为推崇。茅坤与王慎中、唐顺之、归有光等，同为明代唐宋派古文健将，被称为“唐宋派”。有《白华楼藏稿》，刻本罕见。行世者有《茅鹿门集》。

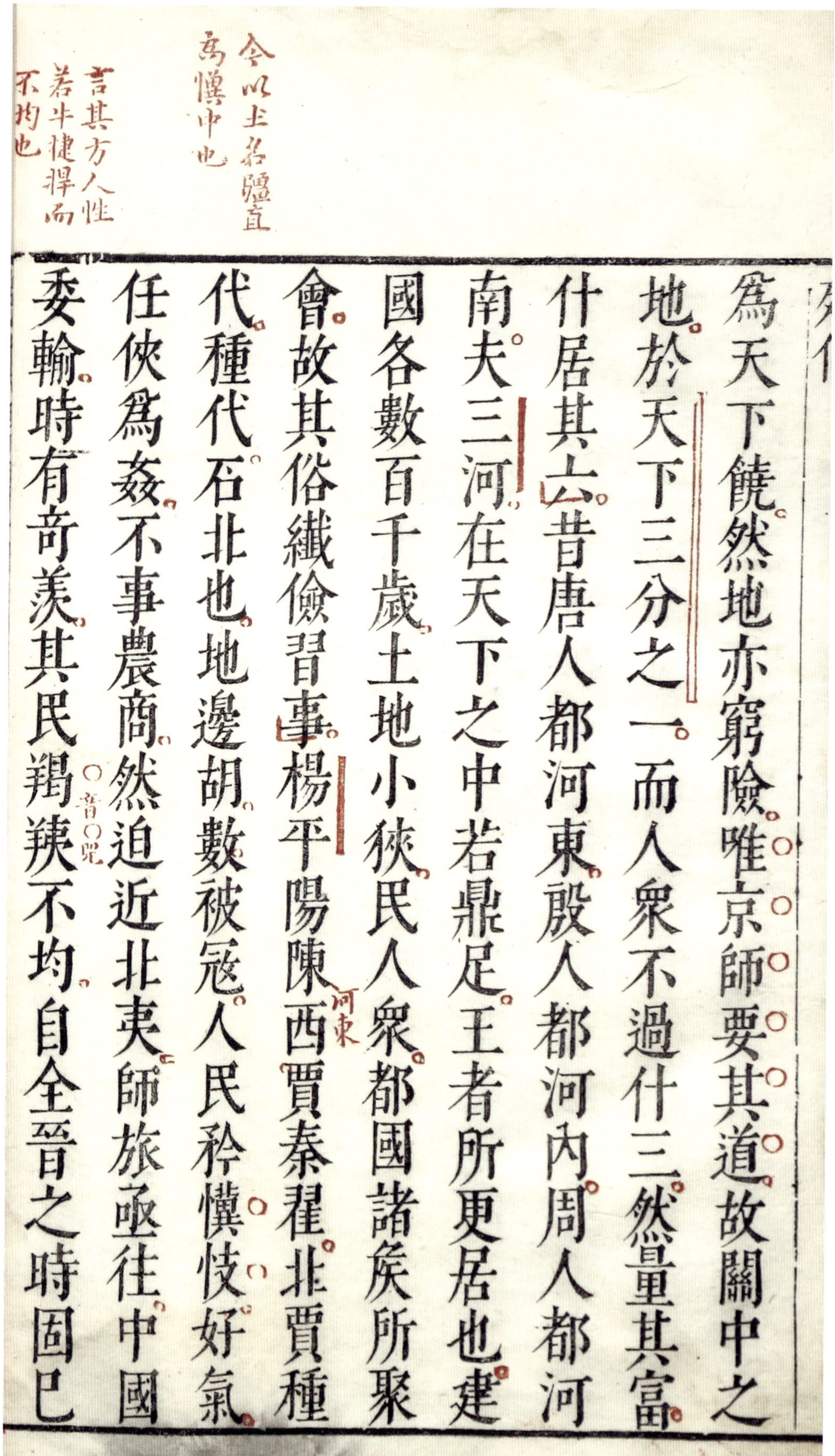
令以土名彊直爲懻中也
言其方人性若牛犍捍而不均也
殖傳
爲天下饒然地亦窮險唯京師要其道故關中之
地於天下三分之一而人衆不過什三然量其富
什居其六昔唐人都河東殷人都河內周人都河
南夫三河在天下之中若鼎足王者所更居也建
國各數百千歲土地小狹民人衆都國諸侯所聚
會故其俗纖儉習事楊平陽陳西賈秦翟北賈種
河東
代種代石北也地邊胡數被寇人民矜懻忮好氣
任俠爲姦不事農商然迫近北夷師旅亟往中國
音兒
委輸時有奇羨其民羯羠不均自全晉之時固已

《史记钞》明泰昌元年（1620）浙江吴兴闵振业刻朱墨套印本

此书为茅坤编《史记》选注本，对《史记》叙事艺术、人物形象的塑造、审美价值等多方面进行了评价，见解深刻。全书九十一卷，吴兴闵氏套印本。据《中国古籍善本总目》《明代闵凌刻套印本图录》等著录，此书刻于泰昌元年，明光宗朱常洛在位仅一个月时间，泰昌年号也仅仅用了四个月时间，故以泰昌年号纪年之书传见极罕。

《史记钞》 明泰昌元年（1620）浙江吴兴闵振业刻朱墨套印本

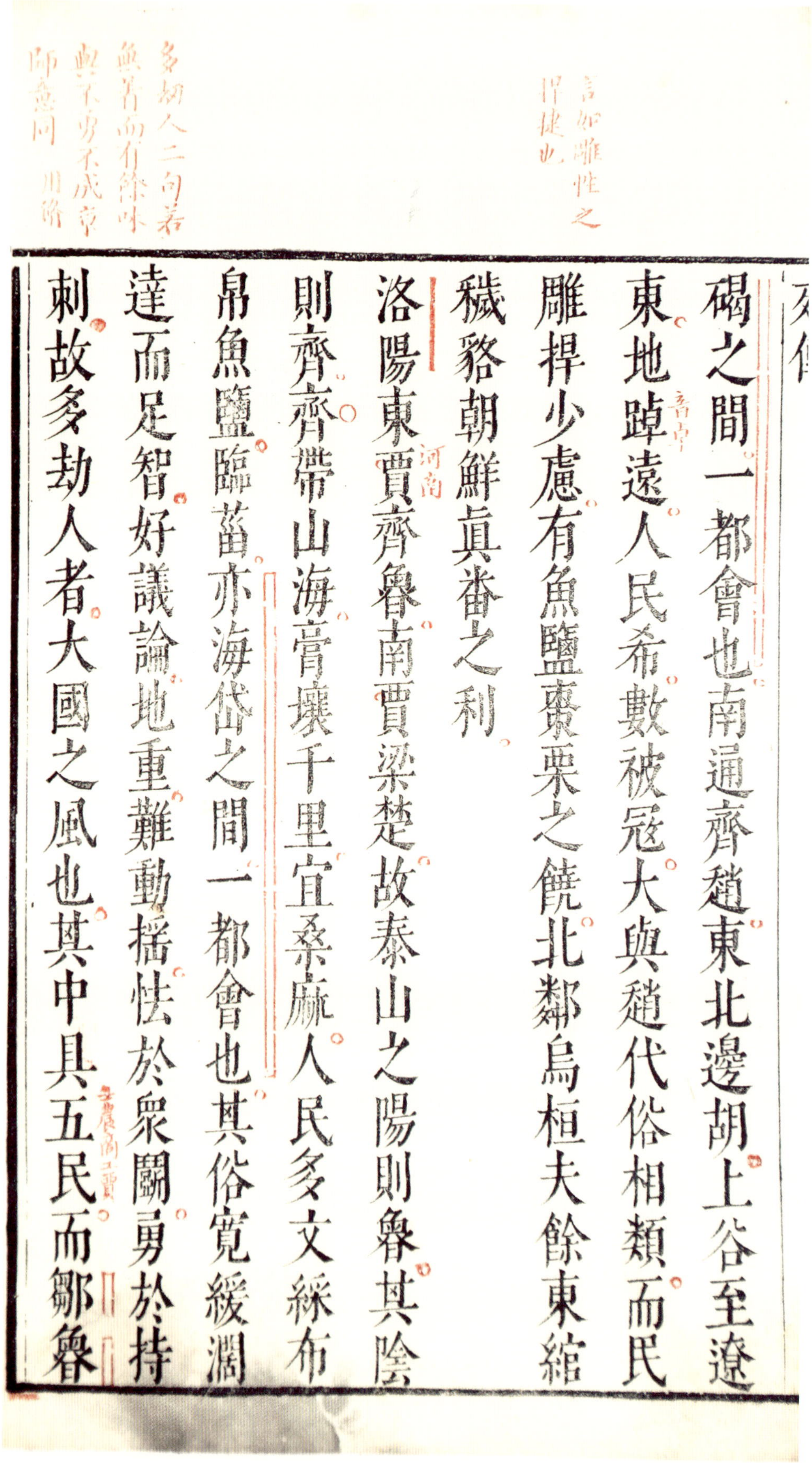
言如雕性之捍捷也

多劫人二句若無着而有餘味與不勇不成章師意同 用修

碣之間一都會也南通齊趙東北邊胡上谷至遼東地踔遠（音卓）人民希數被寇大與趙代俗相類而民雕捍少慮有魚鹽棗栗之饒北鄰烏桓夫餘東綰穢貉朝鮮真番之利

洛陽（河南）東賈齊魯南賈梁楚故泰山之陽則魯其陰則齊齊帶山海膏壤千里宜桑麻人民多文綵布帛魚鹽臨菑亦海岱之間一都會也其俗寬緩闊達而足智好議論地重難動搖怯於衆鬬勇於持刺故多劫人者大國之風也其中具五民而鄒魯

事多而以簡括之又使人一讀即了最見史公筆力　久紫

史記鈔卷之十九

牧殷餘民叔封始邑申以商亂酒材是告及朔之生衛傾不寧南子惡蒯聵子父易名周德卑微戰國既彊衛以小弱角獨後亾嘉彼康誥作衛世家第七

篇中敘宣公奪太子伋妻因聽子朔讒而殺之而子壽及子伋爭死處可悲○轉入懿公戴公文公處令人流涕太息矣

衛康叔名封周武王同母少弟也其次尚有冉季冉季最少武王已克殷紂復以殷餘民封紂子武

世家　卷十九　衛　一

《史记钞》　明泰昌元年（1620）浙江吴兴闵振业刻朱墨套印本

《二十一史文钞》

（明）戴羲 选编

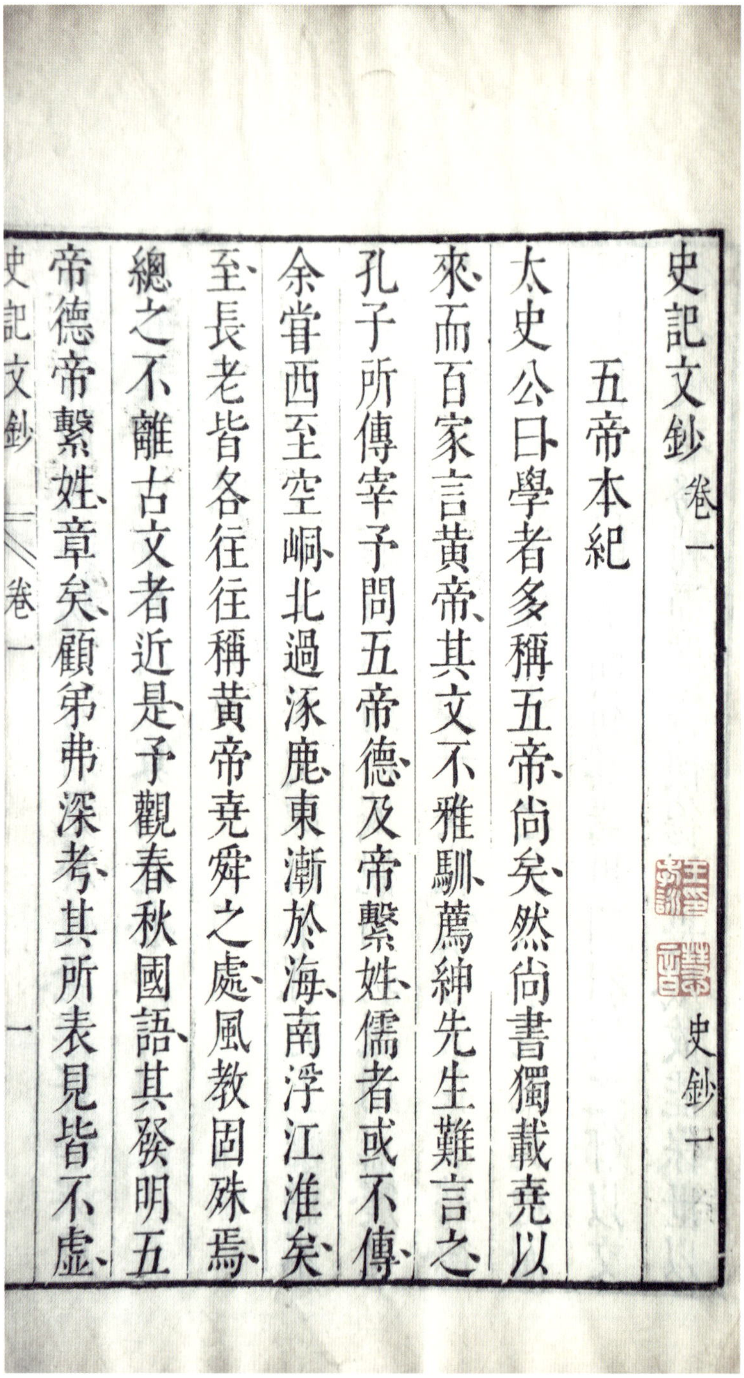
史記文鈔　卷一

五帝本紀

太史公曰學者多稱五帝尚矣然尚書獨載堯以來而百家言黃帝其文不雅馴薦紳先生難言之孔子所傳宰予問五帝德及帝繫姓儒者或不傳余嘗西至空峒北過涿鹿東漸於海南浮江淮矣至長老皆各往往稱黃帝堯舜之處風教固殊焉總之不離古文者近是予觀春秋國語其發明五帝德帝繫姓章矣顧弟弗深考其所表見皆不虛

史鈔　一

史記文鈔　卷一　一

《二十一史文钞》

明崇祯年间刻本

框高 20.8 厘米
宽 14.6 厘米
半叶 9 行 19 字

馆存
三十五册　二七五卷
（一至一〇四、
一五七至三一五、
三二一至三三二）

戴羲（生卒年不详），字取畏，号灌叟、驭长。明崇祯时官光禄寺典簿，著有《养余月令》等。

《二十一史文钞》用“载记”之形式分别抄录《史记》《汉书》《后汉书》《三国志》《晋书》《宋书》《南齐书》《梁书》《陈书》《魏书》《北齐书》《周书》《隋书》《南史》《北史》《新唐书》《新五代史》《宋史》《辽史》《金史》《元史》中内容，按卷编序。删繁就简，提要钩玄，卷帙不大，易于阅读。林古度、叶灿二人分别为之作序。

《二十一史文钞》叙 明崇祯年间刻本

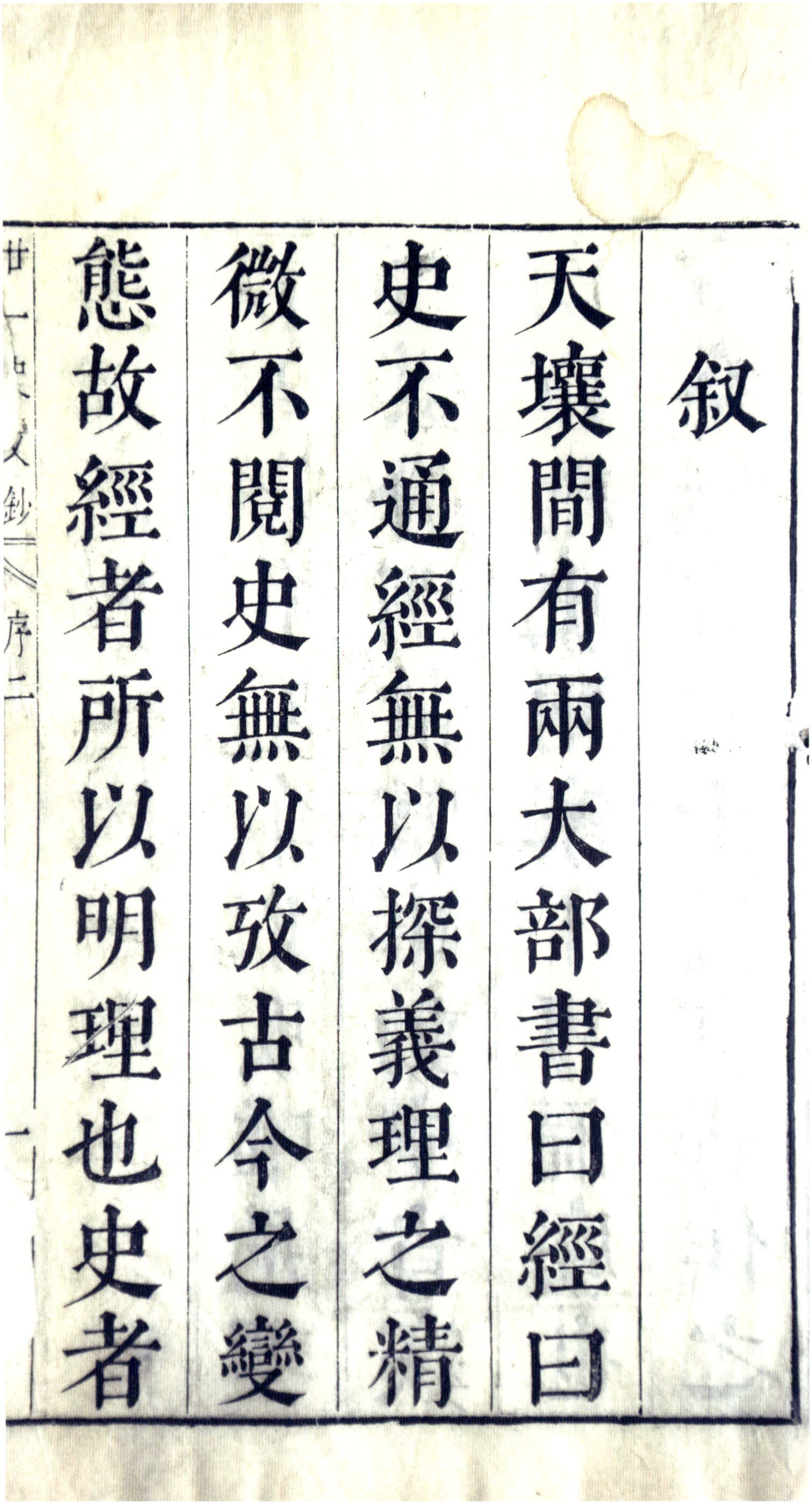
叙

天壤間有兩大部書曰經曰

史不通經無以探義理之精

微不閱史無以攷古今之變

態故經者所以明理也史者

廿一史文鈔 序二 一

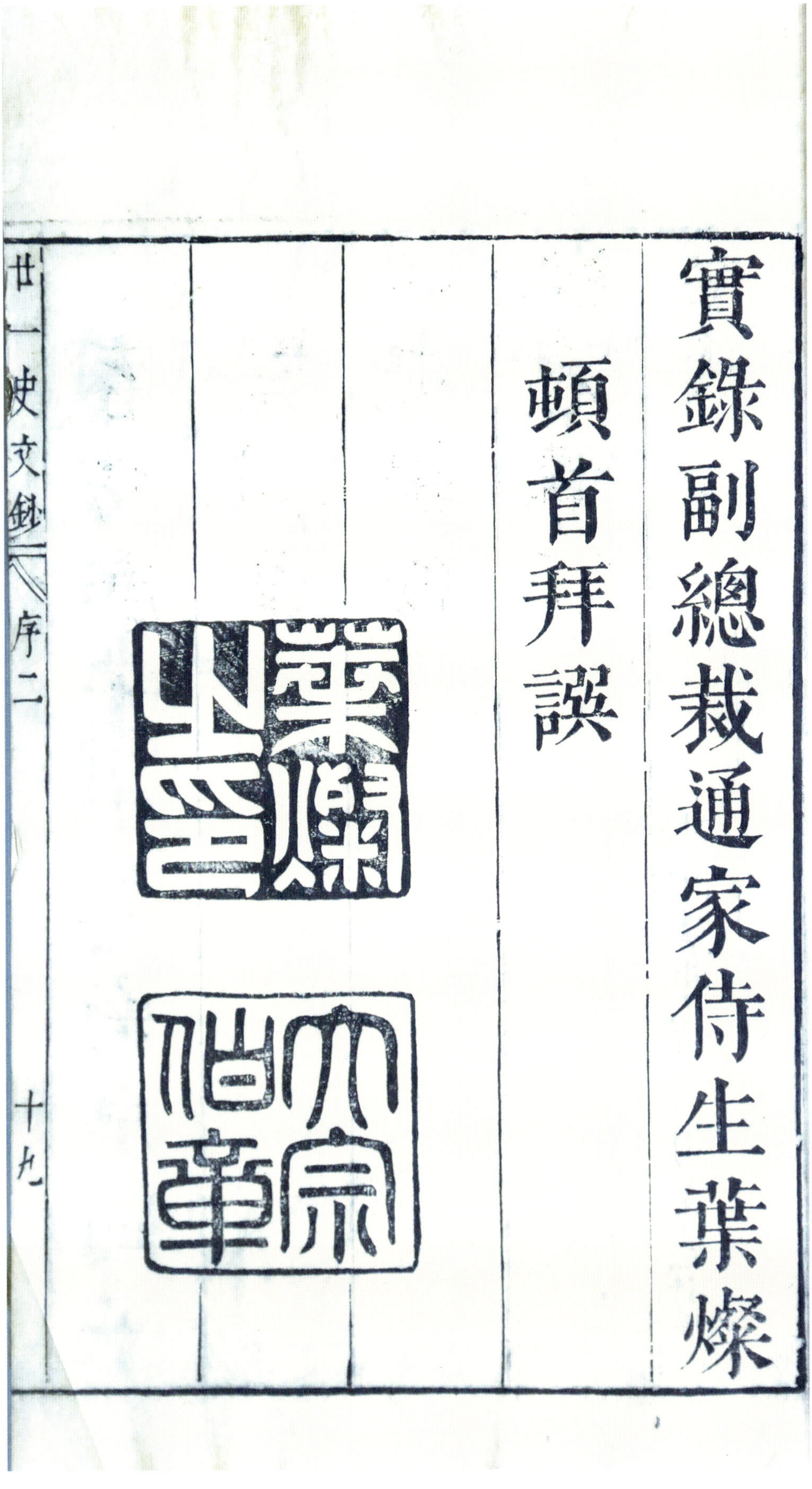
實錄副總裁通家侍生葉燦
頓首拜譔

廿一史文鈔　序二　十九

《二十一史文钞》序二　明崇祯年间刻本

元史文鈔卷一

世祖紀

帝卽位詔曰朕惟祖宗肇造區宇奄有四方武功迭興文治多缺五十餘年於此矣葢時有先後事有緩急天下大業非一聖一朝所能兼備也先皇帝卽位之初風飛雷厲將大有爲憂國愛民之心雖切於己尊賢使能之道未得其人方董夔門之師遽遺鼎湖之泣豈期遺恨竟勿克終肆予冲人渡江之後葢將深入焉乃聞國中重以僉軍之擾

元史文鈔　卷一　一

《二十一史文钞》元史卷一首页　明崇祯年间刻本

《二十一史文钞》藏书印

《唐宋八大家文钞》

(明)茅坤 选编

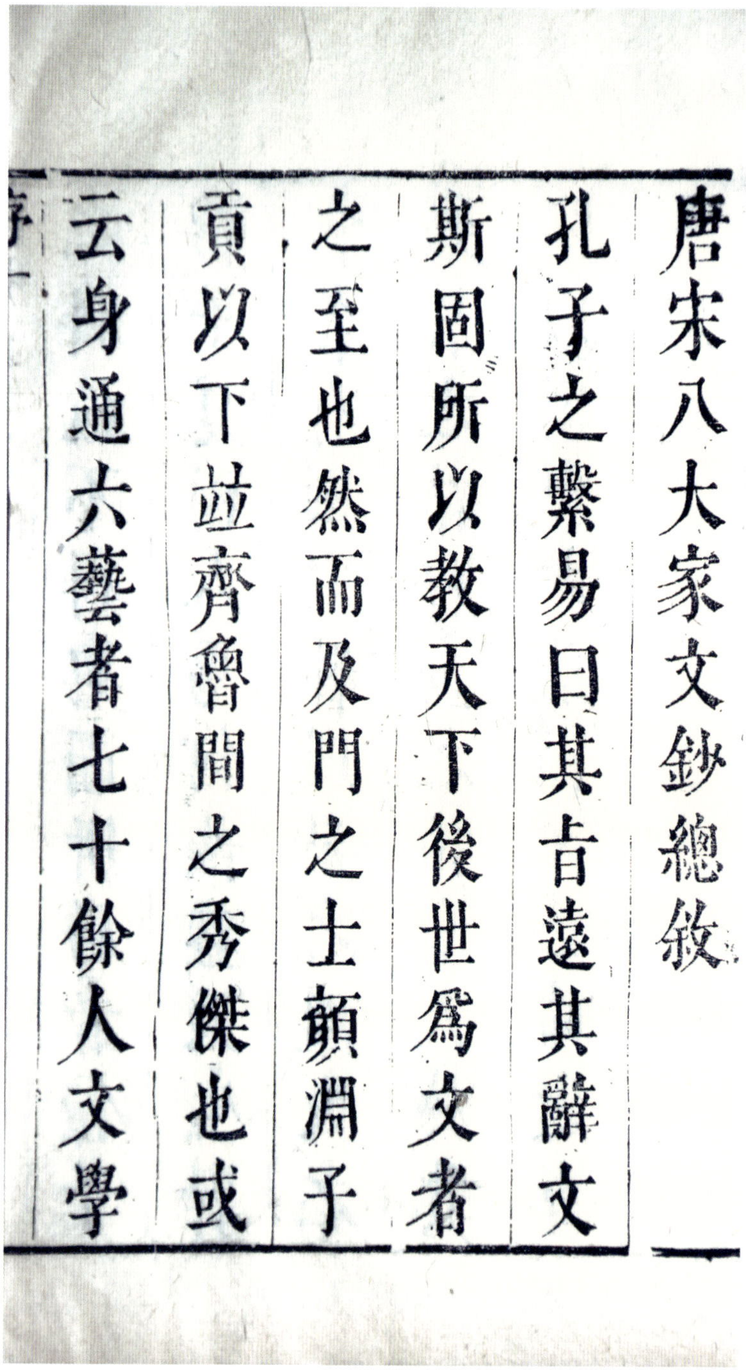
唐宋八大家文鈔總敘
孔子之繫易曰其旨遠其辭文
斯固所以教天下後世爲文者
之至也然而及門之士顏淵子
貢以下並齊魯間之秀傑也或
云身通六藝者七十餘人文學

《唐宋八大家文钞》总叙

明末刻本

框高 19.8 厘米
宽 14.3 厘米
半叶 9 行 20 字

馆存
《宋大家欧阳文忠公文钞》三十二卷、《宋大家苏文定公文钞》十八卷、《宋大家苏文忠公文钞》二十八卷、《宋大家王文公文钞》八卷

茅坤简介见《史记钞》。

《唐宋八大家文钞》是茅坤将唐代韩愈、柳宗元，宋代欧阳修、苏洵、苏轼、苏辙、王安石、曾巩八位大家之文进行整理编辑而成，共一百六十四卷。全书选文全面，凡例中介绍，凡是尚佳之作，统统收入此书，少有遗漏。内容来源亦广泛，或自全集，或自别集续集，系南宋以来举八家文章之集大成者。用以推行以唐宋文章为各类书面语之范式。

《欧阳文忠公文钞》

（宋）欧阳修 撰
（明）茅坤 选编

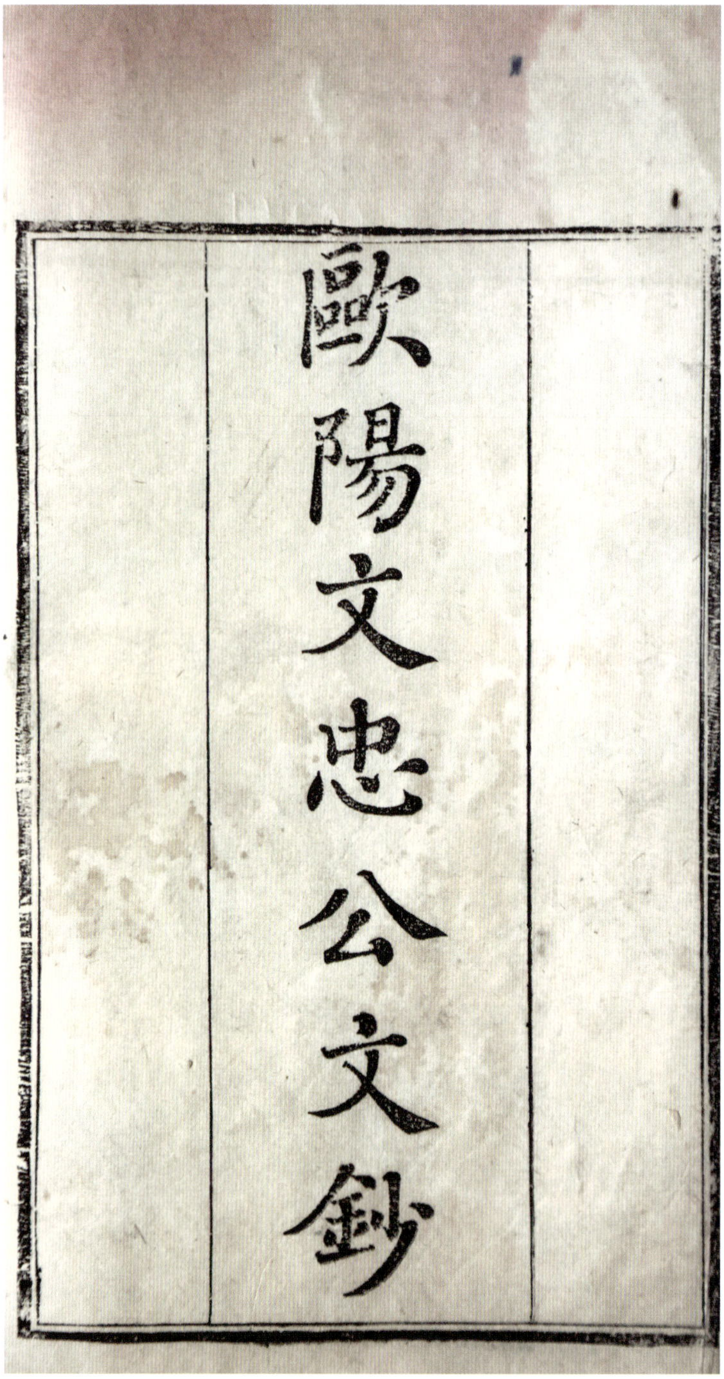

《欧阳文忠公文钞》

明末刻本

框高 19.8 厘米
宽 14 厘米
半叶 9 行 20 字

馆存
十二册　三十二卷
（一至十八、二十一至三十二）目录一卷
本传一卷
缺第八册（十九至二十卷）

欧阳文忠公，即欧阳修（1007~1072），字永叔，号醉翁、六一居士，卒谥文忠。吉州永丰人。北宋卓越政治家、文学家、史学家和诗人，北宋诗文革新运动领袖。

《欧阳文忠公文钞》对欧阳修上皇帝书疏六首、次劄子并状五十三首、次书二十五首、次论三十五首、次神道碑铭墓志铭四十七首等进行摘录，以倡导其继承并发展古文理论，对文风、诗风、词风进行革新，呈现其散文创作的高度成就。

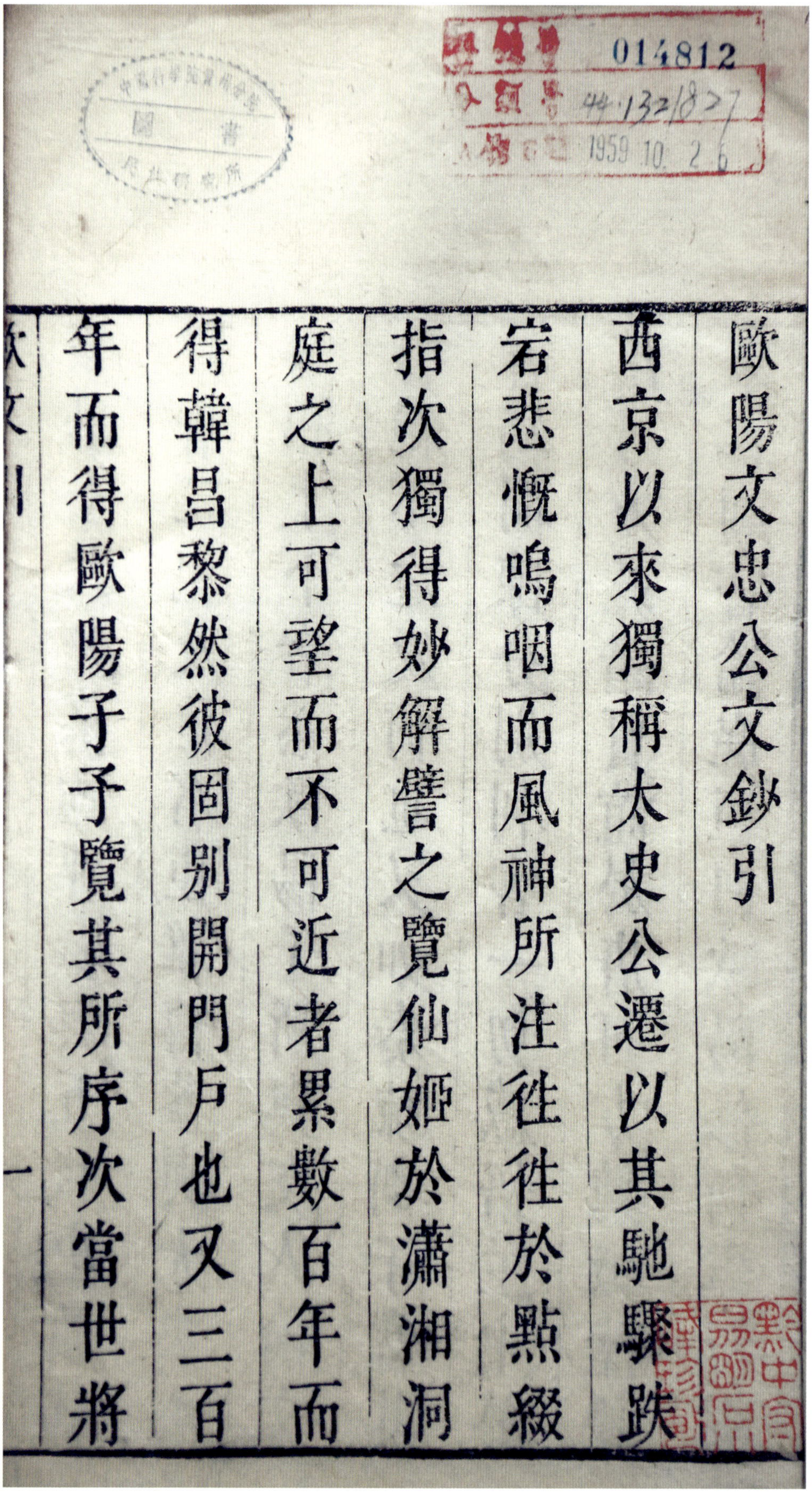

歐陽文忠公文鈔引

西京以來獨稱太史公遷以其馳驟跌宕悲慨嗚咽而風神所注往往於點綴指次獨得妙解譬之覽仙姬於瀟湘洞庭之上可望而不可近者累數百年而得韓昌黎然彼固别開門户也又三百年而得歐陽子予覽其所序次當世將

歐文引 一

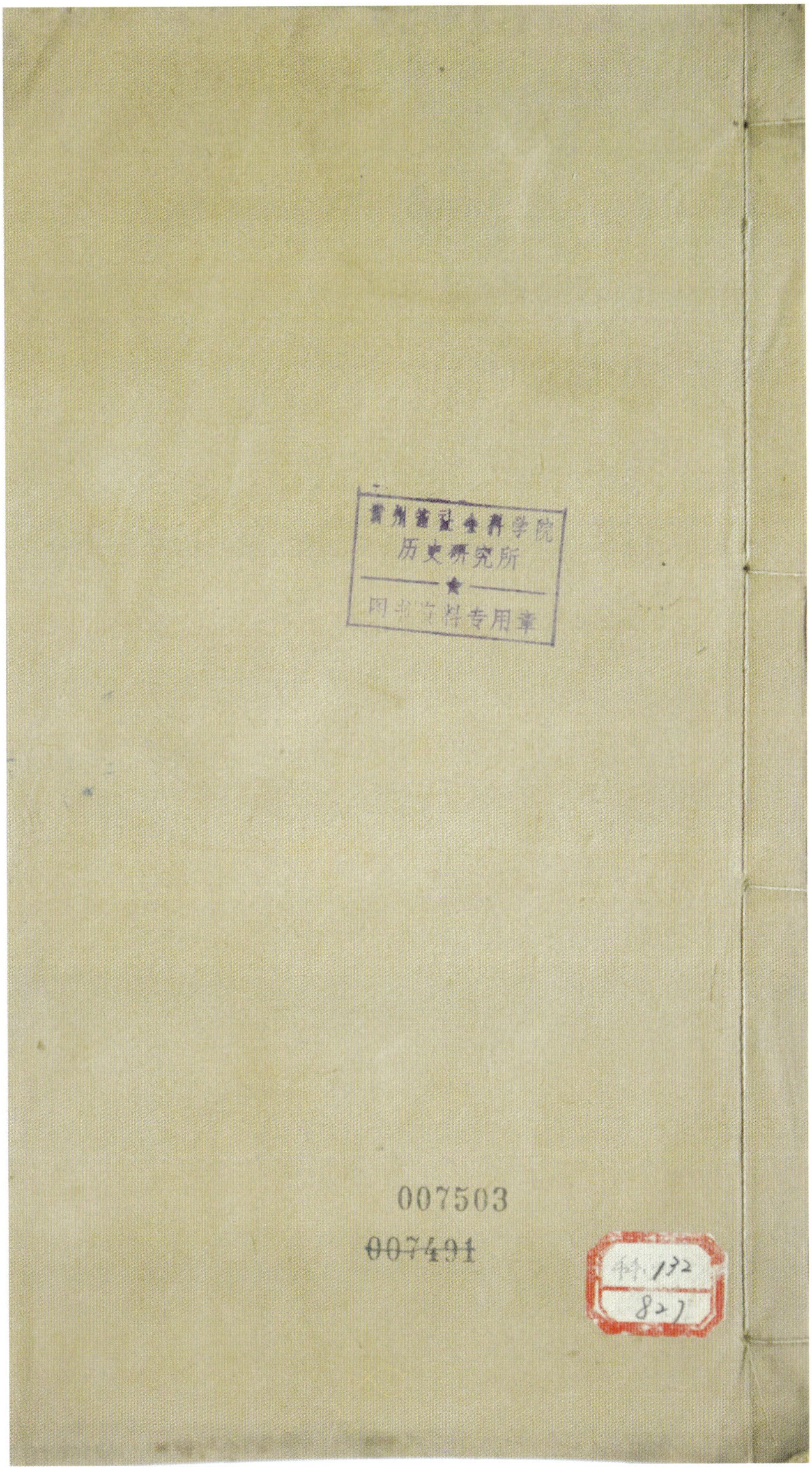

《欧阳文忠公文钞》藏书印

《苏文忠公文钞》

(宋)苏轼 撰
(明)茅坤 选编

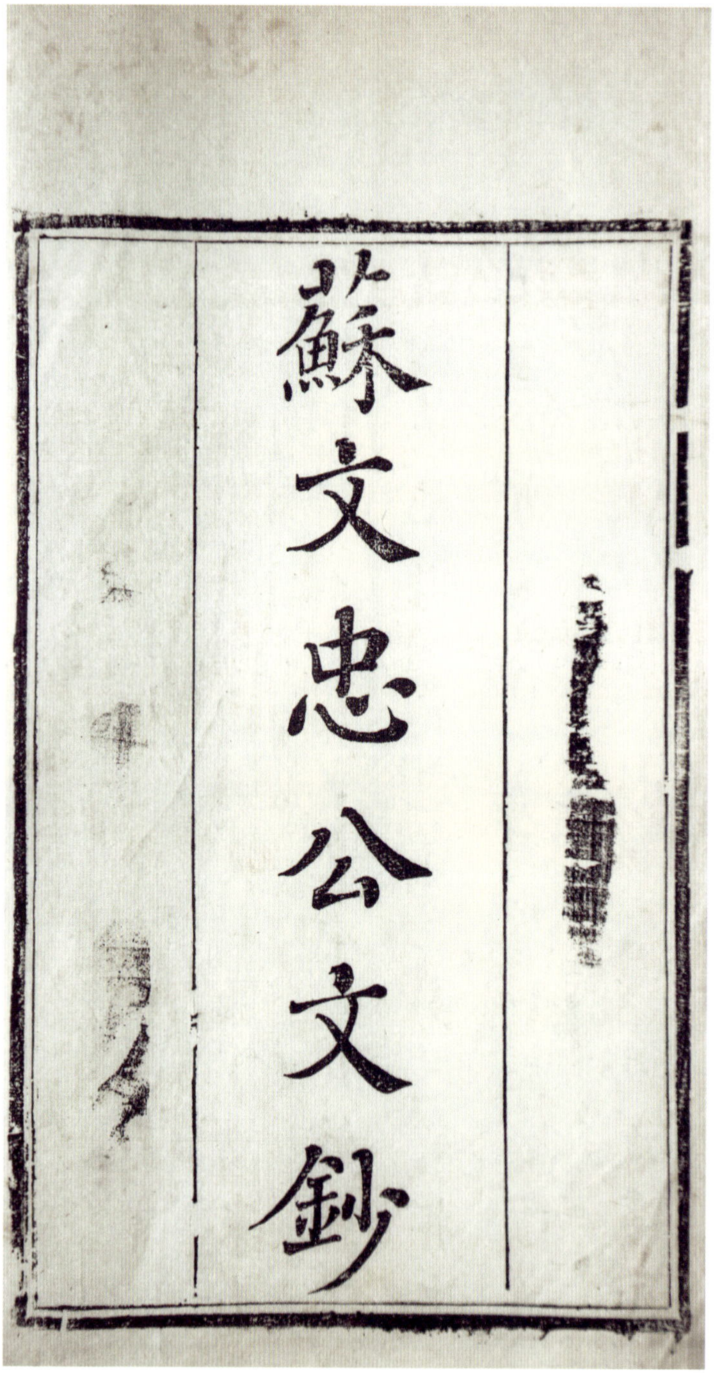

《苏文忠公文钞》

明末刻本

框高 20.4 厘米
宽 14.3 厘米
半叶 9 行 20 字

馆存
全十三册　二十八卷
目录一卷
本传一卷

苏文忠公，即苏轼（1037~1101），字子瞻，又字和仲，号东坡居士，世称苏东坡、苏仙。眉州眉山人。北宋著名文学家、书法家、画家。苏轼在诗、词、散文、书、画等方面都有很高造诣，其诗题材广阔，清新豪健；词风韵豪放，独创一格；散文著述宏富，收展自如。

宋大家蘇文忠公文抄目錄

《宋大家苏文忠公文钞》收录苏轼策二首、上书七首、札子十三首、状十二首、表二十六首、与执政及友人书二十二首、论七十首、策二十五首、序传十首、记二十六首等，并附有品评，以呈现苏轼在文学、艺术等方面的成就。

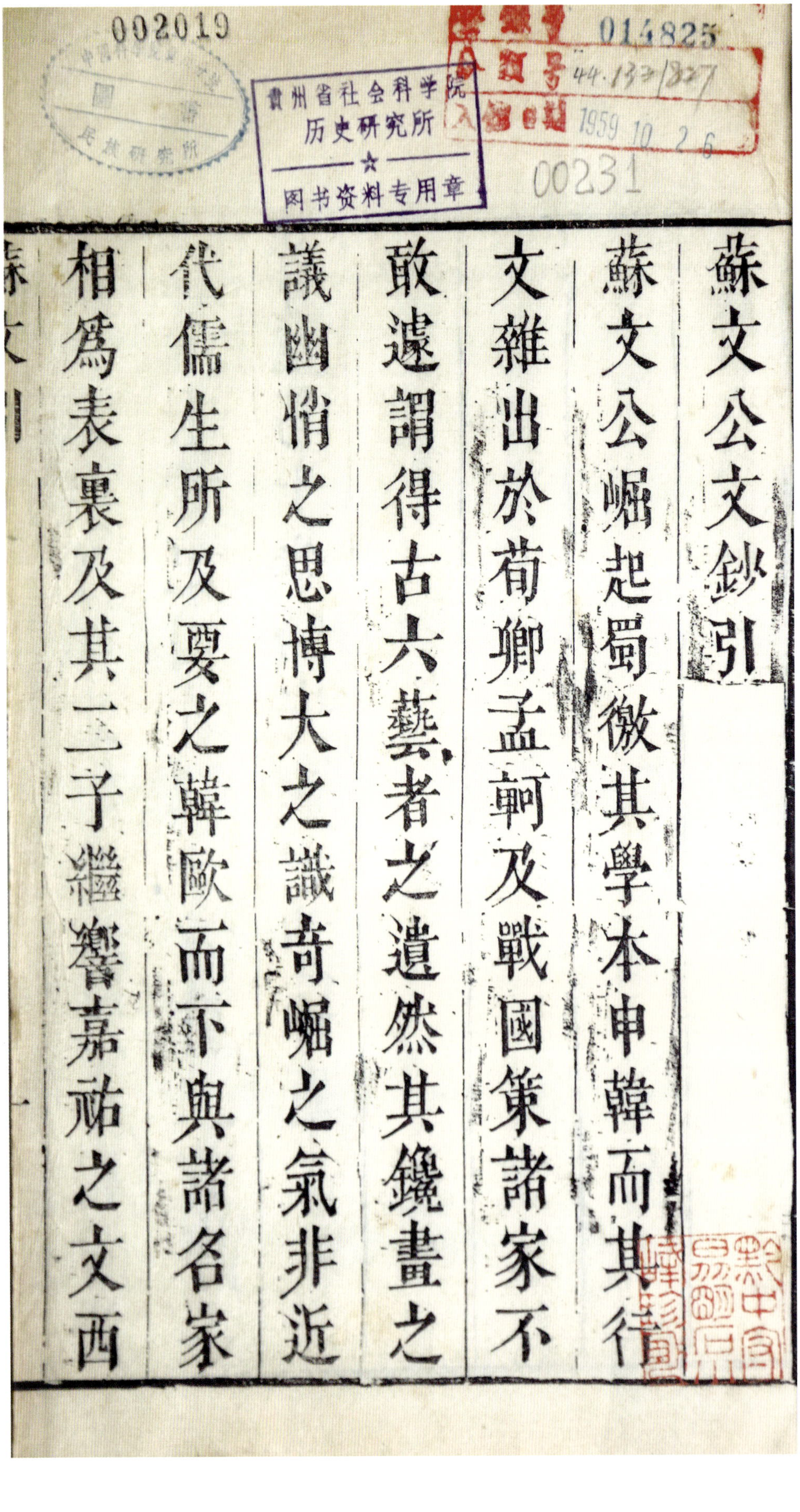
002019
貴州省社会科学院
历史研究所
图书资料专用章
014825
44.133/827
1959 10 26
00231
蘇文公文鈔引
蘇文公崛起蜀徼其學本申韓而其行
文雜出於荀卿孟軻及戰國策諸家不
敢遽謂得古六藝者之遺然其鑱畫之
議幽悄之思博大之識奇崛之氣非近
代儒生所及要之韓歐而下與諸名家
相為表裏及其二子繼響嘉祐之文西

《苏文定公文钞》

(宋)苏辙 撰
(明)茅坤 选编

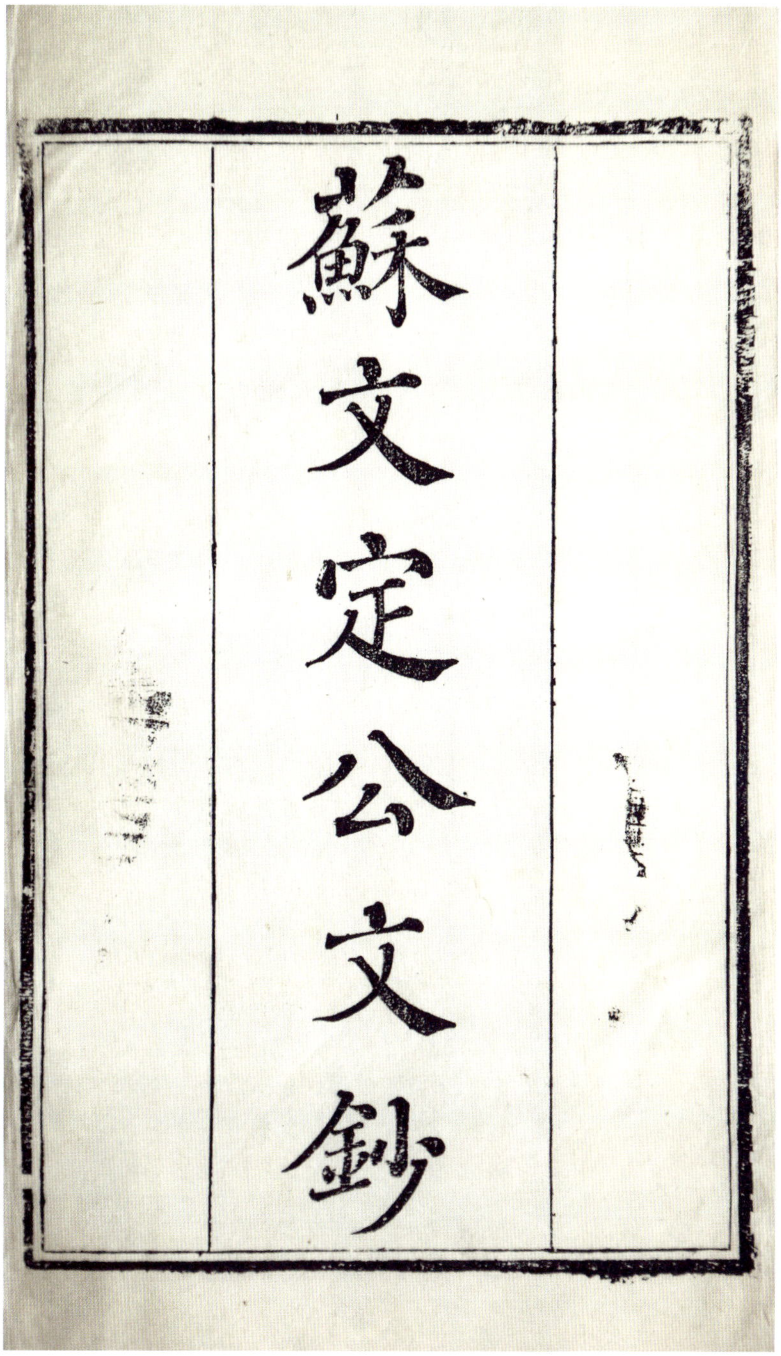

《苏文定公文钞》

明末刻本

框高 19.8 厘米
宽 14.3 厘米
半叶 9 行 20 字

馆存
全八册　二十卷
目录一卷
本传一卷

成無欲而不遂今也爲國歷年於兹而治不加進天
下之弊日益於前世天下之人未知所以適治之路
災變橫生川原震裂江河湧沸人民流離災火繼作
歷月移時而其變不止此臣所以日夜思念而不曉
疑其先後之次有所未得者也夫今世之患莫急於
無財而已財者爲國之命而萬事之本國之所以存
亡事之所以成敗常必由之昔趙充國論備邊之計
以爲湟中穀斛八錢糴三百萬斛羌人不敢動矣諸
葛亮用兵如神而以糧道不繼屢出無功由是觀之

苏文定公，即苏辙（1039~1112），字子由，晚号颍滨遗老，卒谥文定。眉州眉山人。北宋文学家。苏辙以散文著称，并擅长政论和史论。与父苏洵、兄苏轼合称“三苏”。

《苏文定公文钞》对苏文定公本传、上皇帝书及劄子状十九首、上执政书十首、历代古史名论八十二首、策二十五首、序引传七首、记十二首、说赞辞赋祭文杂著十一首进行收录，并随书批注，以展苏文定公散文及政论、史论之长。

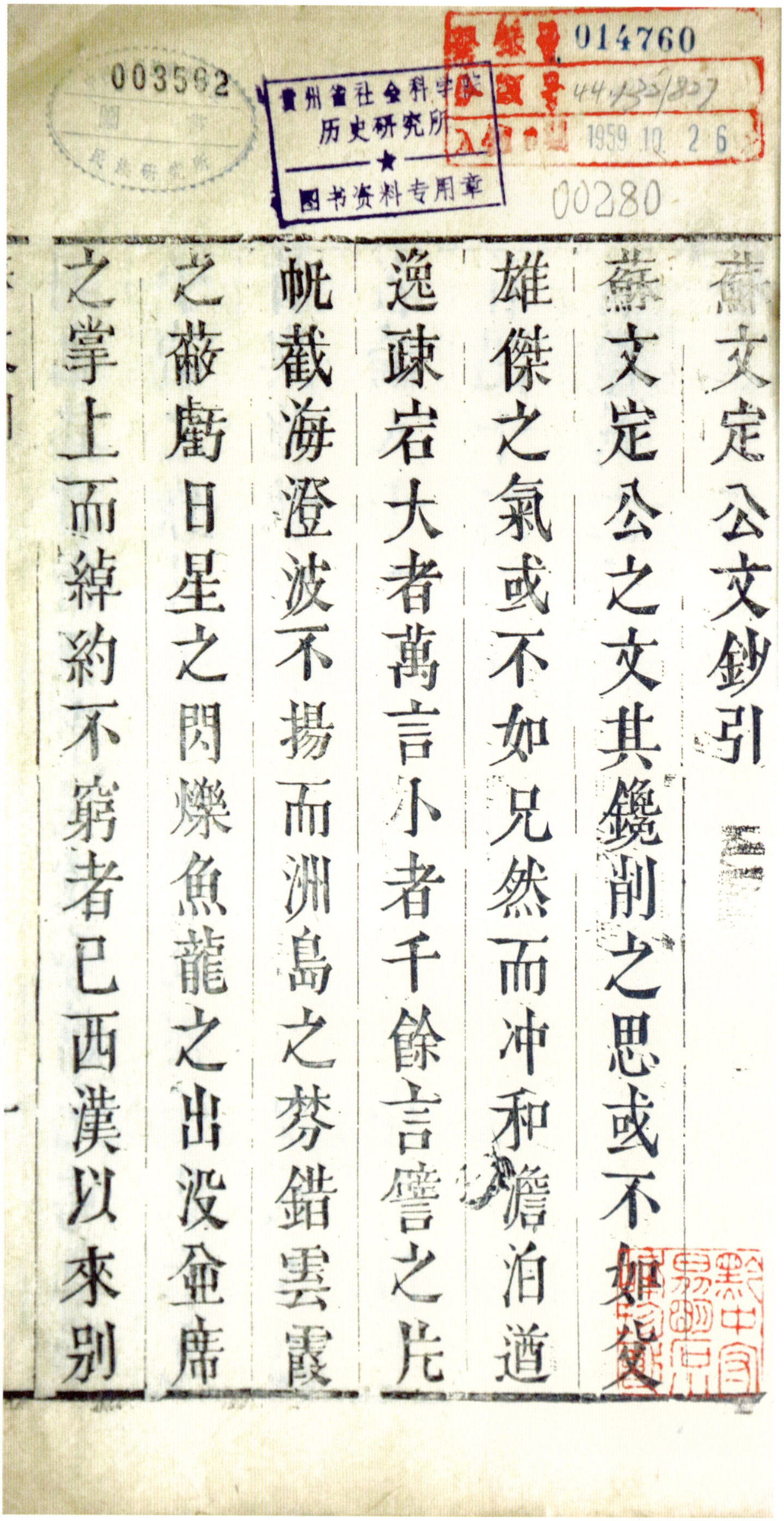

蘇文定公文鈔引

蘇文定公之文其鑱削之思或不如兄
雄傑之氣或不如兄然而冲和澹泊遒
逸疎宕大者萬言小者千餘言譬之片
帆截海澄波不揚而洲島之棼錯雲霞
之蔽虧日星之閃爍魚龍之出沒龕席
之掌上而綽約不窮者已西漢以來別

《苏文定公文钞》引

如此然至於事有壅蔽猶或不免今自太皇太后陛下皇帝陛下垂簾以來每事重慎羣臣得對於前者惟有執政及臺諫官而已然天下之事其是非可否既決於執政陛下欲於執政之外特有所聞者又獨有臺諫數人而已臣觀今日臺官三員諫官二員其間非執政私人特出聖意所用者又不過一二人孔子有言今吾於人也聽其言而觀其行陛下試取此五人言行之實而諦觀之則其邪正向背槩可見也昔漢成之世王鳳用事羣臣莫敢盡言惟劉向王章

《王文公文钞》

(宋)王安石 撰
(明)茅坤 选编

《王文公文钞》

明末刻本

框高 19.8 厘米
宽 14.3 厘米
半叶 9 行 20 字

馆存
全四册　八卷(一至八卷)
目录一卷
本传一卷

王文公，即王安石（1021~1086），字介甫，号半山，卒谥文。临川人。北宋著名思想家、政治家、文学家、改革家。王安石主张文道合一，推动诗文革新运动，其作品重现实功能和社会效果，具有较浓厚的政治色彩，揭露时弊，反映社会矛盾。

《王文公文钞》收录王安石本传、王安石上仁宗皇帝书一首、劄子疏状七首、表奏三十六首、与友人书三十五首、序十二首、记二十二首、论原说解杂著二十五首、墓志铭及祭文七十三首，并进行随文批点校注，对王安石的文学造诣给予高度评价。

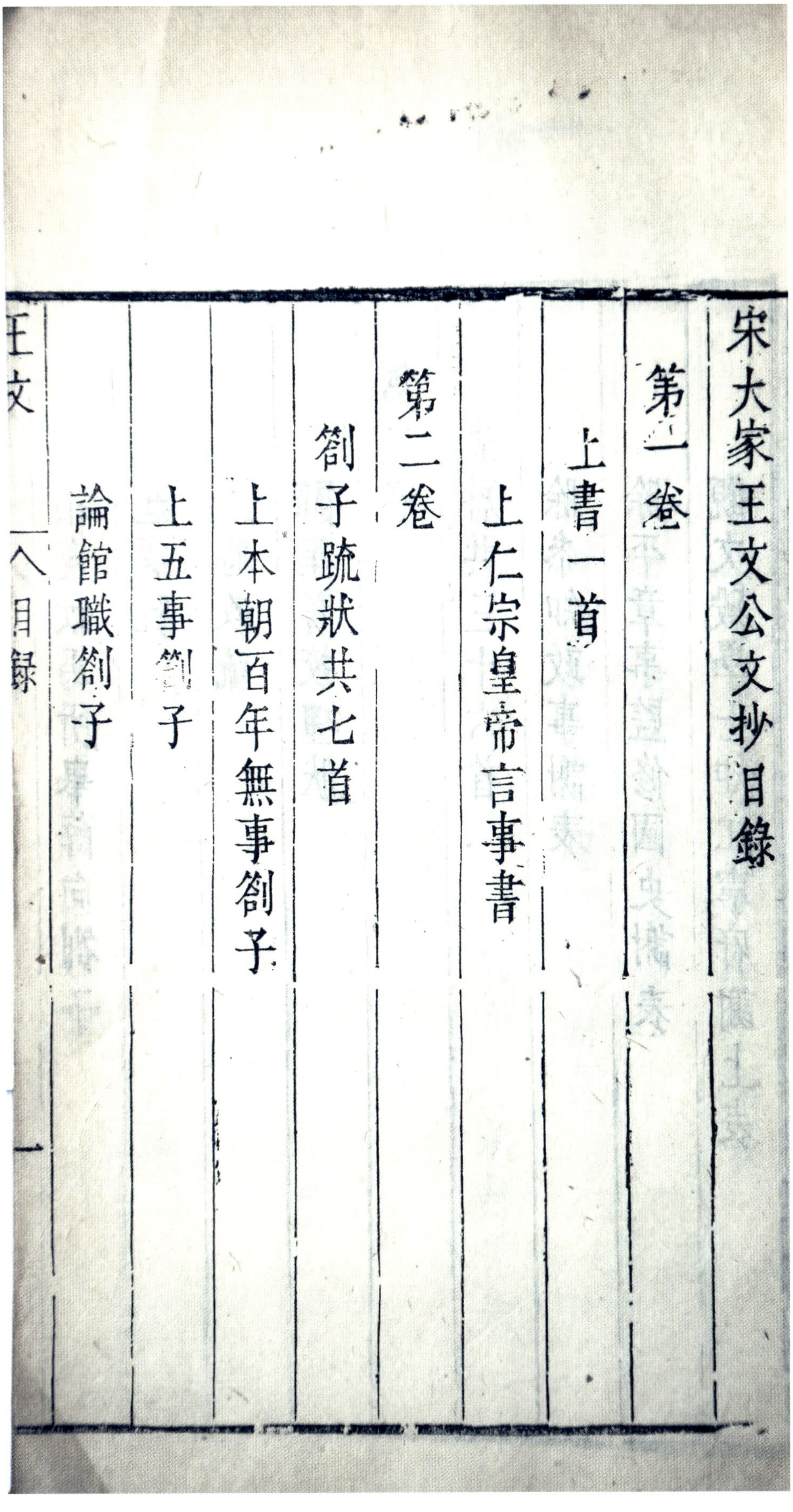

宋大家王文公文抄目錄

第一卷

上書一首

上仁宗皇帝言事書

第二卷

劄子疏狀共七首

上本朝百年無事劄子

上五事劄子

論館職劄子

王文 一 目錄 一

爵命祿秩予之而已此取之之道也所謂任之之道者何也人之才德高下厚薄不同其所任有宜有不宜先王知其如此故知農者以爲后稷知工者以爲共工其德厚而才高者以爲之長德薄而才下者以爲之佐屬又以久於其職則上狃習而知其事下服馴而安其教賢者則其功可以至於成不肖者則其罪可以至於著故久其任而待之以考績之法夫如此故智能才力之士則得盡其智以赴功而不患其事之不終其功之不就也偷惰苟且之人雖欲取容

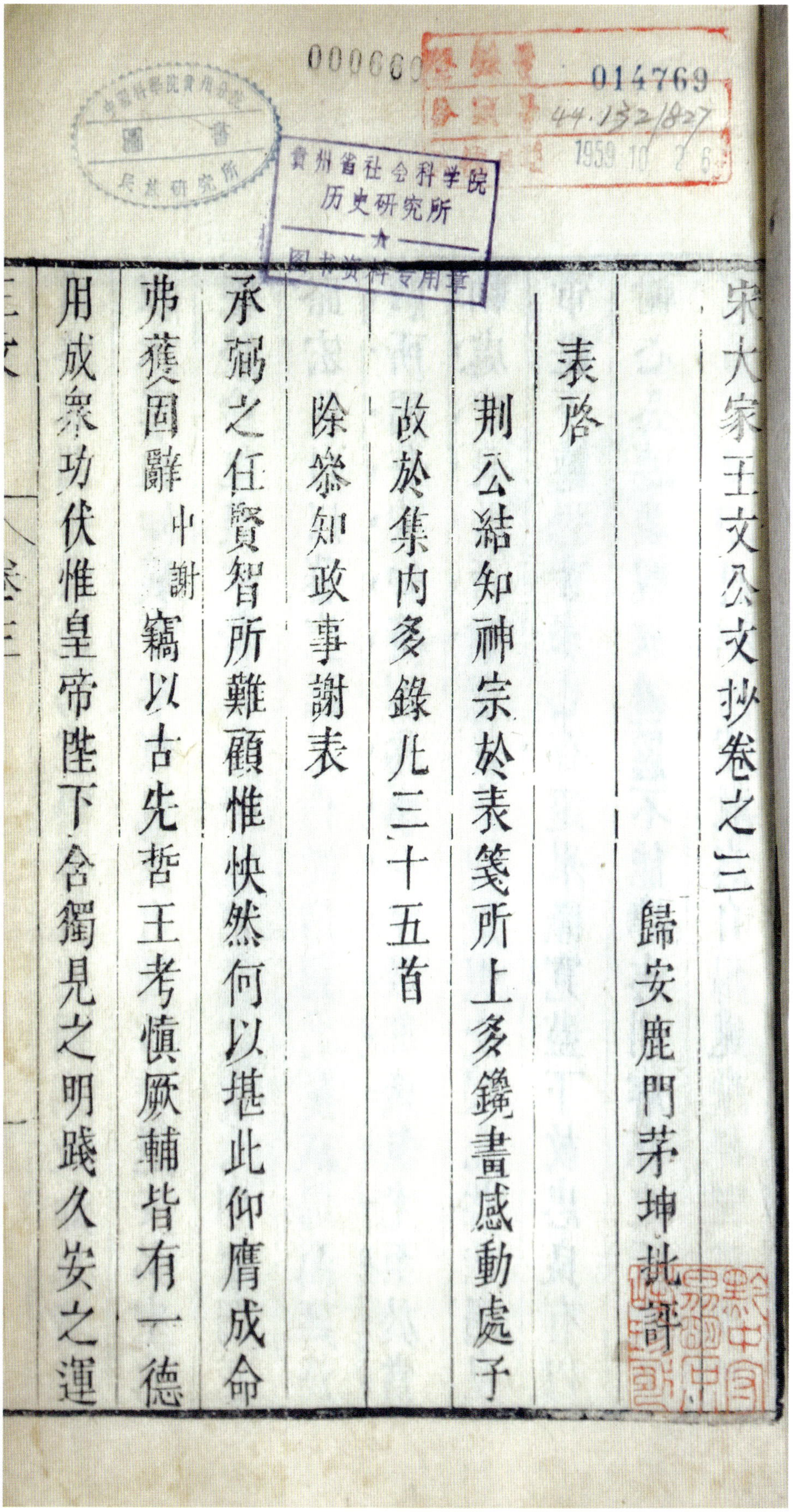

《宋大家王文公文钞》 卷三首页

《华泉集诗选》

（明）边贡、边习 著
（清）徐夜、王士禛 选

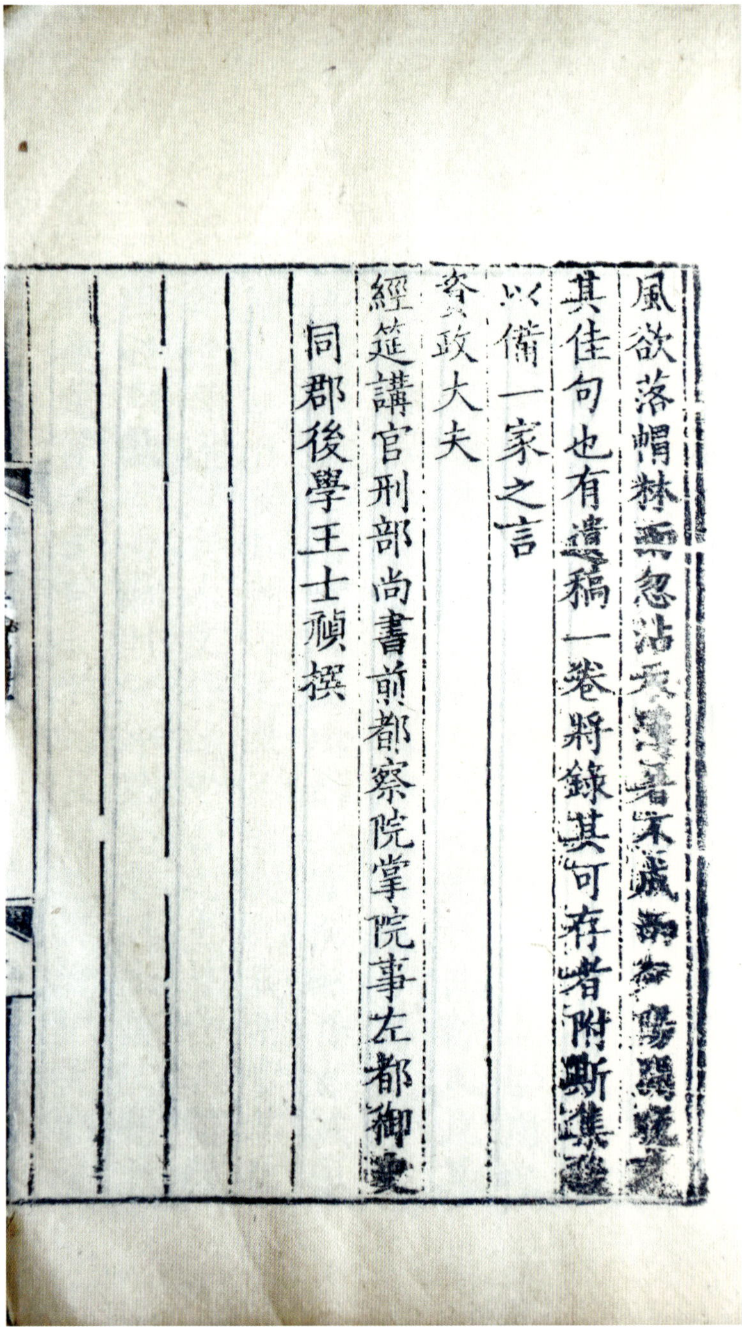

風欲落帽林雨忽沾衣[illegible]者不識而[illegible]
其佳句也有遺稿一卷將錄其可存者附斷集[illegible]
以備一家之言
參政大夫
經筵講官刑部尚書前都察院掌院事左都御史
同郡後學王士禛撰

《华泉集诗选》

清康熙刻本
版本据“边仲子诗序”

框高 18 厘米
宽 13.8 厘米
半叶 10 行 19 字

馆存
全一册　一卷

边贡（1476~1532），字廷实，因家居华泉附近，道号华泉子，历城(今山东济南市)人。明代著名诗人、文学家。弘治九年(1496)丙辰科进士，官至太常丞。边贡以诗著称于弘治、正德年间，与李梦阳、何景明、徐祯卿并称“弘治四杰”。后来又加上康海、王九思、王廷相，合称为明代文学“前七子”。

边习，字仲学，边贡之次子。有《边仲子诗》一卷（山东巡抚采进本）。王士祯《论诗绝句》所谓“不及尚书有边习，犹传林雨忽沾衣”者是也。贡虽仕宦通显，而图籍以外无余资，习竟贫困以没，仅存其七十岁客孙氏时诗一卷，本名《睡足轩集》。

徐夜（1611~1683），字东痴，初名元善，字长公。清山东新城（今桓台县）人。年二十九，弃诸生。掘门土室，绝迹城市。康熙荐鸿博，以老辞。诗格清峭，有《东痴诗选》。

王士禛（1634~1711），字子真，又字贻上，号阮亭、渔阳山人，本名士禛，因避清世宗胤禛讳，更名士祯，乾隆时赐复原名。山东新城人。清顺治十五年（1658）进士。历任乡会试考官，礼部、户部主事，户部郎中，翰林院侍讲学士，国子监祭酒，刑部尚书，颇有政声，谥文简。清初杰出诗人、文学家，继钱谦益之后主盟诗坛，与朱彝尊并称“南朱北王”。论诗主“神韵说”，于后世影响深远。好为笔记，有《池北偶谈》《古夫于亭杂录》《香祖笔记》等。

華泉先生詩選序

明詩莫盛於弘正弘正之詩莫盛於四傑四傑者北地空同李氏汝南大復何氏吳郡昌國徐氏其一則吾郡華泉邊公云當是時作者競起宫商[illegible]應四傑之外又稱七子而顧華玉朱升之王雅宜之徒咸負盛名弗得與於四傑七子之列故千秋論定以李何爲首庸邊徐二家次之浚川對山渼陂泊東橋凌谿已還則皆羽翼也昔鍾記室品詩謂陳思爲建安之傑公幹仲宣爲輔平原爲太康之英安仁景陽爲輔謝客爲元嘉之雄延

華泉集

差短無那風塵日日多懷舊獨吟平子賦感時偏
憶少陵歌江村細雨蘼蕪長是處扁舟有釣簑

除夕臥病柬空同子

天涯臥病驚除夕河上逢人感昔遊歲月浮生雙
鳥翼風塵遠道一狐裘君還豈爲鱸魚膾我出真
同雪夜舟梅蕋柳條俱動色幾時攜杖共登樓

寄南宗伯白巖先生

神仙官府說南畿聞道春曹事更稀庭轉書陰稀
樹影印封秋雨上苔衣臺城柳暗宮前路別墅碁
燒雨上圍台斗位懸朋簪少與誰同賞復同歸

《华泉集诗选》含两部分。第一部分《睡足轩诗选》一卷，边习著，徐夜、王士禛选，所选诗多为借景抒情。第二部分《华泉先生集选》，边贡著，王士禛选，依体裁分为四卷。卷一古体诗，分为五言古体和七言古体；卷二近体诗，五言近体；卷三近体诗，七言近体；卷四绝句，分五言绝句和七言绝句。

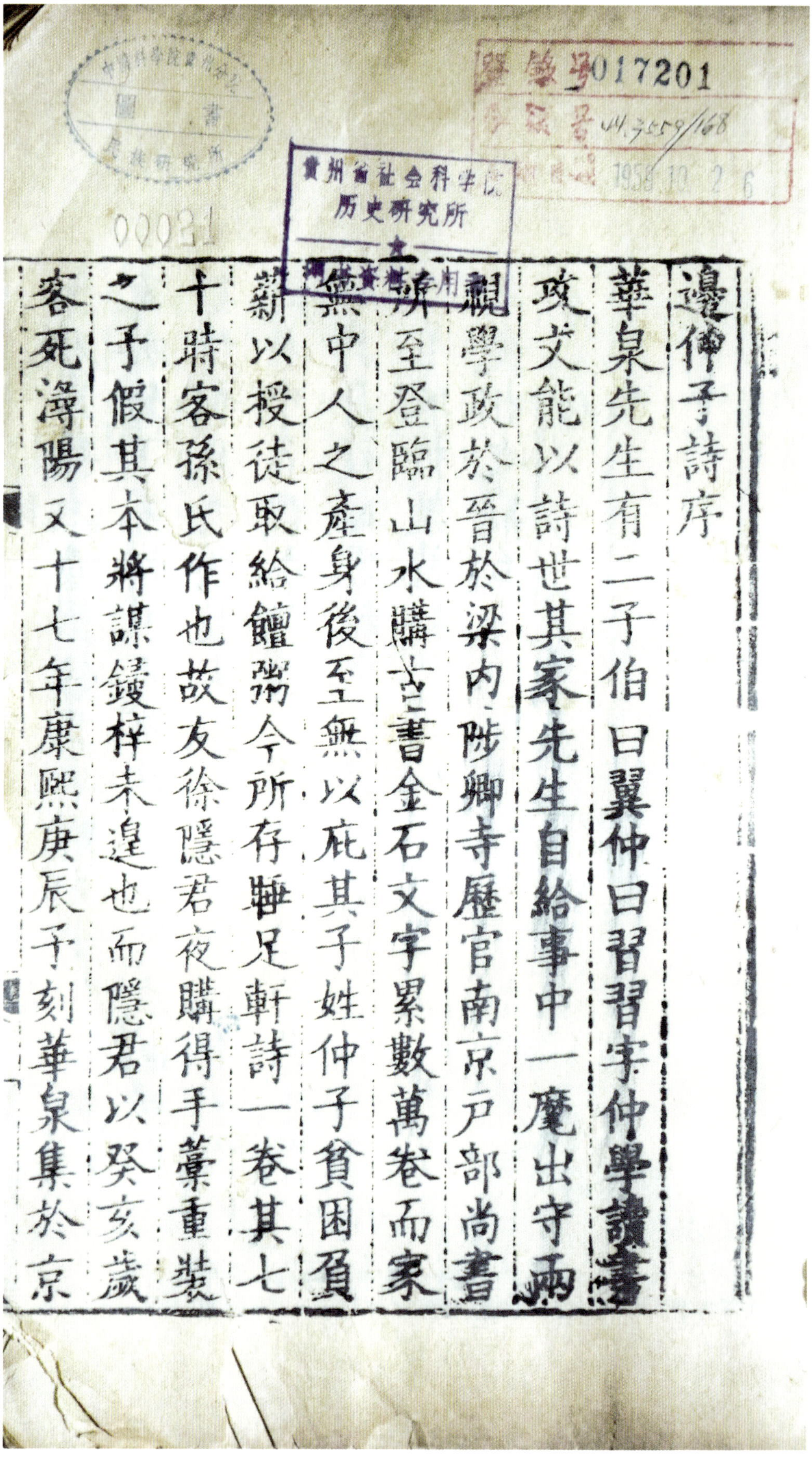

邊仲子詩序

華泉先生有二子伯曰翼仲曰習習字仲學讀書攻文能以詩世其家先生自給事中一麾出守兩視學政於晉於梁內陟卿寺歷官南京戶部尚書所至登臨山水購古書金石文字累數萬卷而家無中人之產身後至無以庇其子姓仲子貧困負薪以授徒取給饘粥今所存睡足軒詩一卷其七十時客孫氏作也故友徐隱君夜購得手藁重裝之予假其本將謀鋟梓未遑也而隱君以癸亥歲客死潯陽又十七年康熙庚辰予刻華泉集於京

《埤雅》

（宋）陆佃 撰

《埤雅》扉页

清康熙刻本

框高 18.6 厘米
宽 13.3 厘米
半叶 10 行 21 字

馆存
全四册　二十卷

陆佃（1042~1102），字农师，号陶山，越州山阴（今浙江绍兴）人，陆游祖父。少从学于王安石。熙宁三年擢进士甲科，授蔡州推官，选为郓州教授。召补国子监直讲，历转至左丞。封吴郡开国公，赠太师，追封楚国公。著有《陶山集》《埤雅》《礼象》《春秋后传》《鹖冠子注》等，共二百四十二卷，《宋史本传》并传于世。

埤雅卷第一

中大夫守尚書左丞上柱國吳郡開國公賜紫金魚袋陸佃撰

釋魚

龍 鯉 魴 鱨

鱧 鰋 鱒 鮪

鱣 魦 鰷 鮒

鱮 鮫 鰌 蛟

龍

龍八十一鱗具九九之數九陽也鯉三十六鱗具六六之數六陰也龍亦卵生思抱雄鳴上風雌鳴下風而風

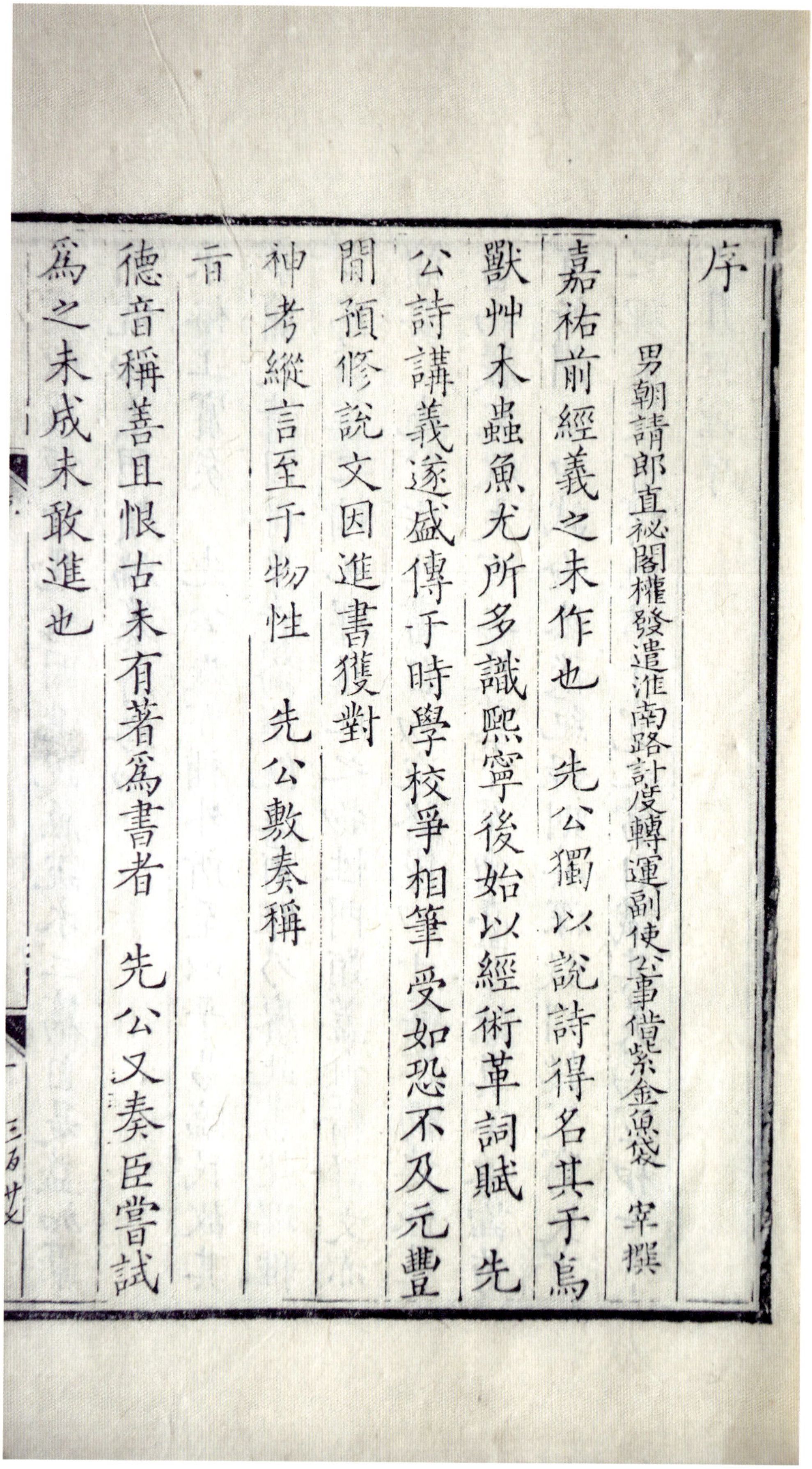
序

男朝請郎直祕閣權發遣淮南路計度轉運副使公事借紫金魚袋 宰撰

嘉祐前經義之未作也 先公獨以說詩得名其于鳥獸艸木蟲魚尤所多識熙寧後始以經術革詞賦 先公詩講義遂盛傳于時學校爭相筆受如恐不及元豐間預修說文因進書獲對

神考縱言至于物性 先公數奏稱

旨

德音稱善且恨古未有著爲書者 先公又奏臣嘗試爲之未成未敢進也

《埤雅》专门解释名物，以为《尔雅》的补充，所以称为《埤雅》。书前有宣和七年(1125)其子陆宰序。书中始于释鱼，继之以释兽、释鸟、释虫、释马、释木、释草，最后是释天。陆佃以讲说诗义著名，在本书解释名物时，也以引《诗》中文句，推阐《诗》义者为多。张存《重刊埤雅序》。书前序言末有宣和七年六月旦谨序，卷末刊有“后学顾棫校本”。顾棫为康熙年间常熟刻书家，字汉章，室名“如月楼”，《版刻辞典》明确记录《埤雅》即为顾氏所刻。《四库全书总目提要》称“其诠释诸经，颇据古义，其所援引，多今所未见之书”。清御史、著名藏书家及出版家叶德辉称此书“源出北宋”，其版本自然极善，又写刻精妙，为清三代精刻典型。

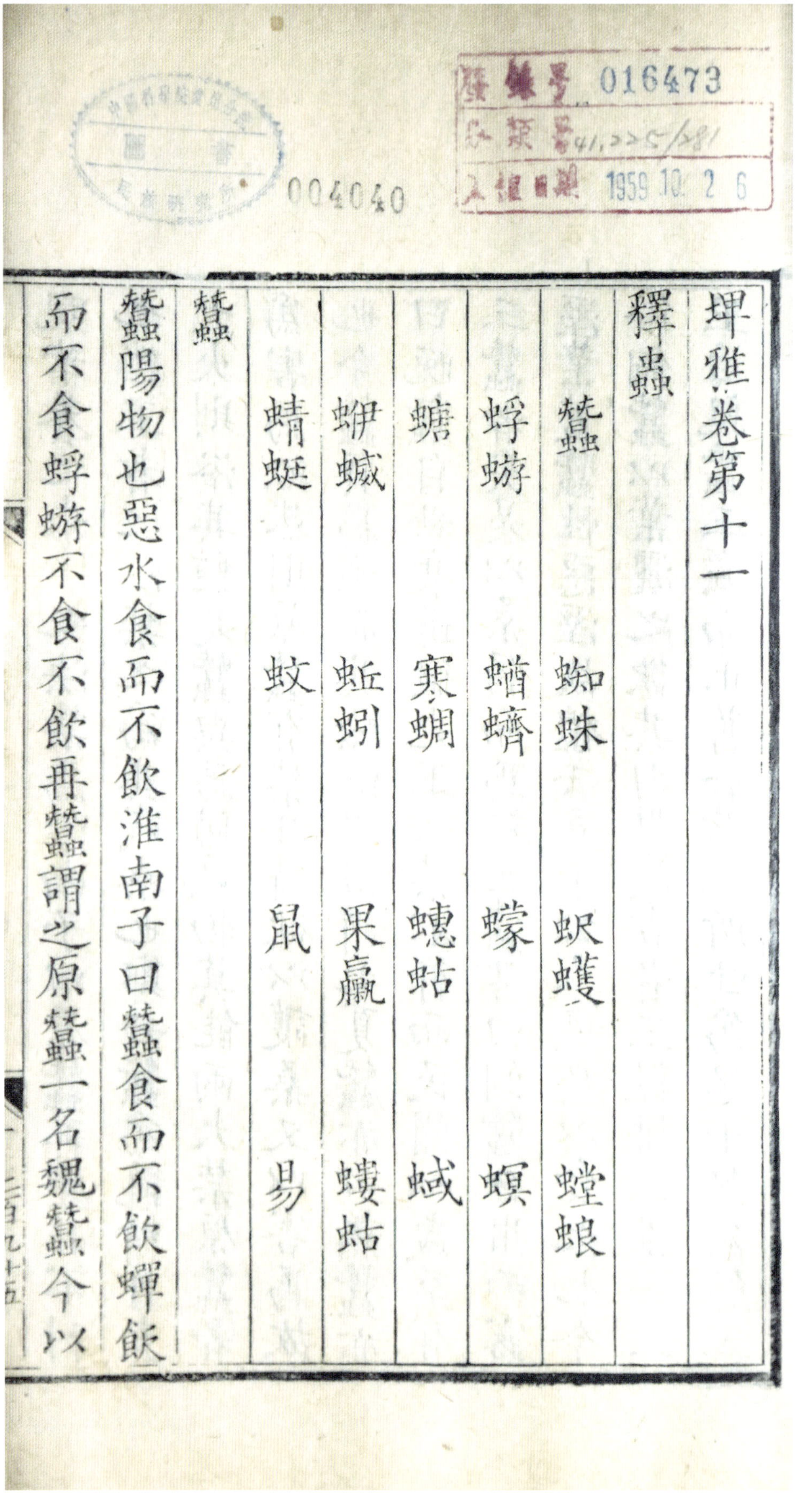
登錄號 016473
分類號 41.225/281
入館日期 1959.10.26
004040
圖書
埤雅卷第十一
釋蟲
蠶　蜘蛛　蚇蠖　螳蜋
蜉蝣　蝤蠐　蠓　螟
螗　寒蜩　蟪蛄　蜮
蛜蝛　蚯蚓　果蠃　螻蛄
蜻蜓　蚊　鼠　易
蠶
蠶陽物也惡水食而不飲淮南子曰蠶食而不飲蟬飲
而不食蜉蝣不食不飲再蠶謂之原蠶一名魏蠶今以

《埤雅》卷十一首页

《埤雅》藏书印

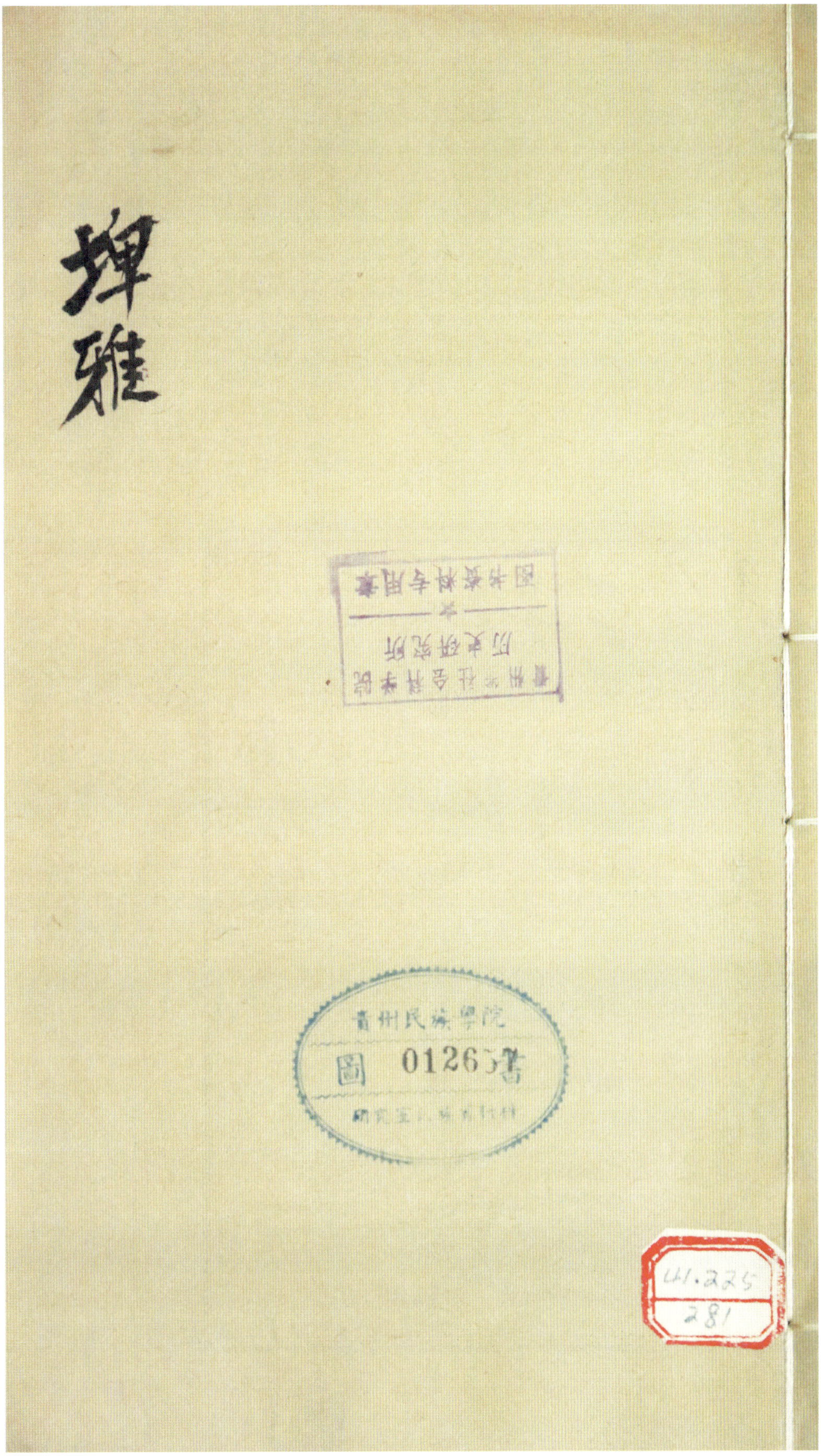

《池北偶谈》

（清）王士禛 撰

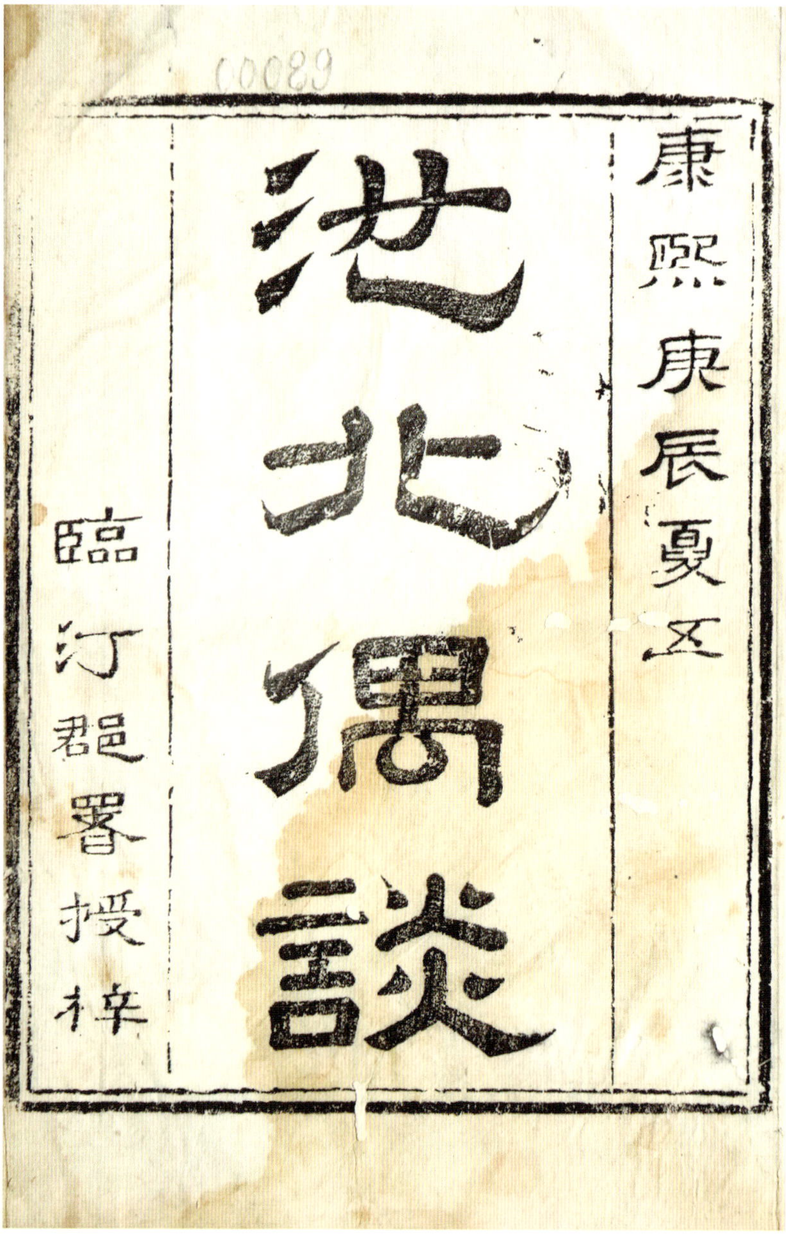

《池北偶谈》扉页

清康熙三十九年（1700）刻本（扉页印有“康熙庚辰夏至临汀郡署授梓”）

框高 19.5 厘米
宽 15 厘米
半叶 11 行 23 字

馆存
全六册　二十六卷

王士禛简介见《华泉集诗选》。

《池北偶谈》亦名《石帆亭纪谈》，为王士禛笔记小说集，共二十六卷，前有序，后有跋。全书近一千三百条，分成谈故、谈献、谈艺、谈异四目。卷一至卷四为“谈故”，记叙清代典章与科甲制度、衣冠胜事等；卷五至卷十为“谈献”，主要记叙明中叶至清初名臣、畸人、烈女等事；卷十一至卷十九为“谈艺”，评论诗文，采撷佳句；卷二十至卷二十六为“谈异”，记叙神怪传闻故事。是书以谈故、谈献、谈艺内容最具参考价值，保留了若干史料，补古籍载记之缺。《四库全书总目》称：“谈艺九卷，皆论诗文，领异标新，实所独擅。”书自序称，诗人住所西有圃，圃中有池，池北建屋，藏书数千卷，因取白居易“池北书库”之意，将本书取名《池北偶谈》，又因书库旁有石帆亭，所以又名《石帆亭纪谈》。

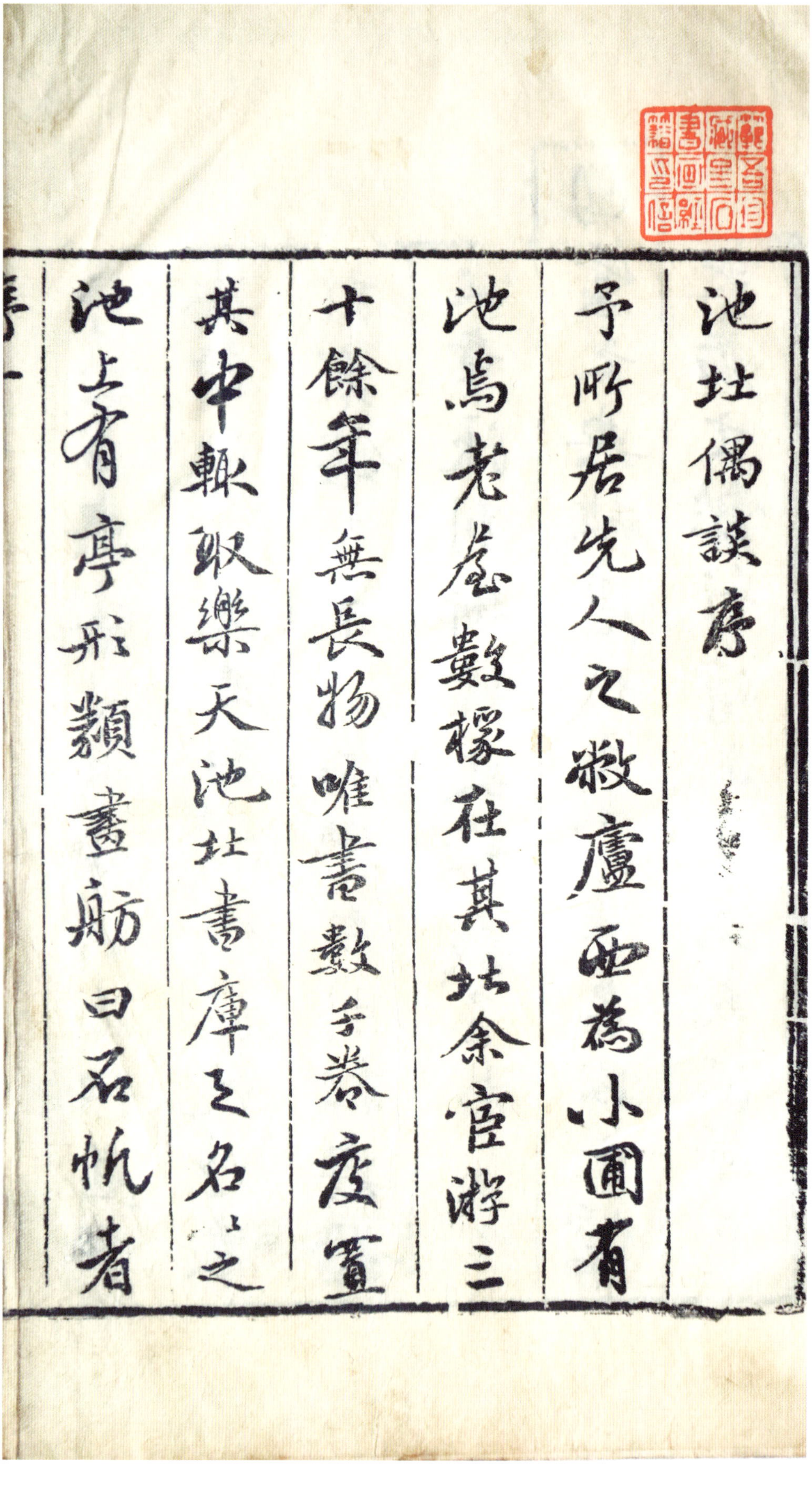

池北偶談序

予所居先人之敝廬西為小圃有池焉老屋數椽在其北余宦游三十餘年無長物唯書數千卷度置其中輒取樂天池北書庫之名名之池上有亭形類畫舫曰石帆者

勸以梯航於濂洛關閩之書得其繭絲牛毛者而致力焉庶不負公表章正學殷殷汲引之盛心也夫

乾隆庚寅季春下浣新安後學程壎謹序

池北偶談卷二十三目錄

談異七之四　凡五十九

池北偶談卷二十三目

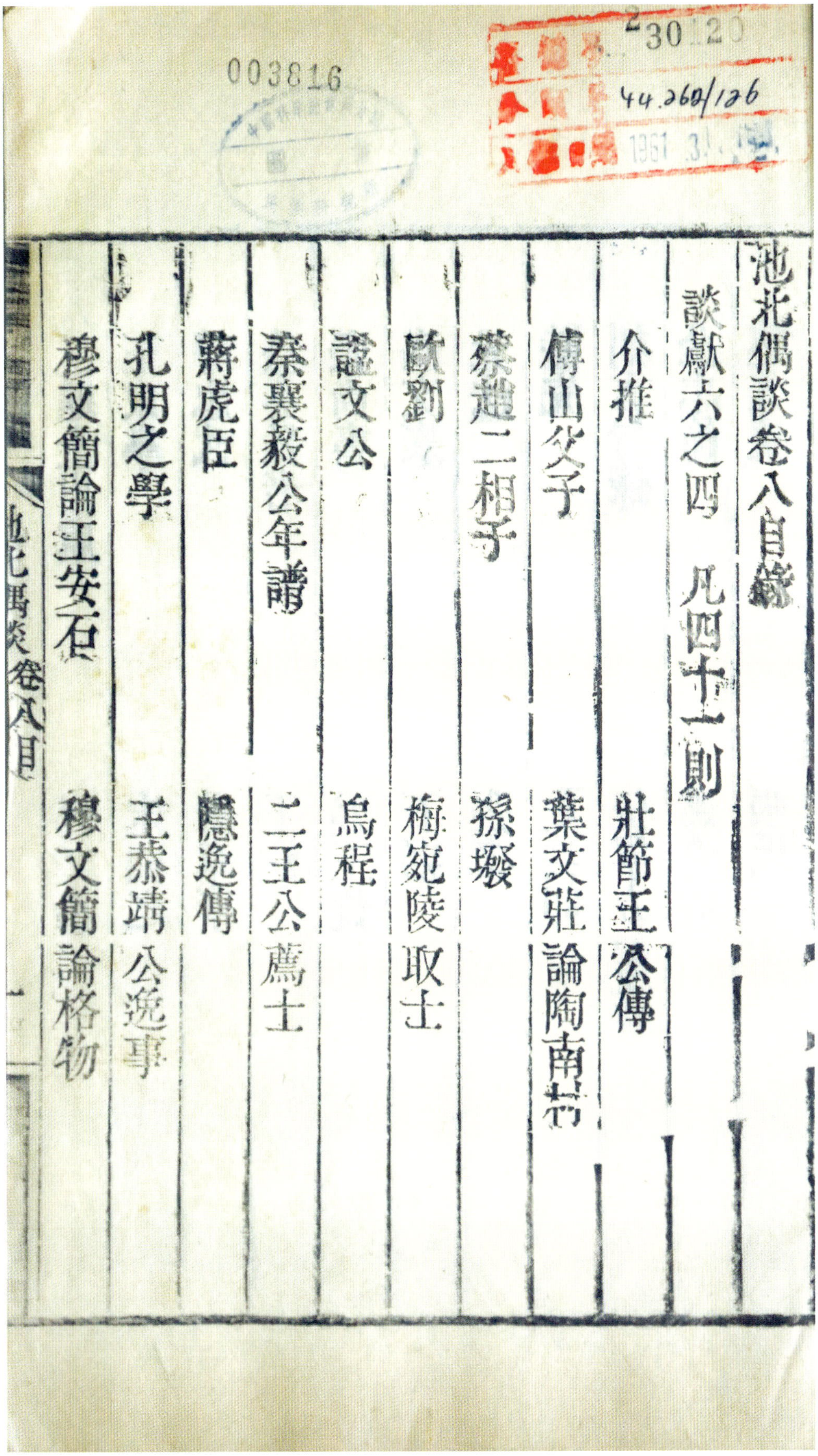

《池北偶谈》卷八目录　藏书印

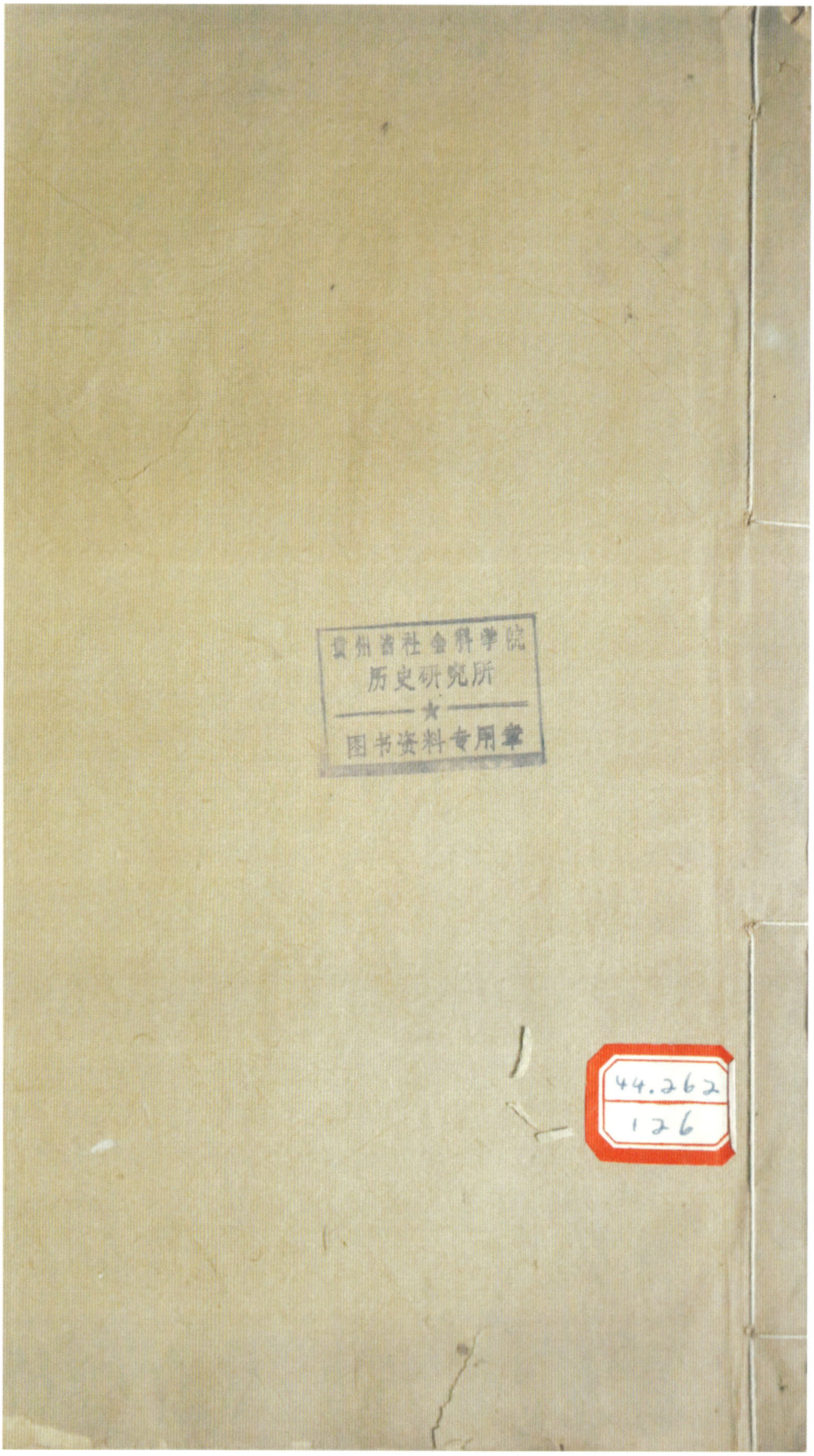

《池北偶谈》藏书印

《御定历代赋汇》

（清）陈元龙 编辑

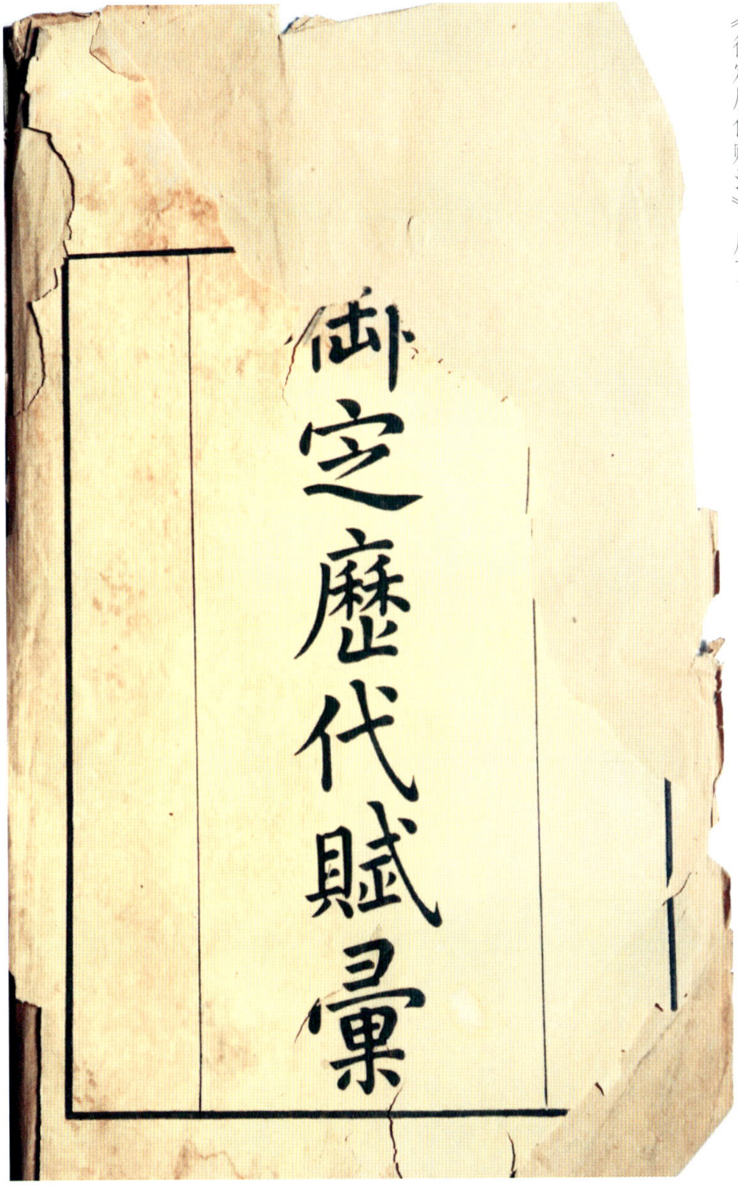

《御定历代赋汇》扉页

清康熙四十五年（1706）内府刻本

框高 19.3 厘米
宽 14.4 厘米
半叶 11 行 21 字

馆存
二十四册 一二七卷
外集二十卷
逸句二卷 目录二卷

陈元龙(1652~1736)，字广陵，号乾斋，江苏海宁盐官人。清康熙二十四年(1685)一甲二名进士(榜眼)，授翰林院编修，入值南书房。任陕西乡试主考官，后迁侍讲学士转侍读学士、翰林院掌院学士、教习庶吉士、经筵讲官、吏部侍郎。康熙五十年（1711），出任广西巡抚，赈济灾民，兴修水利，广建谷仓。康熙五十七年(1718)，升工部尚书，后转礼部尚书。雍正七年(1729)，授文渊阁大学士兼礼部尚书。撰有《爱日堂文集》，编有科技类书《格致镜原》。

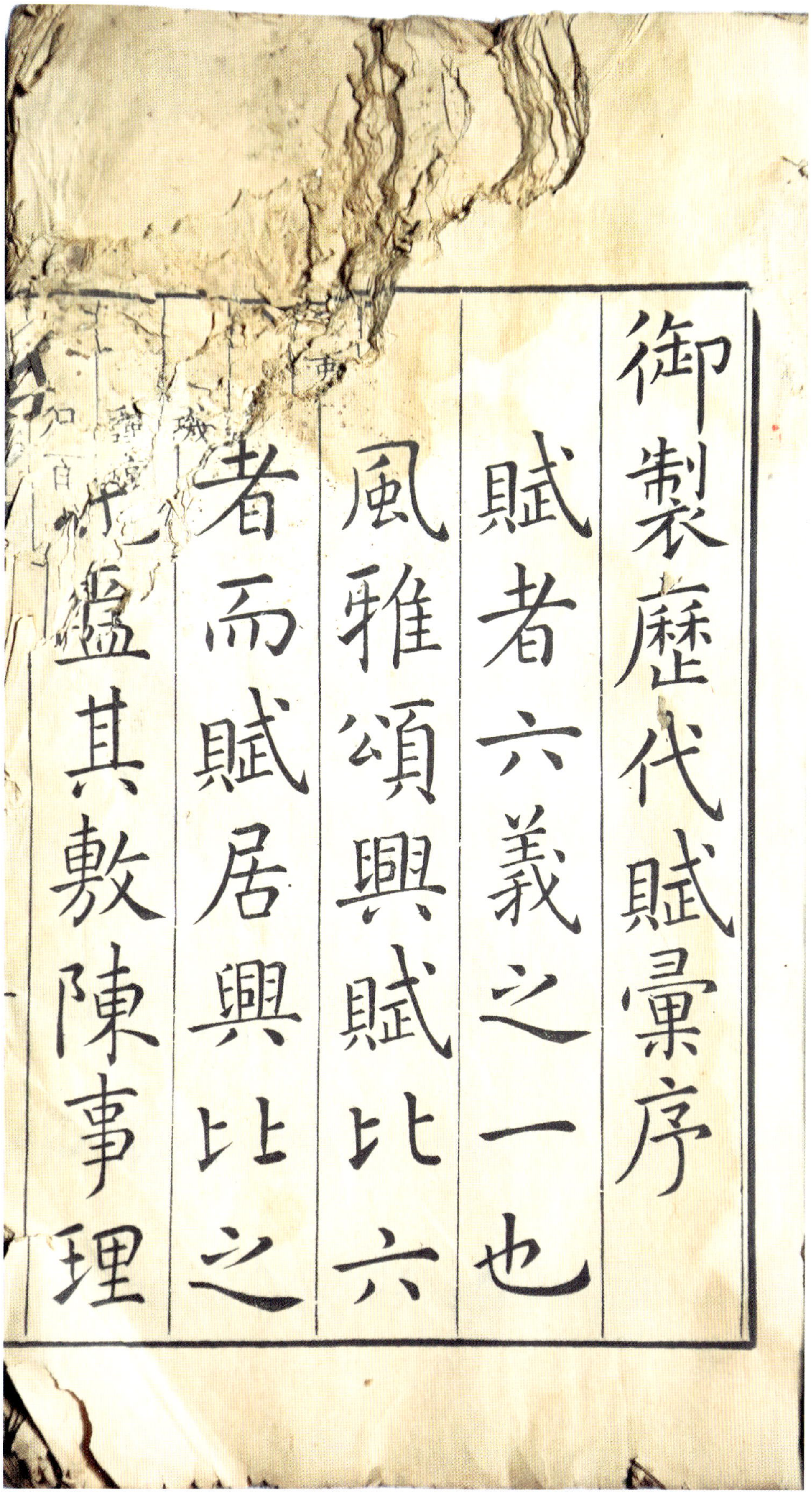
御製歷代賦彙序
賦者六義之一也
風雅頌興賦比六
者而賦居興比之
蓋其敷陳事理

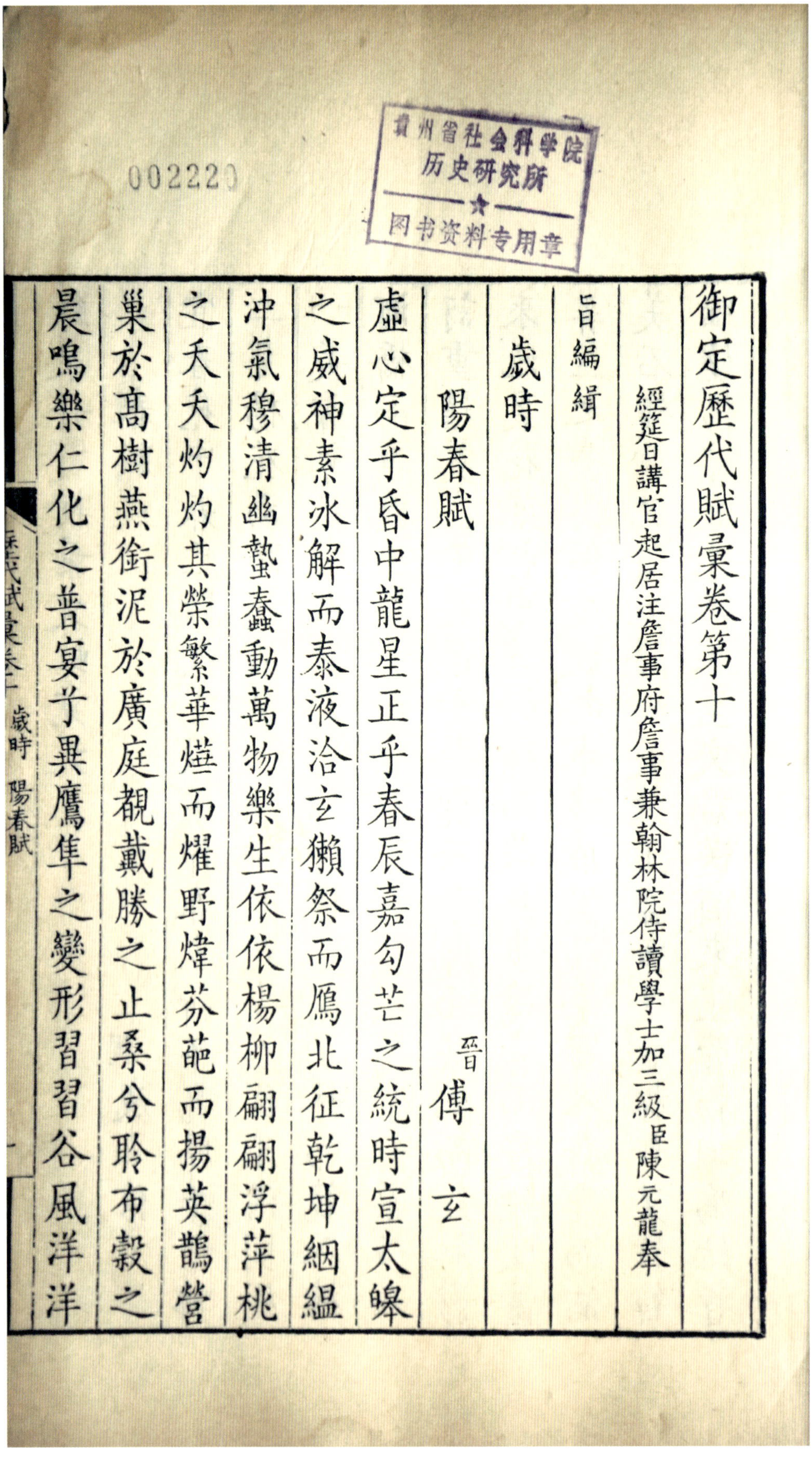

御定歷代賦彙卷第十

經筵日講官起居注詹事府詹事兼翰林院侍讀學士加三級臣陳元龍奉

旨編緝

歲時

陽春賦　晉　傅玄

虛心定乎昏中龍星正乎春辰嘉勾芒之統時宣太皥之威神素冰解而泰液洽玄獺祭而鴈北征乾坤絪縕沖氣穆清幽蟄蠢動萬物樂生依依楊柳翩翩浮萍桃之夭夭灼灼其榮繁華熾而燿野煒芬葩而揚英鶬鶊巢於高樹燕銜泥於廣庭覩戴勝之止桑兮聆布穀之晨鳴樂仁化之普宴兮異鷹隼之變形習習谷風洋洋

歷代賦彙卷十　歲時　陽春賦　一

《御定历代赋汇》卷第十　藏书印

御定歷代賦彙卷第一百十九

經筵日講官起居注詹事府詹事兼翰林院侍讀學士加三級臣陳元龍奉

旨編緝

草木

著賦

晉　傅玄

春邁衡德於青陽混百卉而萌生逮朱夏而脩茂曁商秋而堅貞雖離霜而未彫與潛龜乎通靈於是原極以道握形以度以類萬物之情以通天下之故豈唯終始於事業乃參天而倚數棄原野之蕭條升雲階而內御運茲莖於掌握爻象形而星布信鈎深而致遠實開物而成務

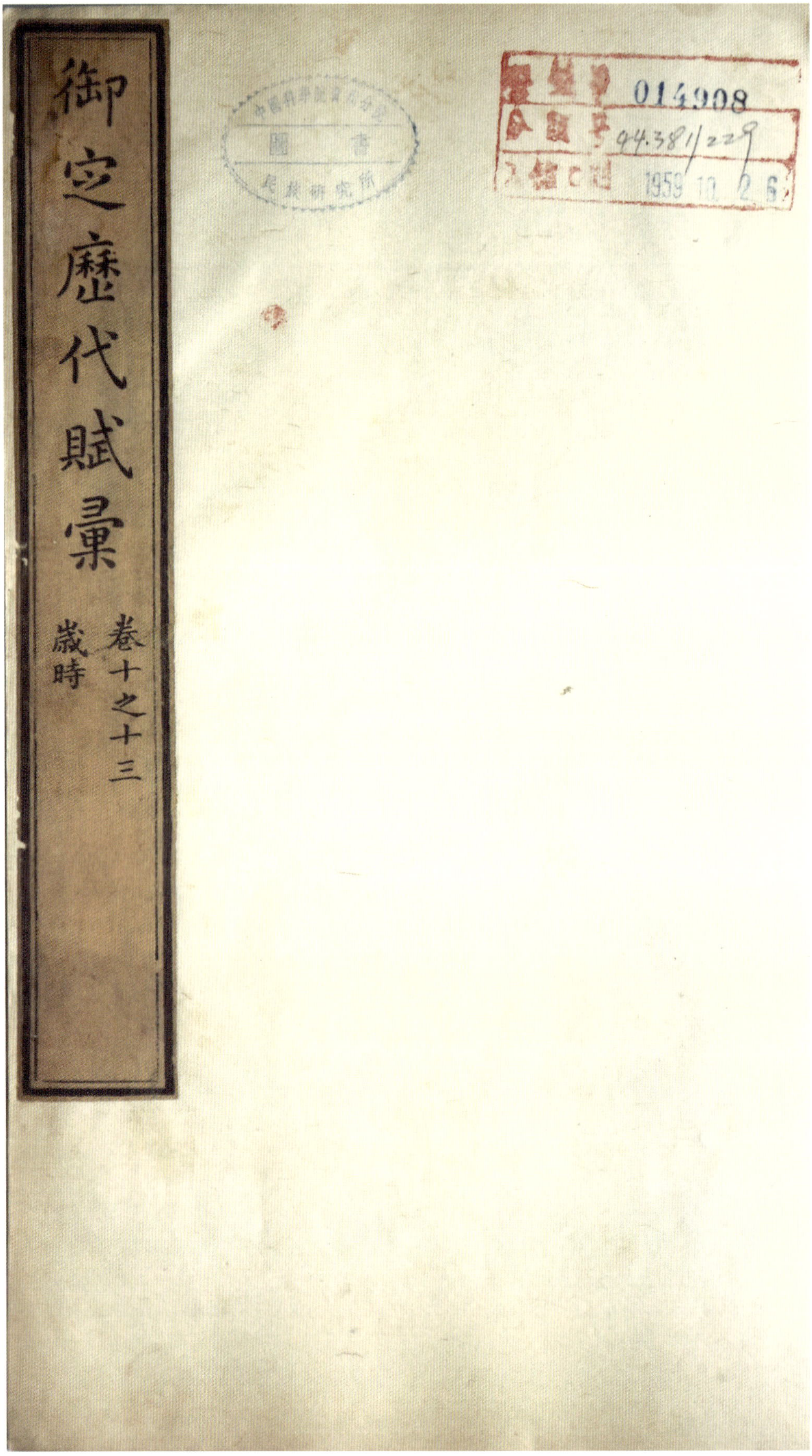

《御定历代赋汇》卷十之十三封面 藏书印

《御定历代赋汇》收录上起周末，下讫明代各朝赋文。正集据内容分为天象、岁时、地理、都邑、治道、典礼、祯祥、临幸、蒐狩、文学、武功、性道、农桑、宫殿、室宇、器用、舟车、音乐、玉帛、服饰、饮食、书画、巧艺、仙释、览古、寓言、草木、花果、鸟兽、鳞虫三十个门类，计三千零四十二篇，收录叙事、描绘物体之作；外集分为言志、怀思、行旅、旷达、美丽、讽谕、情感、人事八个门类，计四百二十三篇，收录抒情言志之作；逸句二卷，计一百一十七篇，为“佚文坠简、片言单词见于诸书所引者，碎璧零玑亦多资考证”。是书体例庞大，是最完备之赋体作品总集。

《钦定佩文斋书画谱》

（清）孙岳颁 等 纂

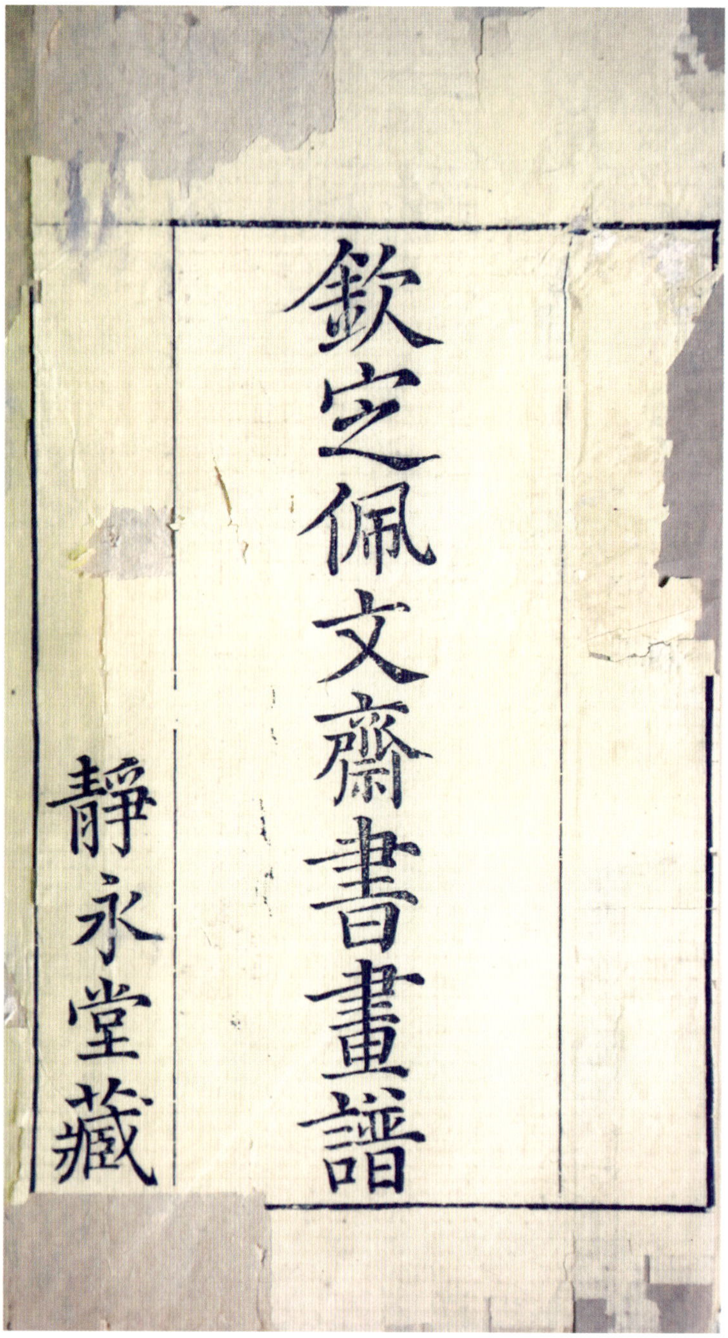

《钦定佩文斋书画谱》御制 扉页

清康熙四十七年(1708)内府刻本

框高16.8厘米
宽11.7厘米
半叶11行22字

馆存
二十一册　二十六卷
（五十七至六十六、八十六、八十八至一百，总目，纂辑书籍）

孙岳颁(1639~1708)，字云韶，号树峰，吴县(今江苏苏州)人。康熙二十一年(1682)进士，官至礼部侍郎。充《钦定佩文斋书画谱》总裁官。善书，受知圣祖，每有御制碑版必命书之。

《钦定佩文斋书画谱》，一百卷，中国清代书画类书。孙岳颁、宋骏业、王原祁、吴暻、王铨等纂辑，康熙四十七年(1708)成书。计分论书、论画、帝王书、帝王画、书家传、画家传、历代无名氏书、康熙皇帝御制书画跋、历代名人书跋、历代名人画跋、书辨正、画辨正、历代鉴藏等。此书内容始自五帝而迄止于元明。先列历代帝王，其余则以时代相次。所引古籍1844种，其中对书画家传记的引证，均注明出处。保存了许多重要的资料，为中国第一部集书画著作之大成的工具书。全书体例精密，引据翔实，颇便稽考。本书卷帙浩繁，材料丰富，对后世之学有重要的参考价值，是中国书画研究者不可或缺的重要参考书籍。

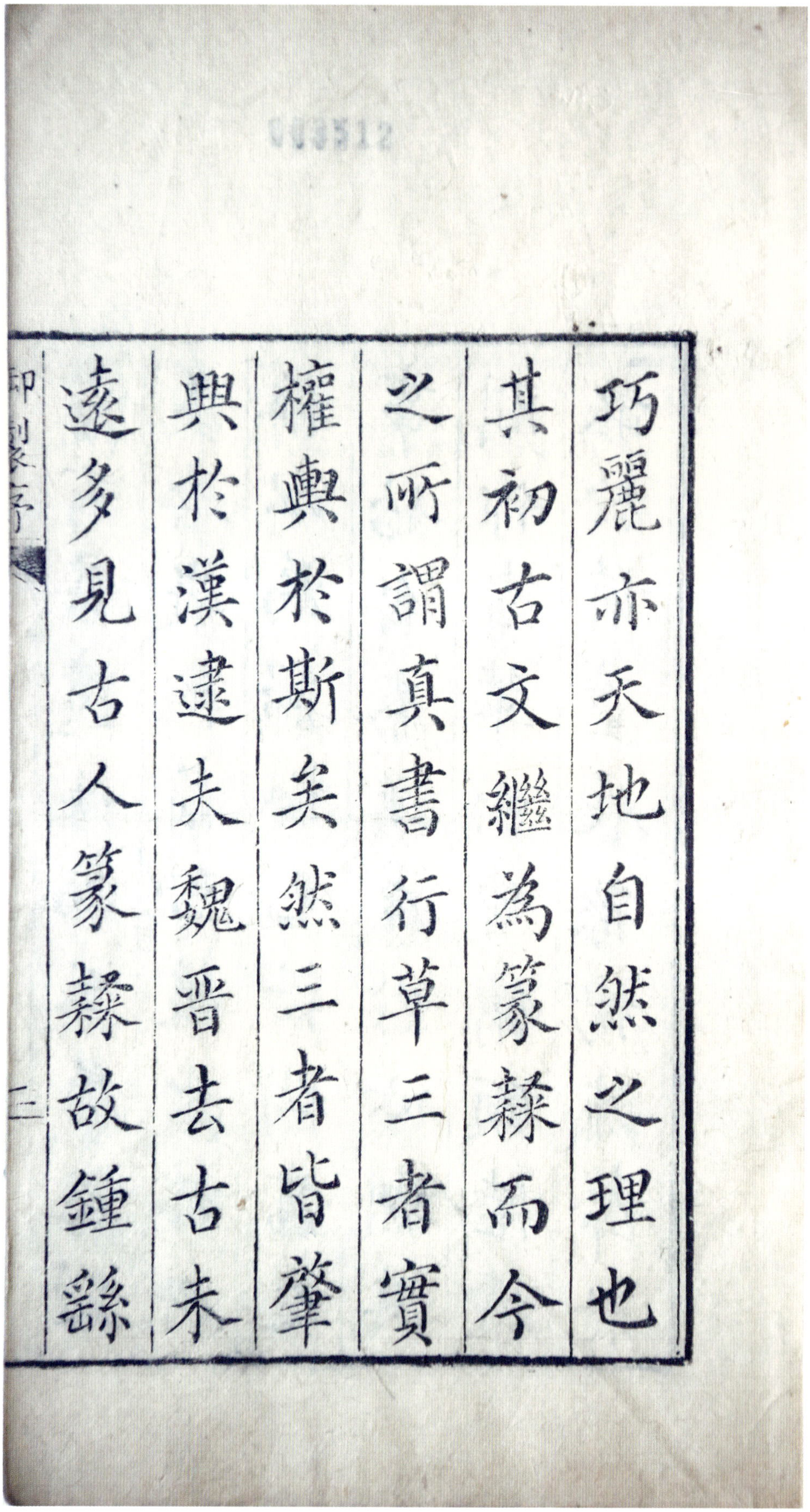

巧麗亦天地自然之理也其初古文繼為篆隸而今之所謂真書行草三者實權輿於斯矣然三者皆肇興於漢逮夫魏晉去古未遠多見古人篆隸故鍾繇

御製序 二

《钦定佩文斋书画谱》御制序

佩文齋書畫譜

纂輯書籍

周易
尚書
尚書傳 孔安國
尚書正義 孔穎達
毛詩
毛詩正變指南圖
詩傳遺說 朱鑑
儀禮會通圖 吳繼仕
周禮
周禮注 鄭康成
周禮疏 賈公彥
考工記
禮記
禮記注 鄭康成
禮記正義 孔穎達
春秋左氏傳
爾雅注 郭璞
爾雅疏 邢昺

馆存《钦定佩文斋书画谱》二十六卷。其中，卷五十七至五十八：画家传；卷五十九至卷六十四：历代无名氏书；卷六十五至卷六十六：历代无名氏画；卷八十六：历代名人画跋；卷八十八至卷八十九：书辨正；卷九十：画辨正；卷九十一至卷一百：历代鉴藏。书前有康熙四十四年 (1705) 二月御制序，其后为凡例和总目，正文前列有所纂辑之书籍的目录和书画谱总目，并开列康熙四十四年 (1705)、四十六年 (1707) 奉旨纂辑此书的官员职名。清康熙刻同治静永堂重印本，书名页有“静永堂藏”，御制佩文斋书画谱序末署“康熙四十七年二月”。

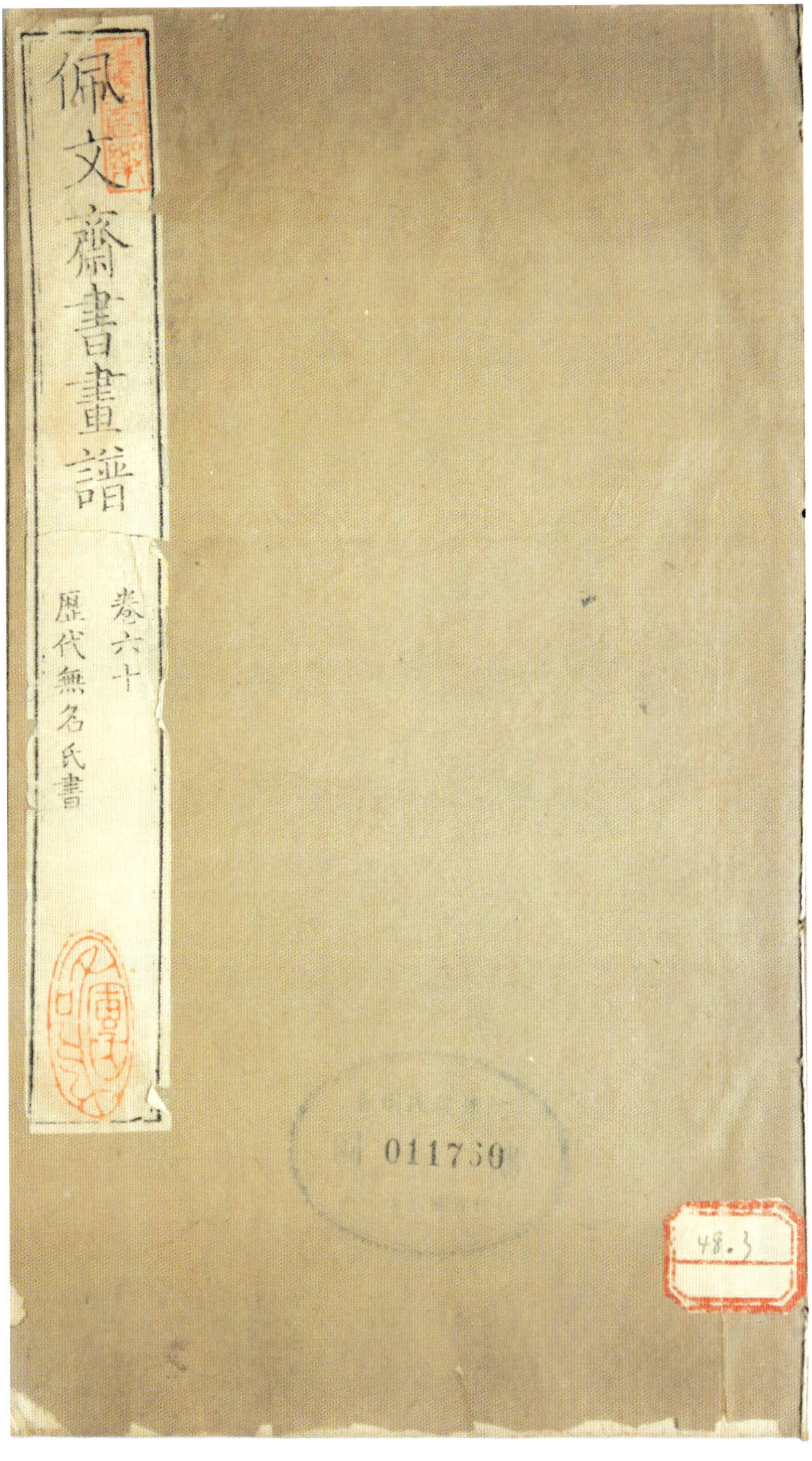

《钦定佩文斋书画谱》封面

《历代名吏录》

（清）张星徽 辑著

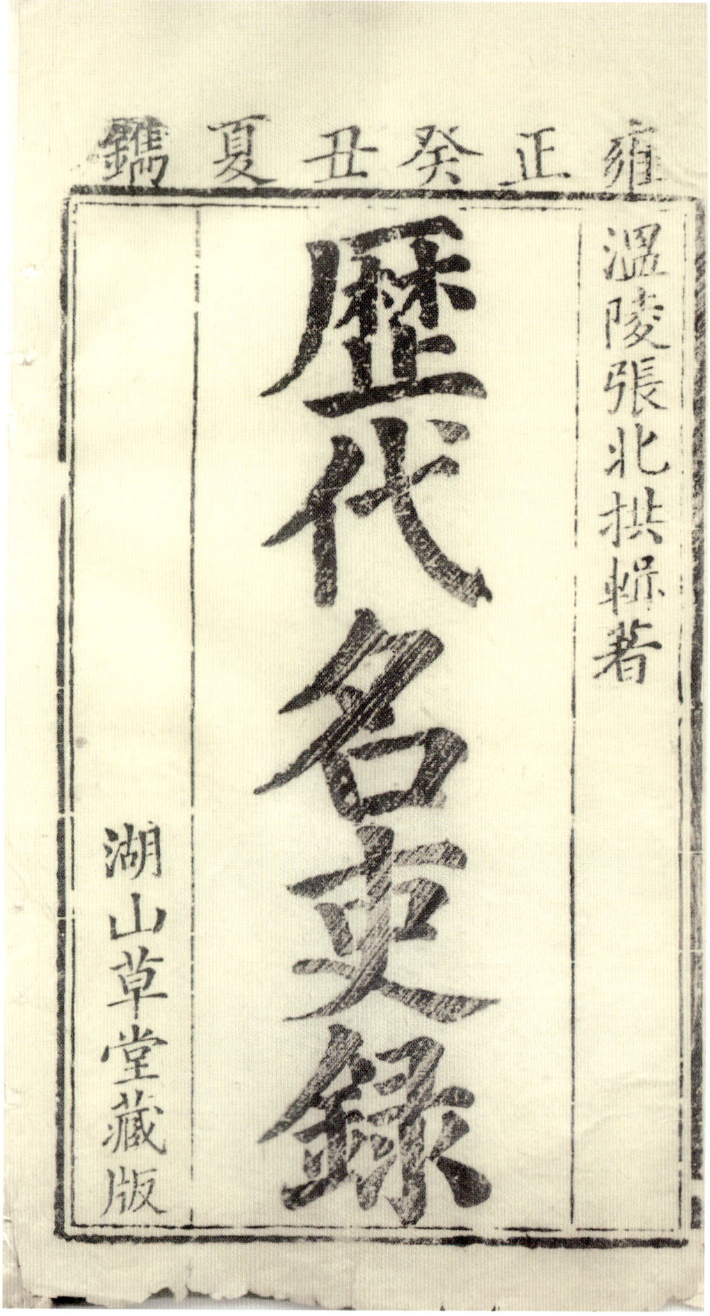

《历代名吏录》扉页

清雍正十一年（1733）
湖山草堂刻本

框高 20.5 厘米
宽 12.2 厘米
半叶 9 行 24 字

馆存
四册　四卷

张星徽，字北拱，号居亭，清代同安县金门青屿人。清康熙五十六年（1717）举人，康熙六十年（1721）进士，但考卷复核后被取消资格。被授望江县令，后改为海澄县教谕。著有《历代名吏录》《春秋四传管窥》《天下要书》《先儒精义会通》《评注战国策全集》及《湖山稿评选》等。

《历代名吏录》主要内容以时代先后编次，其中，卷一：循良前传约编（周秦、西汉）；卷二：循良前传约编（东汉、三国、两晋、宋、南齐、梁）；卷三：循良前传约编（陈、元魏、北齐、后周、隋、唐、五代）；卷四：循良前传约编（宋、辽、金、元、明）。书扉页刻有“历代名吏录”“温陵张北拱辑著”“湖山草堂藏板”“雍正癸丑夏镌”。序末署有：“雍正九年岁次辛亥端午前一日温陵张星徽北拱氏题于金浦湖野山房之东斋。”

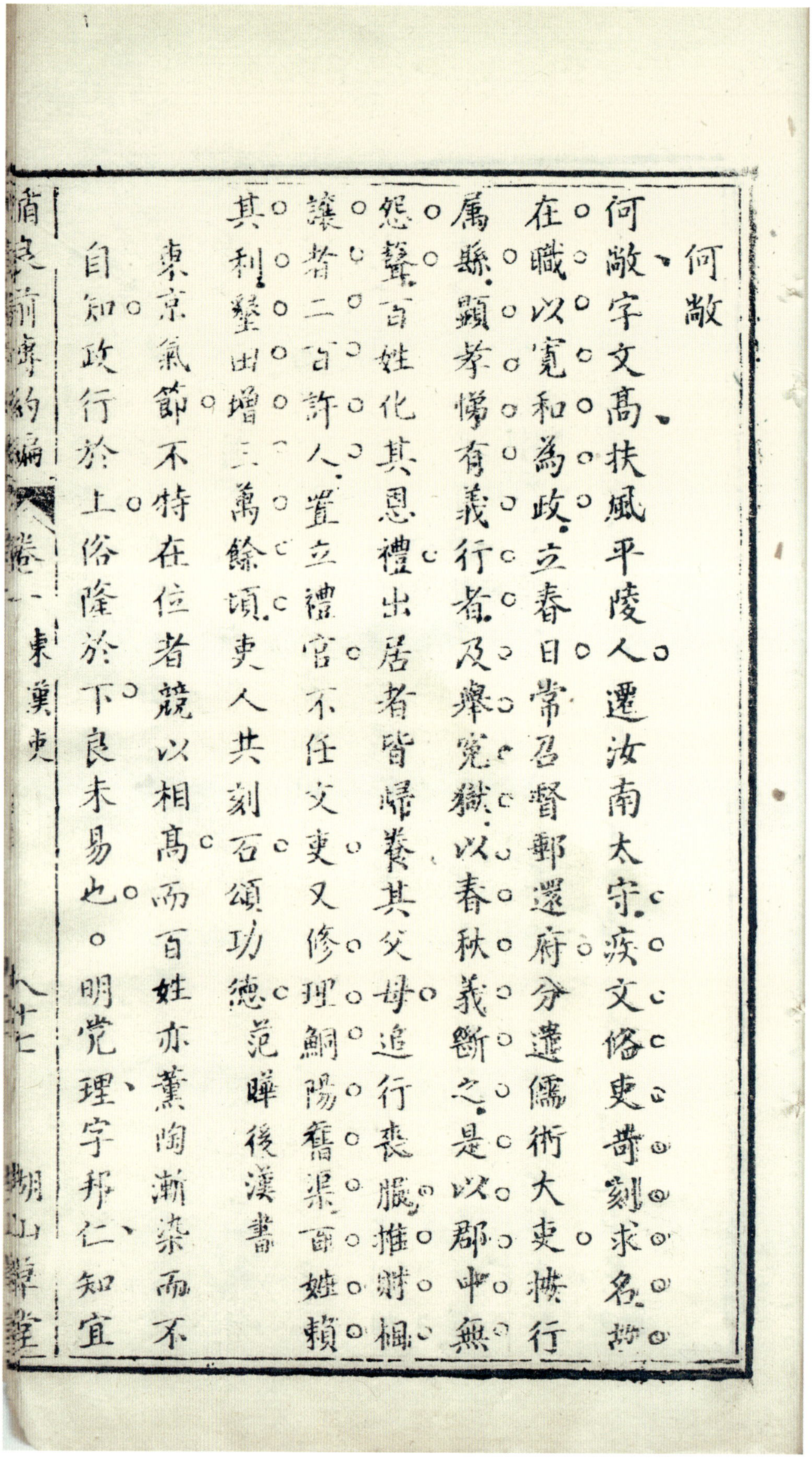

何敞

何敞字文高扶風平陵人還汝南太守疾文俗吏苛刻求名迹在職以寬和為政立春日常召督郵還府分遣儒術大吏案行屬縣顯孝悌有義行者及舉冤獄以春秋義斷之是以郡中無怨聲百姓化其恩禮出居者皆歸養其父母追行喪服推財相讓者二百許人置立禮官不任文吏又修理鮦陽舊渠百姓賴其利墾田增三萬餘頃吏人共刻石頌功德范曄後漢書

東京氣節不特在位者競以相高而百姓亦薰陶漸染而不自知政行於上俗隆於下良未易也明党理字邦仁知宜

循良前傳約編 卷一 東漢吏 八十七 湖山韡堂

條例六則

一是編限於卷帙唯取有關吏治者撮著其要若他履歷行事則正史本傳具在足資博稽茲故弗詳焉便記誦也爰顏之曰約編

一歷史立循吏門而巨公有理民政績者多入專傳唐荆川謂其事業有大焉非一州一縣之祠立而已則不當從一州一縣例而謂之循吏茲編專主廣收德政故又不拘此限槩從錄入

一正史之外子書文集雜著偶登一二若稗官野乘立言無據

《春秋四传管窥》

（清）张星徽 评点

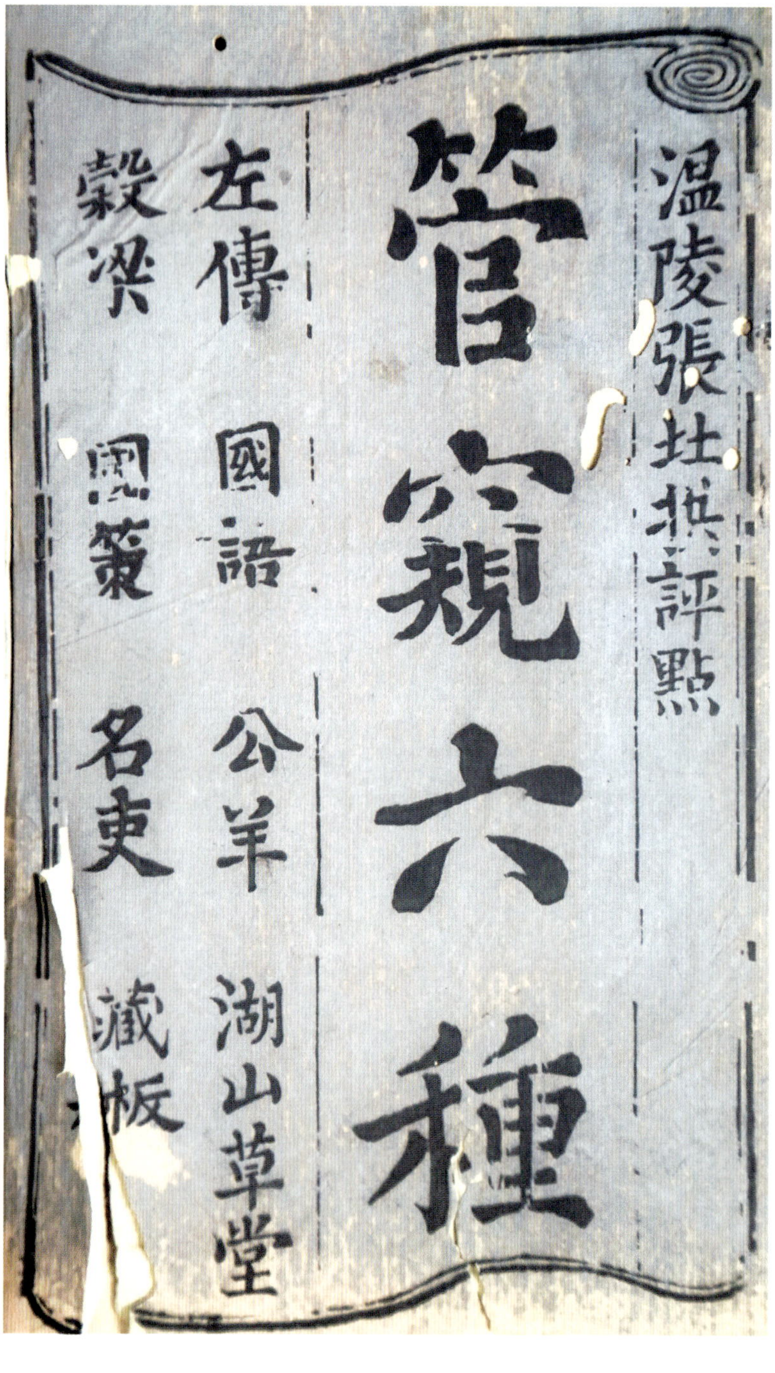

《管窥六种》 扉页

清乾隆四年（1739）
湖山草堂藏板

框高 20.2 厘米
宽 12.6 厘米
半叶 9 行 23 或 24 字

馆存
十七册　三十二卷
（《左传》一至十六、
《国语》十七至二十、
《公羊传》二十一至
二十六、
《穀梁传》二十七至
三十二）

张星徽简介见《历代名吏录》。

《春秋四传管窥》与《历代名吏录》四卷合刻，并名为《管窥六种》。“六种”分别为《左传》《国语》《公羊传》《穀梁传》《战国策》《历代名吏录》。“春秋四传”为前四种。张星徽合《左传》《国语》《公羊传》《穀梁传》四传为一书，“所选诸篇俱照原本全录”。将《国语》视为《春秋》的一种传注的人较少，张星徽是其一。

總論春秋

莊周曰、春秋經世先王之志也聖人議而不辯

又曰、春秋以道名分

董子仲舒記夫子之言曰、我欲載之空言不如見之於行事之深切著明也誦其師說曰、撥亂世反之正莫近春秋其自言曰、有國者不可以不知春秋前有讒而不見後有賊而不知為人臣者不可以不知春秋守經事而不知其宜遭變事而不知其權為人君父而不通春秋之義者必蒙首惡之名為人臣子而不通春秋之義者必陷簒弒之罪故春秋禮義之

總論春秋

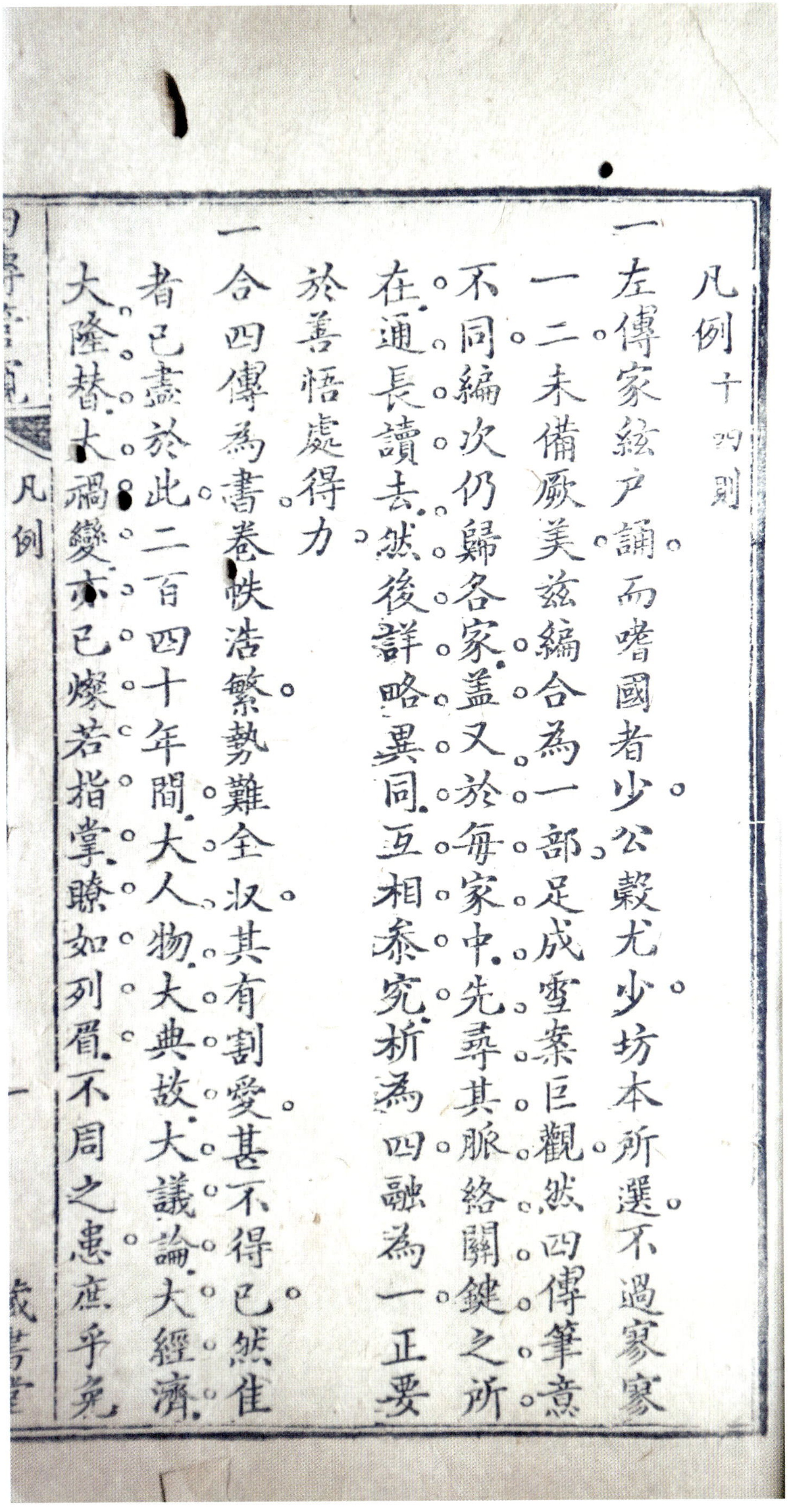

凡例十四則

一左傳家絃户誦而嗜國者少公穀尤少坊本所選不過寥寥

一二未備厥美茲編合為一部足成巨觀然四傳筆意不同編次仍歸各家盖又於每家中先尋其脈絡關鍵之所在通長讀去然後詳略異同互相參究析為四融為一正要於善悟處得力

一合四傳為書卷帙浩繁勢難全収其有割愛甚不得已然佳者已盡於此二百四十年間大人物大典故大議論大經濟大隆替大禍變亦已燦若指掌瞭如列眉不周之患庶乎免

凡例 一

第一册为总论，第二、三册为杂论，第四至十一册为《左传》十六卷，第十二、十三册为《国语》，第十四、十五册为《公羊传》，第十六、十七册为《穀梁传》。评注采用直行，附于本文之旁，不尽者另缀于后。为广义理、益见闻，张星徽对批注的选择极为考究，左传主选用杜预注，国则韦昭，公则何休，穀则范宁，间附别家。在注音方面，编难字，用直音，字义即加解释。每篇末，都有评论及旁批。

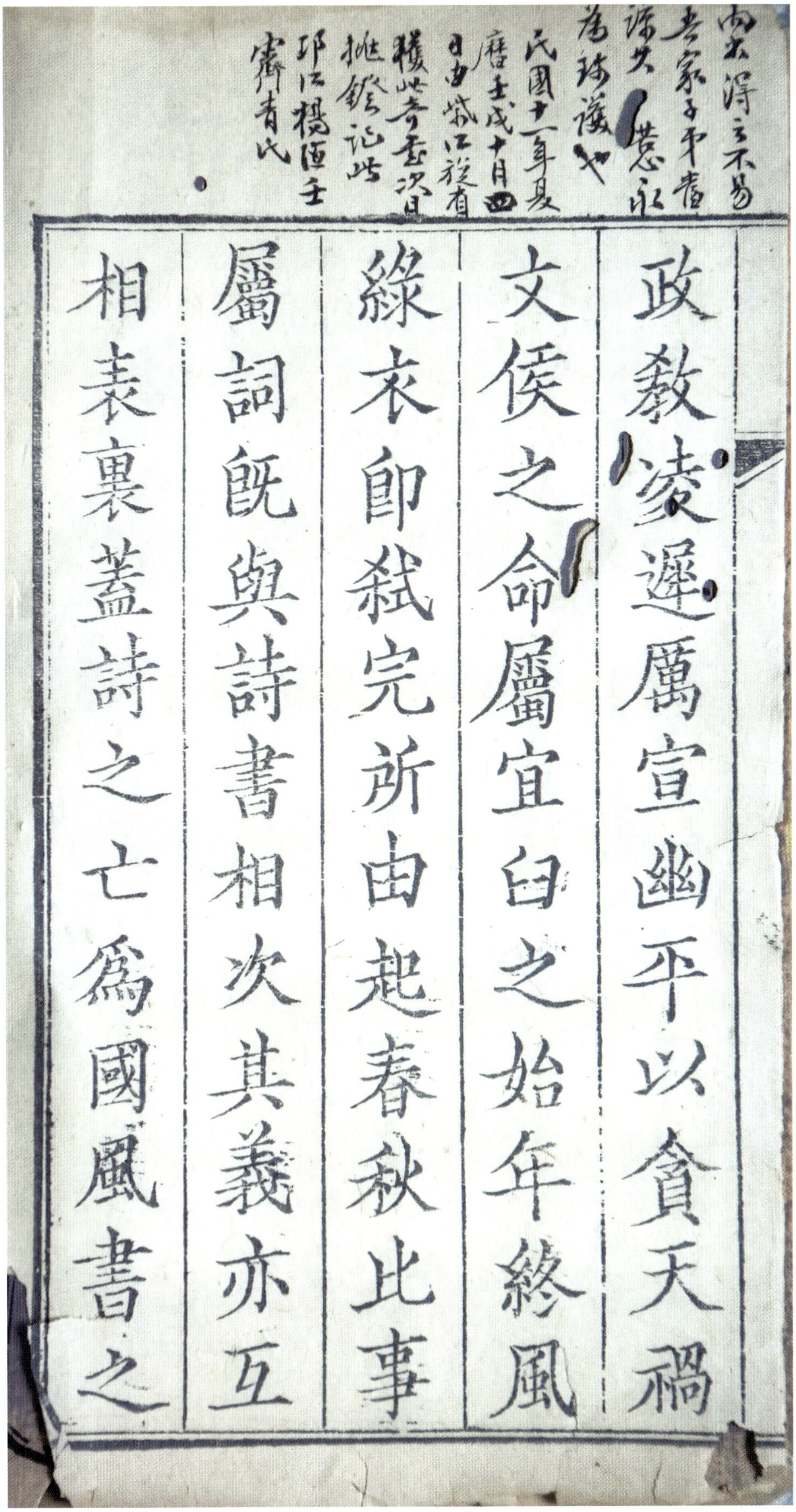
此書得之不易
吾家子弟者
讀之慈永
為珍護也
民國十一年夏
曆壬戌十月四
日由紫江從有
獲此書壺沒日
撫鑑記此
邛江楊恒壬
齋青氏

政教淩遲厲宣幽平以貪天禍
文侯之命屬宜臼之始年終風
綠衣卽敘完所由起春秋比事
屬詞既與詩書相次其義亦互
相表裏蓋詩之亡爲國風書之

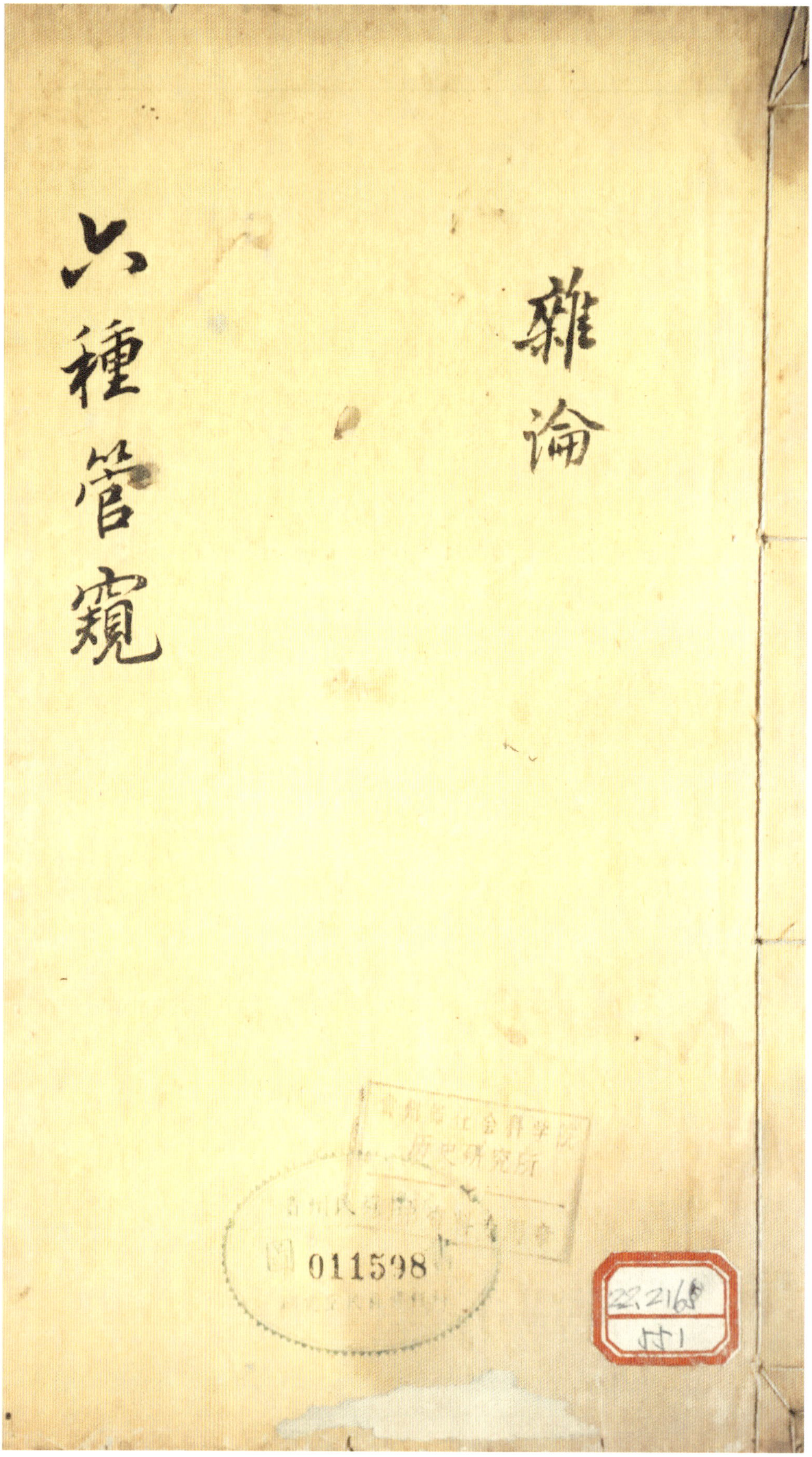

《春秋四传管窥》藏书印

《钦定春秋传说汇纂》

(清)王掞等 奉敕撰

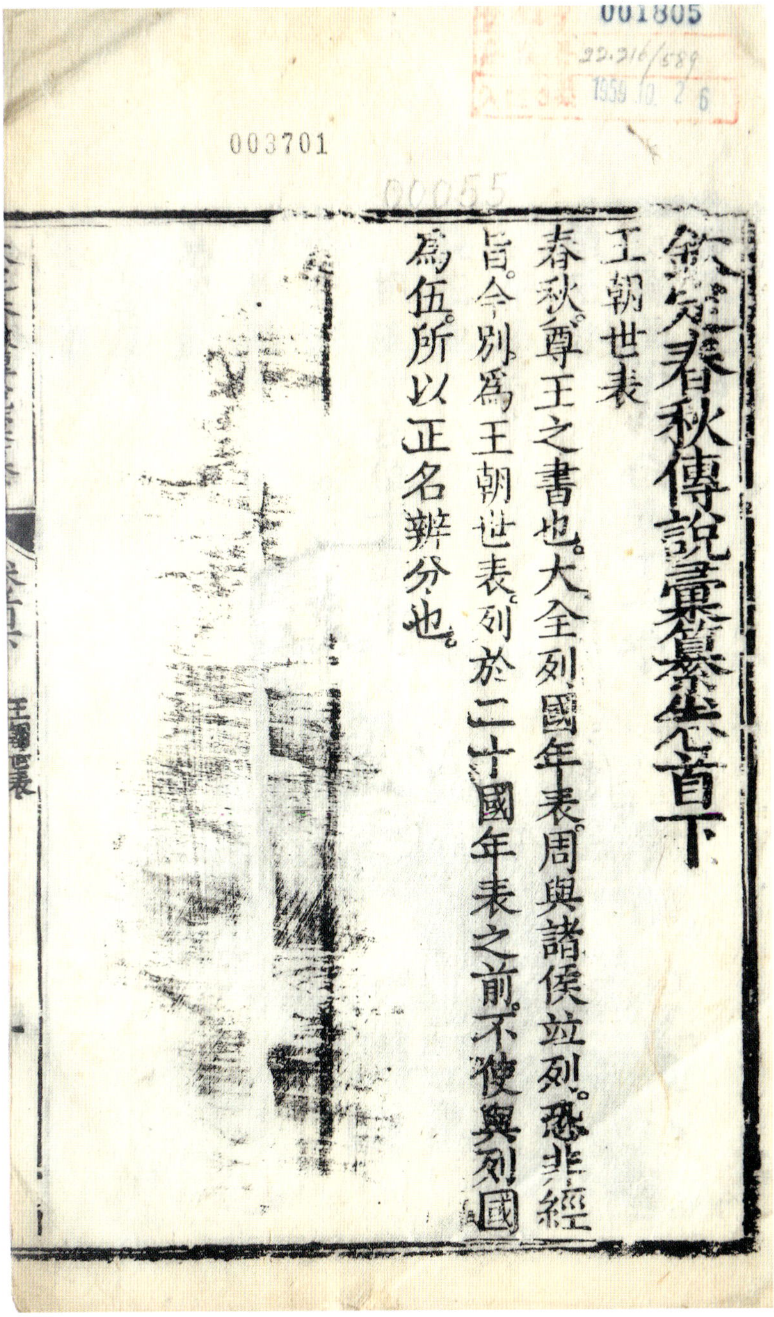
欽定春秋傳說彙纂卷首下
王朝世表
春秋尊王之書也。大全列國年表周與諸侯並列。恐非經旨。今別爲王朝世表列於二十國年表之前。不使與列國爲伍。所以正名辨分也。

《钦定春秋传说汇纂》卷首下

贵州布政使司冯光裕刻本
版本据册二十二末叶

框高22厘米
宽16厘米
半叶8行21字
小字双行21字

馆存
十九册 三十八卷
缺卷首上、三至六卷

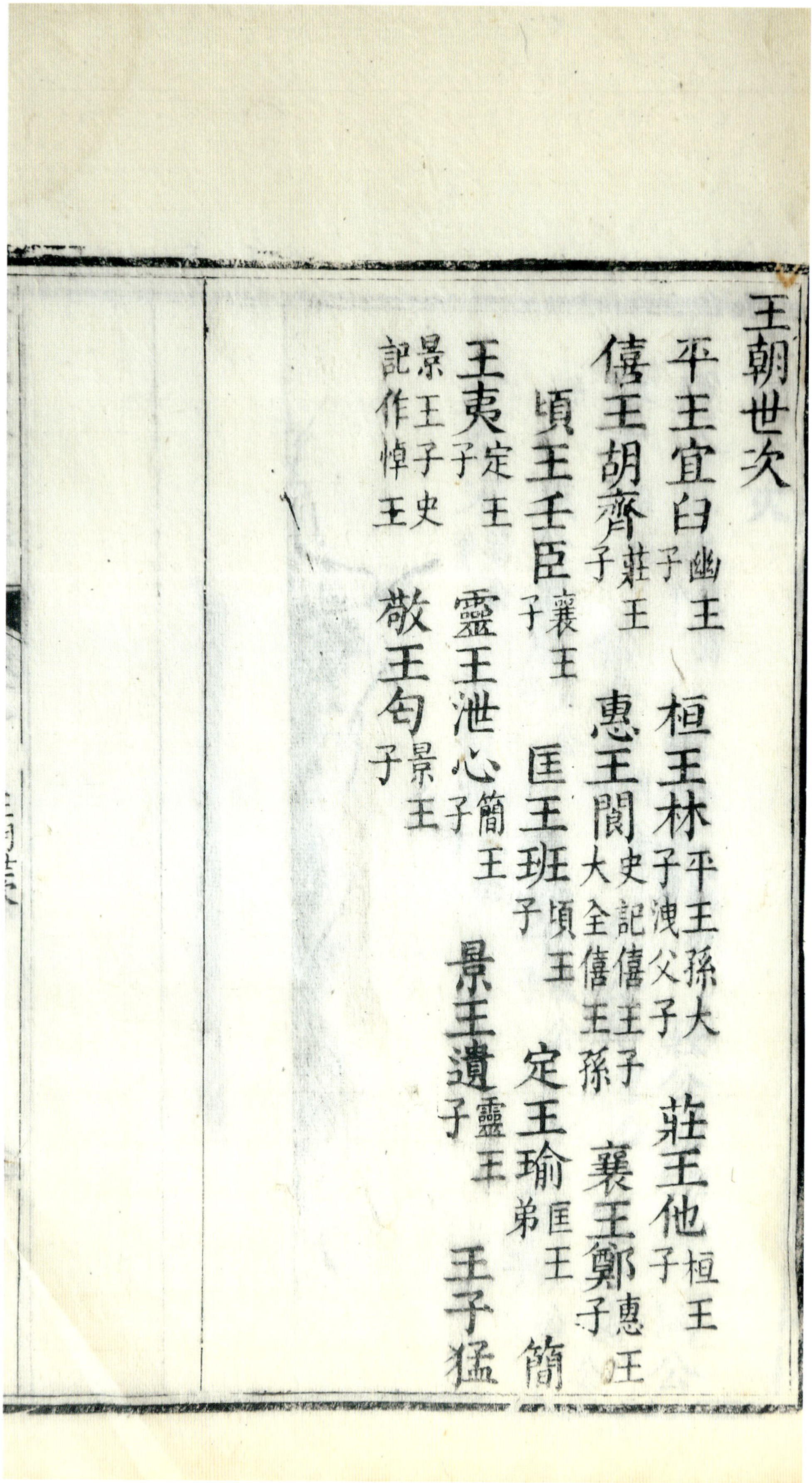
王朝世次

平王宜臼幽王子　桓王林平王孫大子洩父子　莊王他桓王子

僖王胡齊莊王子　惠王閬史記僖王子大全僖王孫　襄王鄭惠王子

頃王壬臣襄王子　匡王班頃王子　定王瑜匡王弟　簡

王夷定王子　靈王泄心簡王子　景王遺靈王子　王子猛

景王子史記作悼王　敬王匄景王子

王掞（1645~1728），清朝官员，字藻儒，号颛庵，江苏太仓人，康熙九年进士，官至文渊阁大学士。

南宋胡安国撰《春秋传》，元延祐二年被定为官学，此后三百年相沿不改，一直用于科举取士。然胡氏撰文成于宋室南渡之后，尤强调“攘夷”之说，《四库全书总目》称其“感激时事，往往借《春秋》而寓意”，清人对此尤为敏感，故成《钦定春秋传说汇纂》，以纠其谬。清圣祖《御制序》云：“朕恐世之学者牵于支离之说而莫能悟，特命词臣纂辑是书。以四传为主，其有舛于经者删之，以集说为辅，其有叛于传者勿录。”此盖全书之宗旨。

《四库全书总目》称此书成于康熙三十八年（1699）。据王丰先考证当成于康熙五十四年（1715）。卷首上篇为纲领，集诸儒之说为三部分，一论《春秋》经传源流；二论《春秋》大旨，经传义例；三论传注之失及读《春秋》之法。下篇为各种年表、世表。卷前有御制序，次汇纂诸臣衔名、引用著者姓氏，次目录。

纍於衛而又加兵於衛焉不書君將不書師不書帥師斥而人之貶鄭之辭著矣家氏鉉翁曰此春秋書伐之始征伐天子之事而諸侯專之罪也然有早歲之爭伐齊霸未興以前是也有晚歲之爭伐晉霸既衰以後是也惟中歲有奉王命而討不庭者齊晉二霸之師是也春秋與之以霸討褒貶隨事而見汪氏克寬曰滑共叔子鄭莊志於殺段又欲絕其嗣而夷之去年以王師虢師伐衛南鄙又請師於邾今再伐衛窮兵黷武遷怒復怨不貶絕而罪自見矣趙氏汸曰征伐稱人者三十五稱師者十四皆文以前之事文以前征伐自諸侯出則雖卿將稱人與將卑師少者同雖卿帥重師但稱師與將卑師衆者同蓋征伐之權在諸侯大夫奉命以行得失在其君而大夫之尊卑不足辨也

欽定春秋傳說彙纂卷第一

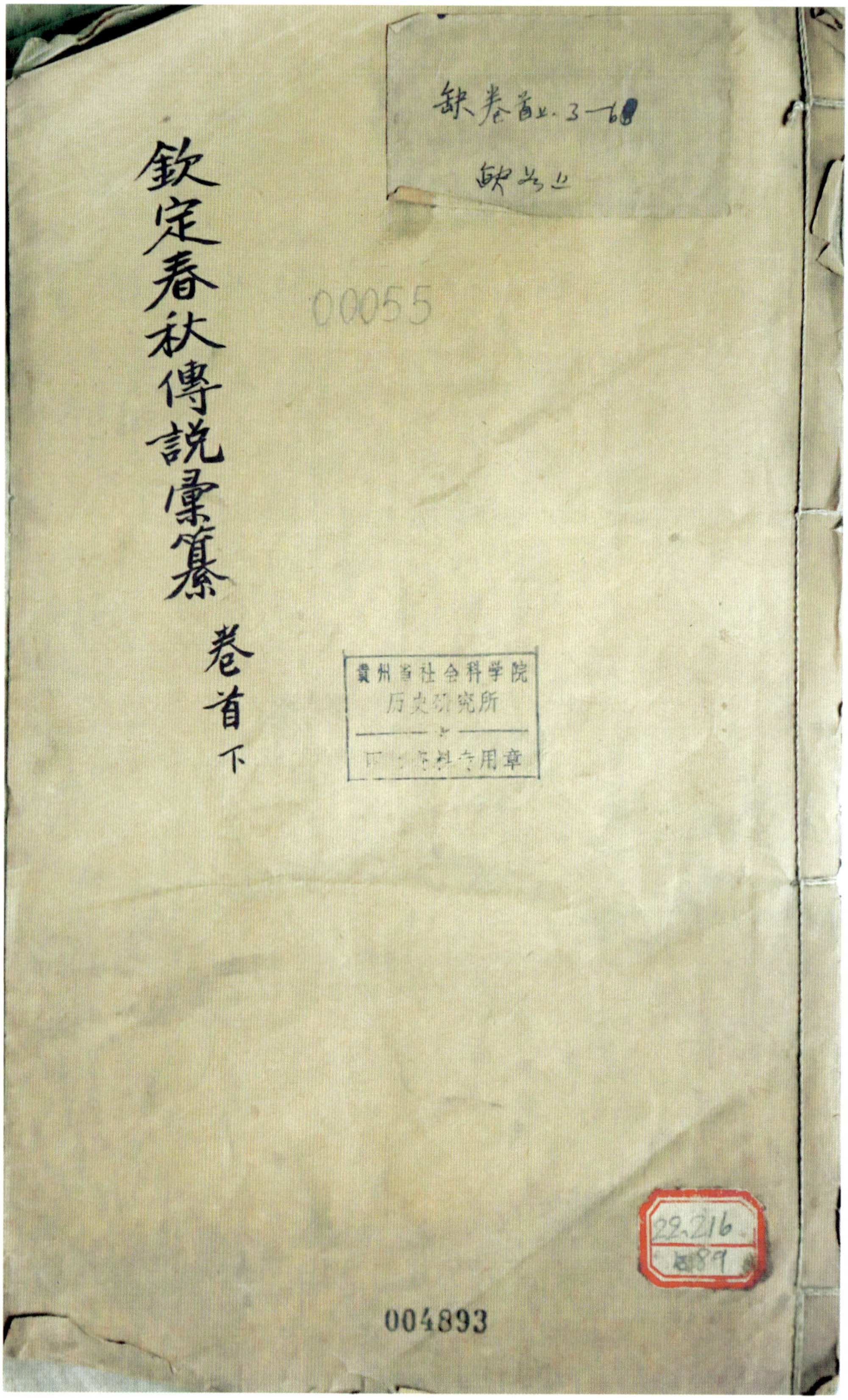

《钦定春秋传说汇纂》藏书印

《钦定书经传说汇纂》

（清）王项龄等 奉敕撰

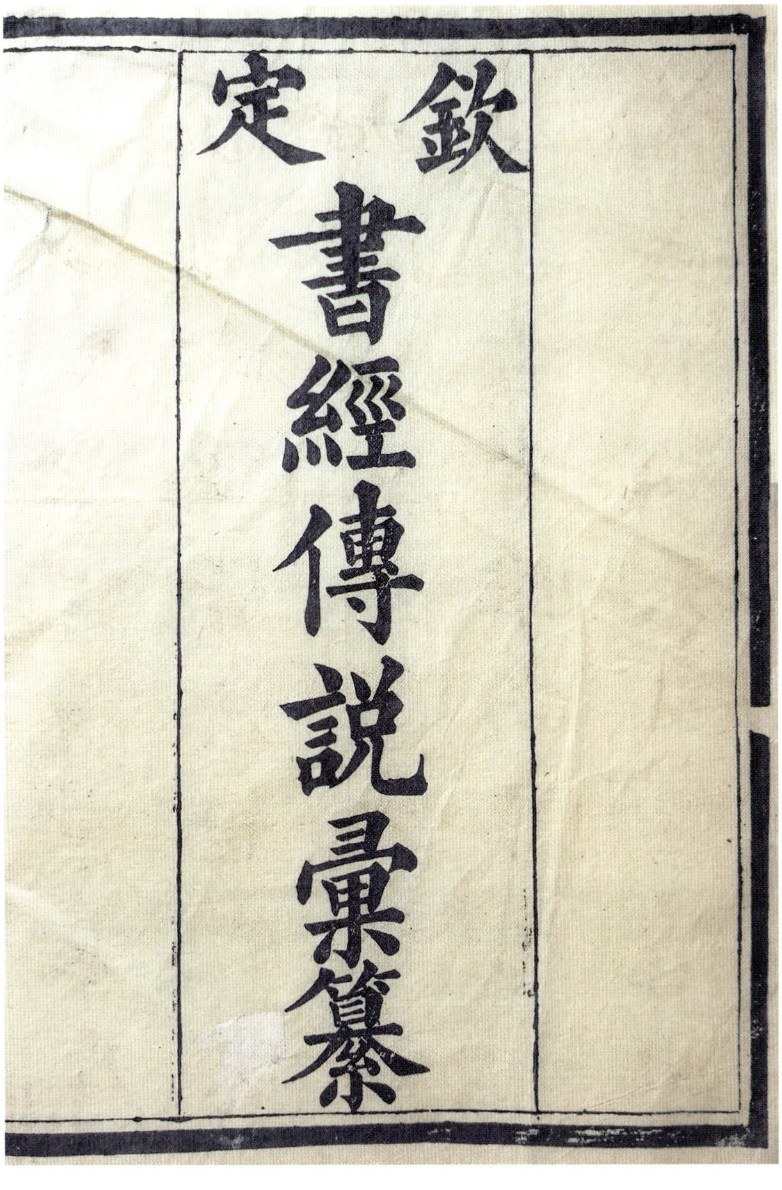

《钦定书经传说汇纂》扉页

乾隆二年贵州布政使冯光裕刻本
版本据卷目序末叶

框高 21.8 厘米
宽 16 厘米
半叶 8 行 16、18 字不等 小字双行 21 字

馆存
十一册 十八卷
（卷首上下、卷三至卷八、卷十一至十二、卷十五至卷二十一、书序）

《钦定书经传说汇纂》

穎達曰。皇極不言數者。以總該九疇。理兼萬善。非局數所能盡也。

本之以五行。敬之以五事。厚之以八政。協之以五紀。皇極之所以建也。乂之以三德。明之以稽疑。驗之以庶徵。勸懲之以福極。皇極之所以行也。人君治天下之法。是孰有加於此哉。

【集說】張子曰。九疇次敘。民資以生。莫先天材。故首曰五行。君天下。必先正己。故次五事。五事已正。然後邦國得而治。故次八政。政不時舉必昏。故次五紀。五紀明。然後時措得中。故次建皇極。求大中不可不知權。故次三德。權必有疑。故次稽疑。可徵。然後疑決。故次庶徵。福極徵。然後可不勞而治。故九以嚮勸終焉。五爲數中。故皇極處之。權過中而合義者也。故三德處六。○張氏栻曰。九疇雖多。人君所守。惟在敬用五事。心敬。則貌言視

洪範

《钦定书经传说汇纂》为王顼龄等奉雍正旨汇纂。王顼龄任总裁，张廷玉、蒋廷锡、王图炳、魏廷珍等任南书房校对，陆绍琦、吴廷揆、李凤翥、郑任鑰、蒋涟、王希曾、王奕仁、陈均、汤大辂、李同声等任在馆分修校对。

王顼龄（1642~1725），字颛士，另字容士，号瑁湖，晚号松乔老人，康熙十五年（1676）进士，历任太常寺博士、翰林院编修、日讲起居注官、四川学政、侍讲学士、礼部侍郎、吏部左侍郎、经筵讲官、武英殿大学士兼工部尚书、太子太傅等官职。84 岁卒于官，雍正帝赐谥“文恭”。他学识渊博、著作颇丰，是清代著名诗人、文学家。

《钦定书经传说汇纂》一书共有二十四卷，依次为：卷首上下、卷一至卷二十一、书序。书序前有御制序、职名、目录。卷首上为引用姓氏、书传图，卷首下为纲领，卷一至卷三虞书，卷四至卷六夏书，卷七至卷九商书，卷十至卷二十一周书。

雍正八年三月十四日奉
旨開列
欽定書經傳說彙纂總裁校對分修校刊諸臣職名
總裁
原任經筵講官太子太傅武英殿大學士兼工部尚書贈少傅臣王頊齡
南書房校對
經筵講官起居注少保兼太子太保保和殿大學士兼吏部尚書管翰林院掌院學士事臣張廷玉
經筵講官太子太傅文華殿大學士仍兼戶部尚書事務臣蔣廷錫
經筵講官太子少傅刑部尚書臣勵廷儀
都察院左副都御史臣王圖炳
巡撫安慶等處地方提督軍務兼理糧餉兵部右侍郎兼都察院右副都御史臣魏廷珍

欽定書經傳說彙纂卷首
職名

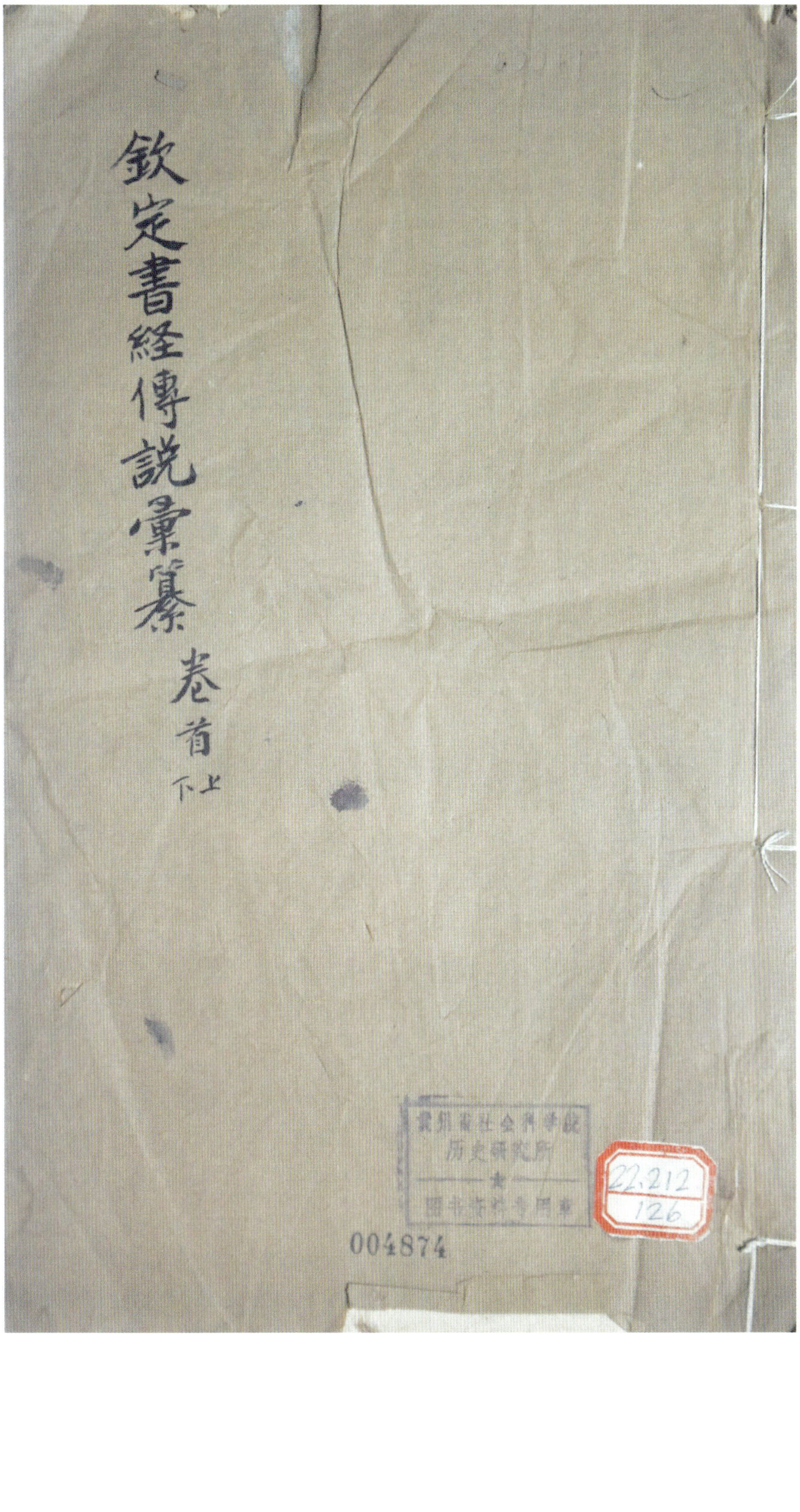

《钦定书经传说汇纂》藏书印

《钦定诗经传说汇纂》

(清)王鸿绪 等撰

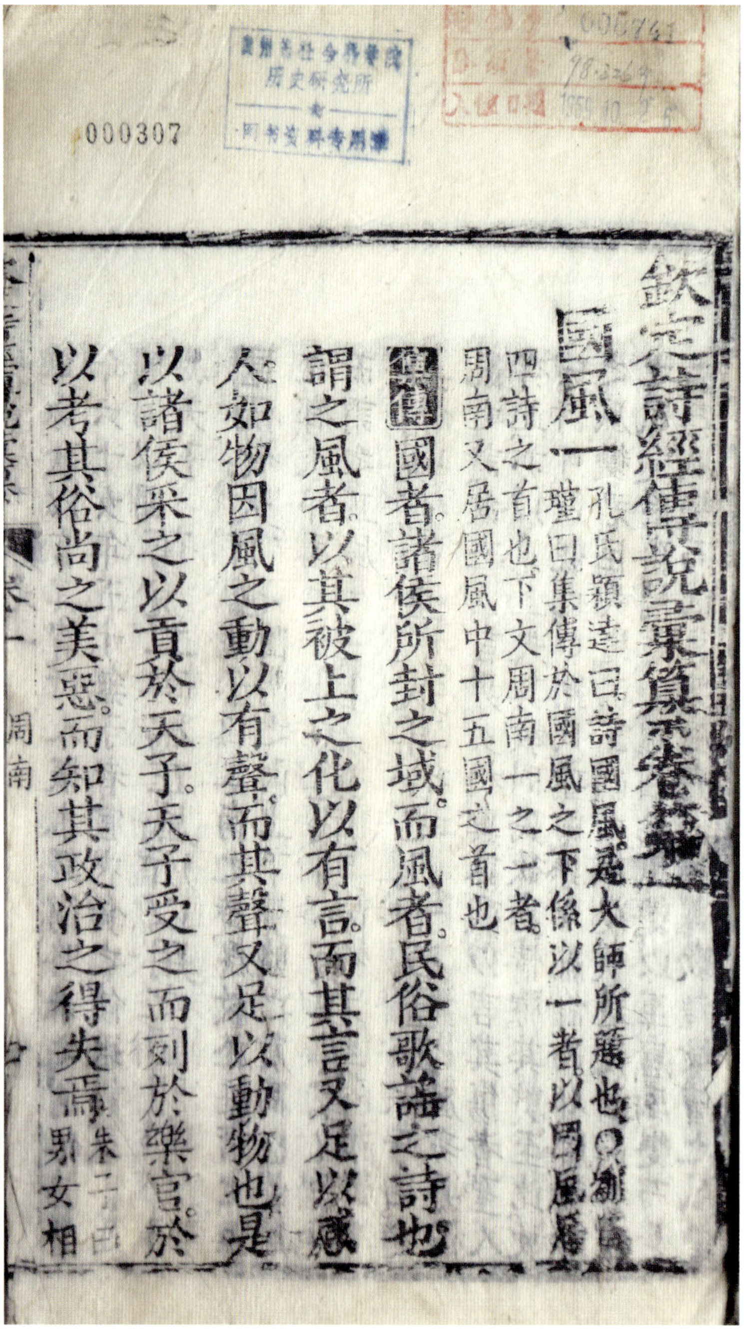

欽定詩經傳說彚纂卷一

國風一 孔氏穎達曰詩國風是大師所題也○劉氏瑾曰集傳於國風之下係以一者以周南居四詩之首也下文周南一之一者周南又居國風中十五國之首也

集傳 國者諸侯所封之域而風者民俗歌謠之詩也謂之風者以其被上之化以有言而其言又足以感人如物因風之動以有聲而其聲又足以動物也是以諸侯采之以貢於天子天子受之而列於樂官於以考其俗尚之美惡而知其政治之得失焉 朱子曰男女相

《钦定诗经传说汇纂》卷一

清乾隆二年(1737)
贵州布政使司布政使
冯光裕刻本

框高 22.2 厘米
宽 16.0 厘米
半叶 8 行 21 字
小字双行 21 字

馆存
十五册 十九卷
(诗序上、下,一至五,八至十,十三至二十一)

王鸿绪(1645~1723)，字季友，号俨斋，别号横云山人，松江华亭人，生于官宦之家。康熙中以第二人及第（榜眼），官至户部尚书。有《赐金园集》《明史稿》。

《钦定诗经传说汇纂》为康熙帝命人编纂的“传说汇纂”系列著作之一。卷首上为凡例（共 6 条）、引用姓氏（自周荀况至明徐凤彩，凡 260 人）和《诗传图》《诸图世次图》《作诗时世图》，三图从各方面提供了有关《诗经》的资料。卷首下为《纲领》三篇、《诗序》和朱熹的《诗集传序》。《纲领》辑录的内容有：历代诸家对于《诗经》的论述，关于《诗经》的流传过程及学习《诗经》的方法，评论诸家解经的短长等。《诗序》二卷收录《大序》和《小序》。《大序》除引《朱子辩说》外未作批注，因在卷首中已注，此处原文重复出现。《小序》则引诸家之说和《朱子辩说》为注。

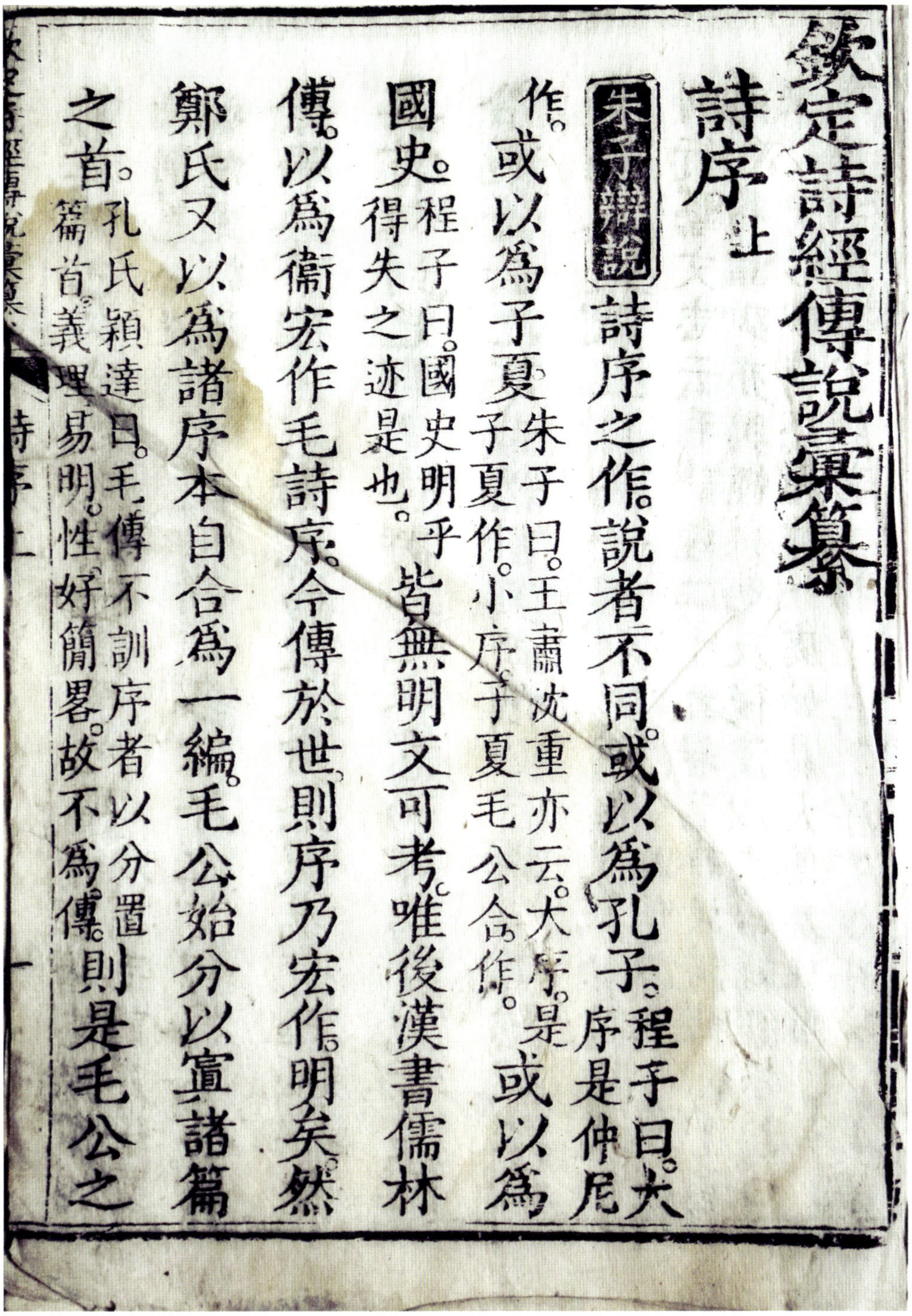
欽定詩經傳說彙纂

詩序上

朱子辨說

詩序之作。說者不同。或以爲孔子。程子曰。大序是仲尼作。或以爲子夏。朱子曰。王肅沈重亦云。大序是子夏作。小序子夏毛公合作。或以爲國史。程子曰。國史明乎得失之迹是也。皆無明文可考。唯後漢書儒林傳。以爲衛宏作毛詩序。今傳於世。則序乃宏作明矣。然鄭氏又以爲諸序本自合爲一編。毛公始分以寘諸篇之首。孔氏穎達曰。毛傳不訓序者以分置篇首。義理易明。性好簡畧。故不爲傳。則是毛公之

《钦定诗经传说汇纂》 诗序上

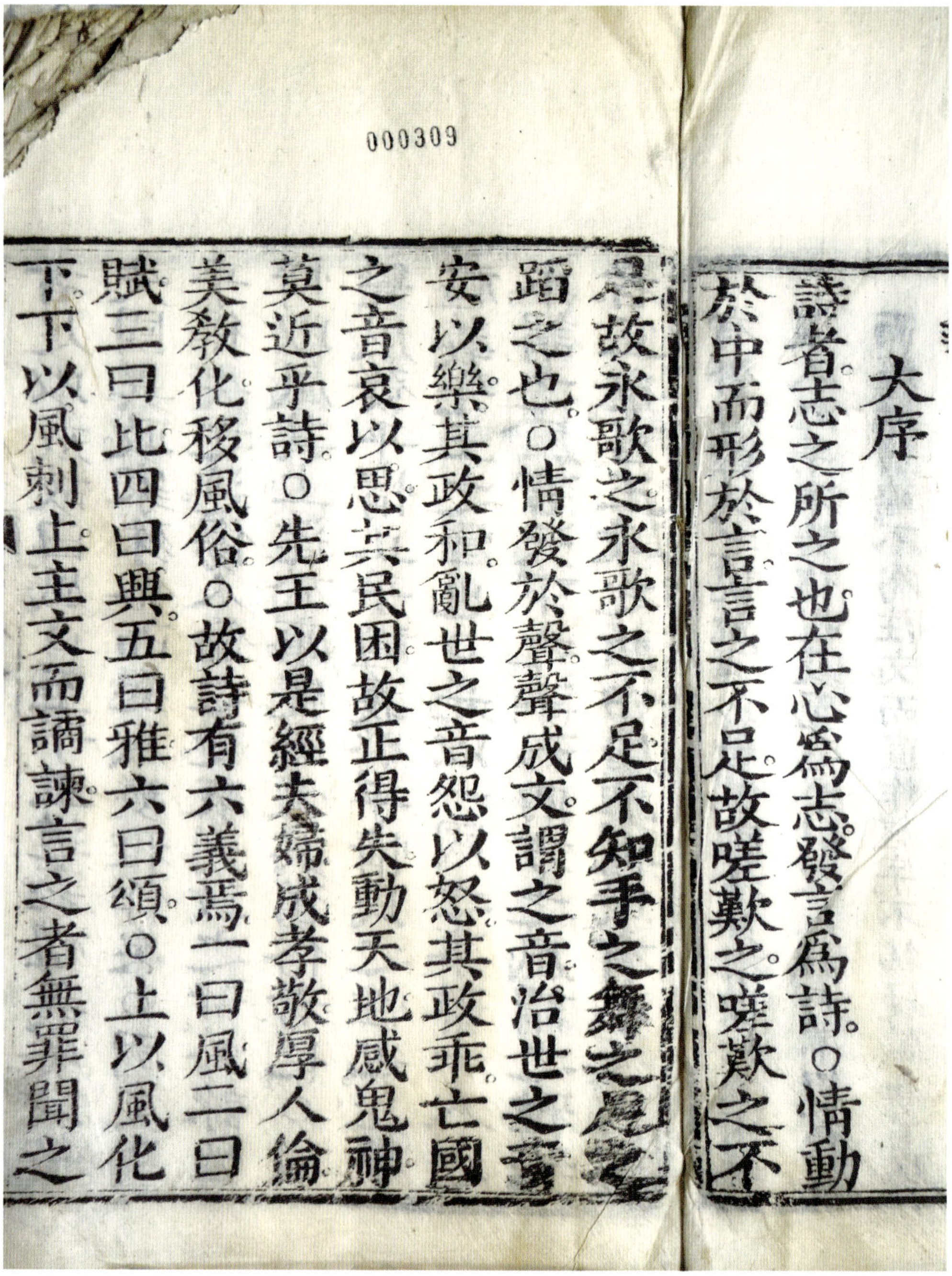
000309

大序

詩者志之所之也在心爲志發言爲詩○情動
於中而形於言言之不足故嗟歎之嗟歎之不
足故永歌之永歌之不足不知手之舞之足之
蹈之也○情發於聲聲成文謂之音治世之音
安以樂其政和亂世之音怨以怒其政乖亡國
之音哀以思其民困故正得失動天地感鬼神
莫近乎詩○先王以是經夫婦成孝敬厚人倫
美教化移風俗○故詩有六義焉一曰風二曰
賦三曰比四曰興五曰雅六曰頌○上以風化
下下以風刺上主文而譎諫言之者無罪聞之

《钦定诗经传说汇纂》对《诗经》逐篇逐章训解，经文用大字。训解首引朱熹《诗集传》对该章的解释，字号用中字，以示尊崇，前冠以“集传”二字。再博采汉以来其他诸儒对此章的解释，用小字双行注出，前冠以“集说”二字。然后引历代学者与“集传”“集说”不同的见解，凡言之有据、说之有理者也用小字双行注出，前冠以“附录”二字。每诗之后引诸人对该诗总的论述，用小字变行注出，前冠“总论”二字。编撰者自己对某章、某诗的解释或论述冠以“案”字，放在注文的最后。

《尔雅注疏》

（晋）郭璞 注
（唐）陆德明 音义
（宋）邢昺 疏

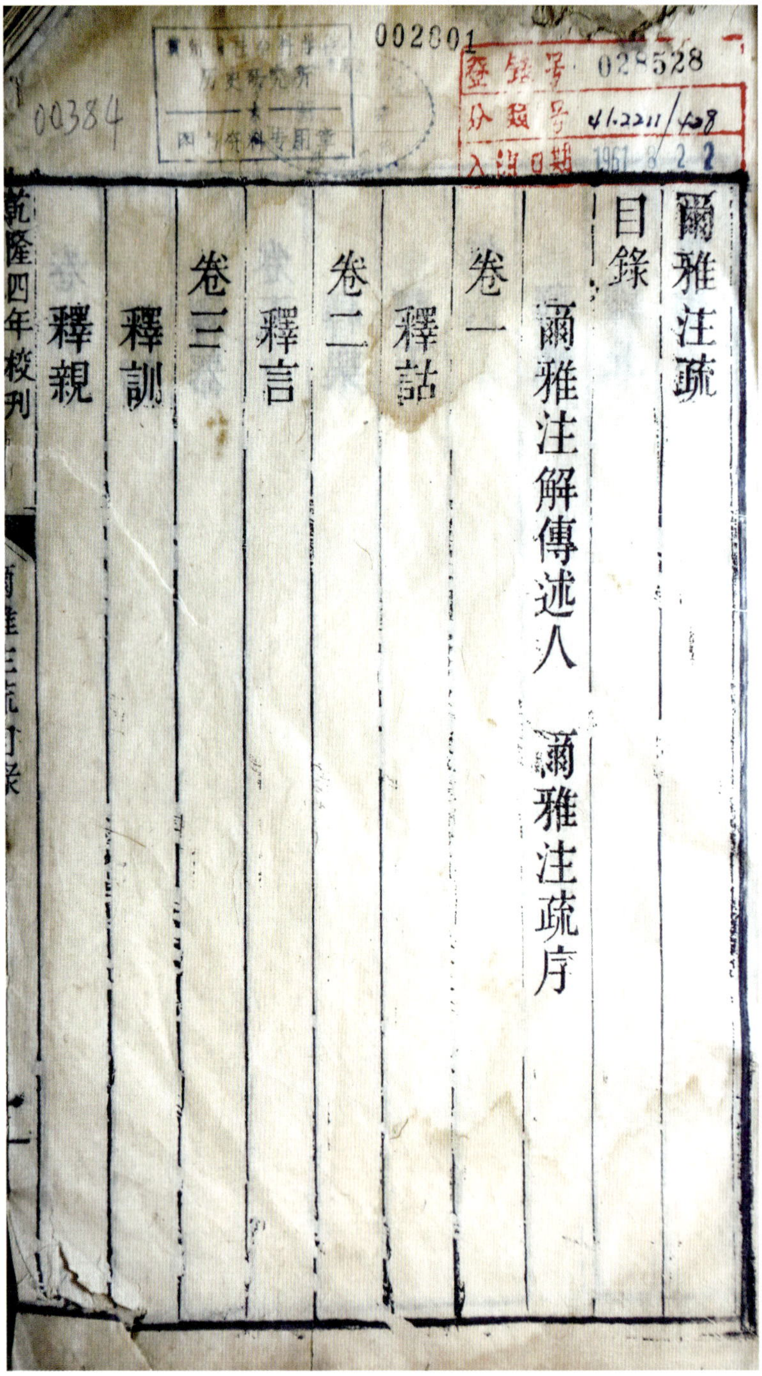

《尔雅注疏》目录　清乾隆四年刻本

清乾隆四年（1739）
刻本

框高 22.4 厘米
宽 15.5 厘米
半叶 10 行 21 字
小字双行 21 字

馆存
全三册　十一卷

郭璞（276~324），字景纯，河东闻喜县人（今山西省闻喜县），西晋建平太守郭瑗之子。东晋著名学者，既是文学家和训诂学家，又是道学术数大师和游仙诗的祖师，他还是中国风水学鼻祖，著有《葬经》。

陆德明（约550~630），名元朗，字德明，苏州吴（今苏州市吴中区）人。陈时曾任始兴王国左常侍，迁国子助教。隋时为国子助教，入唐任国子博士，兼太子中允，赠齐州刺史、吴县开国男。陆治经学，著作甚多，著有《经典释文》《老子疏》《易疏》等，为唐代经学家、训诂学家。

邢昺(932~1011)，字叔明，曹州(今山东菏泽)人。北宋学者、教育家。历任大理评事(司法官)、泰州(今江苏泰州市)盐城监、国子监丞、国子博士、水部员外郎、金部郎中、司勋郎中、国子祭酒兼翰林院侍讲学士、工部侍郎兼国子祭酒、翰林院侍讲学士、刑部侍郎、工部尚书、礼部尚书。真宗时，他奉命与当时朝廷的儒家学者杜镐、舒雅、利瓦伊、孙奭、李慕清、王焕、崔偓佺、刘士玄等人，核定《周礼》《仪礼》《公羊传》《论语》《尔雅义疏》等书。

东晋郭璞的《尔雅》注为集汉魏西晋《尔雅》注疏之大成者。其另注有《尔雅音义》《尔雅图赞》，二书后亡，独其注流传至今。后陆德明《经典释文》即据郭注本作《尔雅音义》。唐开成年间刊刻十二经，《尔雅》于其中。及宋，邢昺作《尔雅疏》。

爾雅注序

晉郭璞撰　唐陸德明音義　宋邢昺疏

爾雅序

【疏】爾雅者。釋文云。所以訓釋五經。辯章同異。實九經之通路。百氏之指南。多識鳥獸草木之名。博覽而不惑者也。爾。近也。雅。正也。言可近而取正也。釋詁一篇。蓋周公所作。釋言以下。或言仲尼所增。子夏所足。叔孫通所益。梁文所補。張揖云。昔在周公。纘述唐虞。宗翼文武。克定四海。勤相成王。踐阼理政。日昃不食。坐而待旦。德化宣流。越裳來貢。嘉禾貫桑。六年制禮。以導天下。著爾雅一篇。以釋其義。傳乎後學。歷載五百。墳典散落。唯爾雅常存。禮三朝記哀公曰。寡人欲學小辯以觀於政。其可乎。孔子曰。爾雅以觀於古。足以辯言矣。春秋元命包言子夏問。夫子作春秋。不以初哉首基爲始何。是以知周公所造也。率斯以降。超絕六國。越踰秦楚。爰暨帝劉。魯人叔孫通撰置禮記。文不違古。今俗所傳三篇爾雅。或言仲尼所增。或言子夏所益。或言叔孫通所補。或言是沛郡梁文所著。皆解家所說。先師口傳。既無正驗。聖

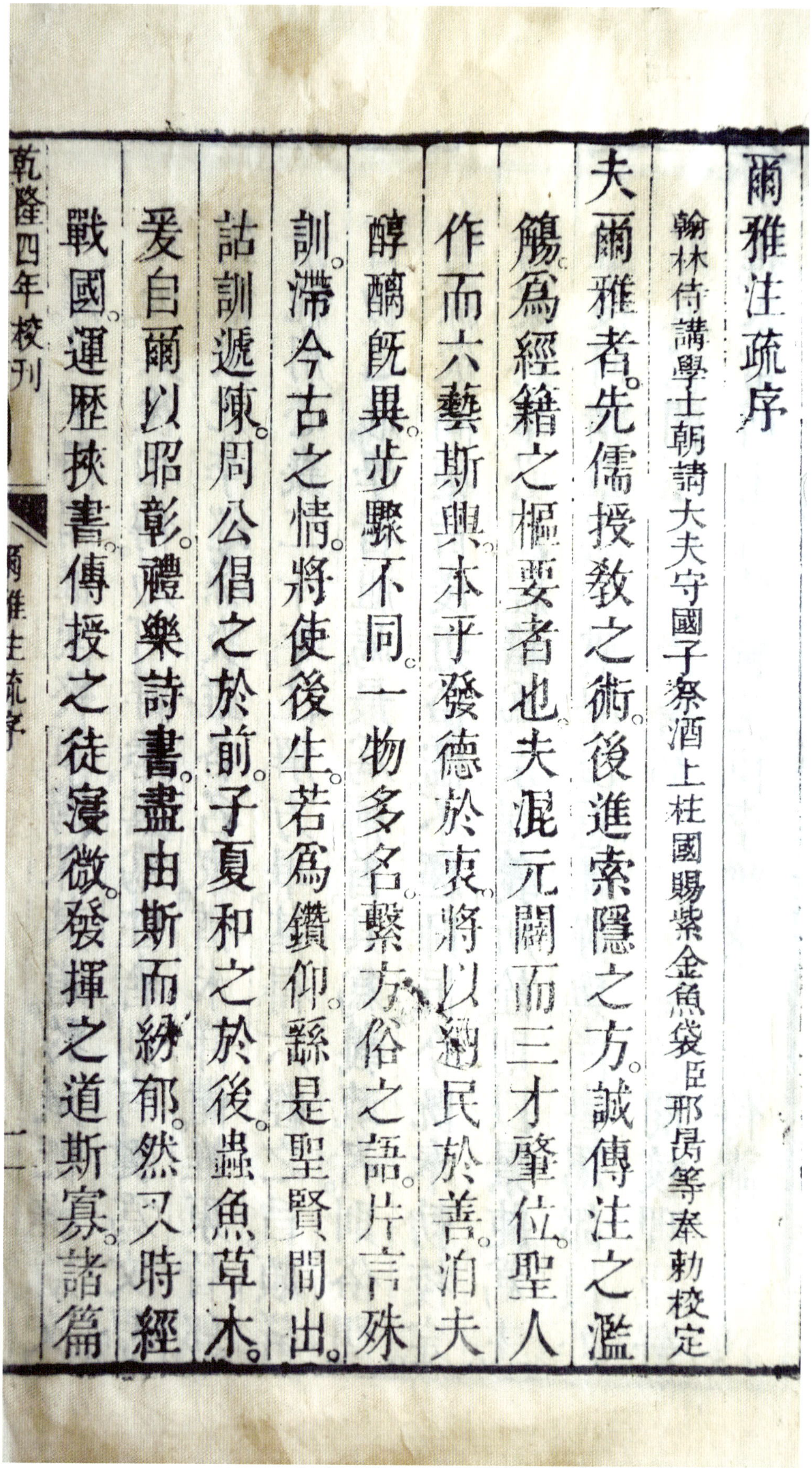
爾雅注疏序

翰林侍講學士朝請大夫守國子祭酒上柱國賜紫金魚袋臣邢昺等奉勅校定

夫爾雅者。先儒授教之術。後進索隱之方。誠傳注之濫觴。爲經籍之樞要者也。夫混元闢而三才肇位。聖人作而六藝斯興。本乎發德於衷。將以納民於善。洎夫醇醨既異。步驟不同。一物多名。繫方俗之語。片言殊訓。滯今古之情。將使後生。若爲鑽仰。繇是聖賢間出。詁訓遞陳。周公倡之於前。子夏和之於後。蟲魚草木。爰自爾以昭彰。禮樂詩書。盡由斯而紛郁。然又時經戰國。運歷挾書。傳授之徒寖微。發揮之道斯寡。諸篇

乾隆四年校刊　爾雅注疏序　一

《尔雅注疏》序　清乾隆四年校刊

《尔雅注疏》为十三经注疏之一，清阮元所刻本为至今公认的善本。《尔雅注疏》参考犍为文学、刘歆、樊光、李巡、孙炎、郭璞、高琏注本，“考案其事，必以经籍为宗；理义所诠，则以景纯（郭璞）为主”。

《尔雅注疏》共十一卷。包括目录、邢昺《尔雅注疏序》、晋郭璞《尔雅注序》（唐陆德明音义 宋邢昺疏）、陆德明《尔雅批注传述人》（尔雅批注传述人、尔雅注疏序）、《尔雅注疏》卷一释诂、卷二释言、卷三释训释亲、卷四释宫释器、卷五释乐释天、卷六释地释丘、卷七释山释水、卷八释草、卷九释木释虫、卷十释鱼释鸟、卷十一释兽释畜。释词先列《尔雅》原文，后依次列晋郭璞注、唐陆德明音义、宋邢昺疏。每卷后均有考证，参考郑樵、陆德明等诸家说法，其自己的说法在“臣照”后提出。

爾雅注疏卷四

晉郭璞注　唐陸德明音義　宋邢昺疏

釋宮第五

【音義】宮，世本云：禹作宮室。呂氏春秋云：高元作宮室。尚書云：王徂桐宮。左傳云：虢公為王宮於玤。又云：作王宮于踐土。又云：季平子立煬宮。詩云：作于楚宮。又云：作于楚室。傳曰：室猶宮也。禮云：由命士以上，父子皆異宮。又云：杜氏葬入季武子宮不敢哭。此文云：宮謂之室，室謂之宮。郭云：皆所以通古今之語，明同實而兩名。案古者貴賤同稱宮。秦漢以來，唯王者所居稱宮焉。【疏】易繫辭云：上古穴居而野處，後世聖人易之以宮室，上棟下宇，以待風雨。蓋取諸大壯。此其始也。白虎通云：黃帝作宮室。世本曰：禹作宮室。其臺榭樓閣之異，門牖行步之名，皆自於宮，故以釋宮總之也。

宮謂之室，室謂之宮。【注】皆所以通古今之異語，明同實而兩名。【疏】別二名也。郭云：皆所以通古今之異語，明同實而兩名。釋名云：宮，穹也。言屋見於垣上，穹

乾隆四年校刊

《清凉山志》

（明）释镇澄 修

（清）释阿王老藏 重修

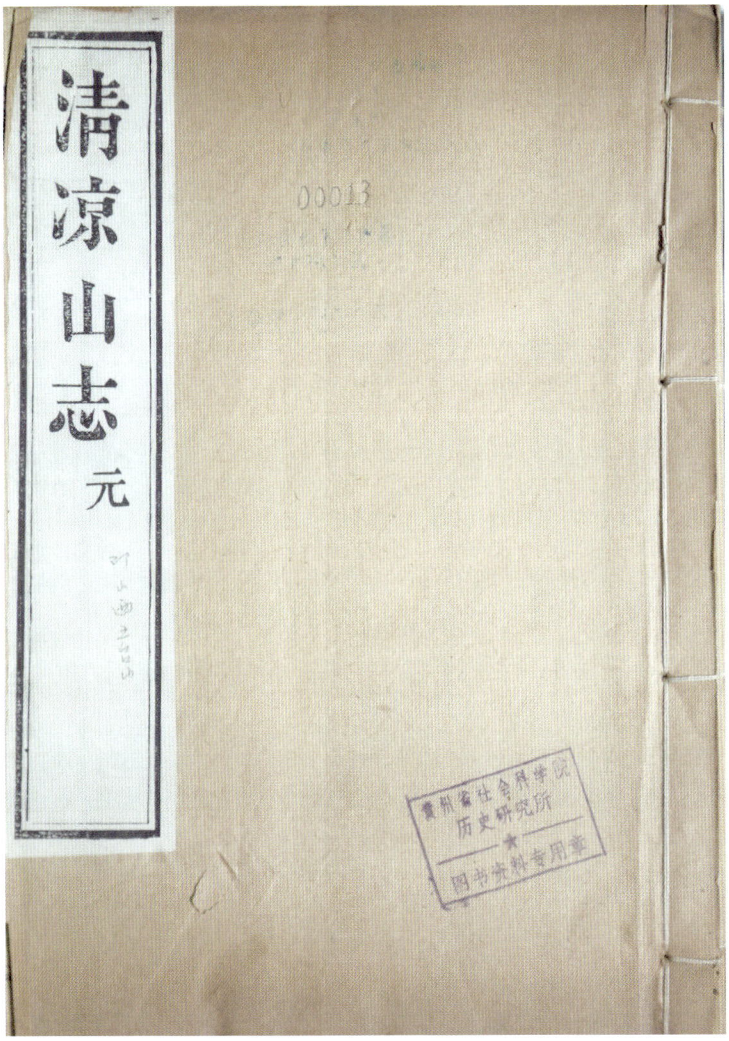

《清凉山志》封面

清乾隆二十年（1755）刻本

框高 19.5 厘米
宽 15 厘米
半叶 9 行 20 字
小字双行 20 字

馆存
全四册　十卷

释镇澄，明万历时代高僧。俗姓李，字空印，北京宛平人。十二岁出家，十三岁即诵《法华经》等，十九岁受具足戒。学富五车，尤长于华严，曾在五台山壁观三年。一生著述甚丰，曾著《物不迁正量论》，在写作上较多综理前人旧作，很少实地考察。

清涼山志序

寂光無外、五濁懸鏡裏之山、至聖非遥、六趣閉夢中之宅、螺髻眼底、儼若天宮、鷲子目前依稀人世、毋固毋我、非色非空、惟妙體以無私、循業緣而殊現、且夫一微塵裏、窺法界之莫涯、信乎五頂山中、宅萬聖而非隘、文殊大士既為七佛之師、紫府靈峯、固矣三千之最、雖曰充周法界、極神德而無方、今則獨指清涼、使歸心之有在、山横鴈代、孤標震旦之雄、聲播五天、爰起遐方

清涼山志卷第一

第一總標化宇

五嶽之外、有清涼山者、乃曼殊大士之化宇也、亦名五臺山、以歲積堅氷、夏仍飛雪、曾無炎暑、故曰清涼、五峯聳出、頂無林木、有如壘土之臺、故曰五臺、是山也、雄據鴈代、盤礴數州、在四關之中、周五百餘里、左隣恒嶽、秀出千峯、右瞰滹沱、長流一帶、北凌紫塞、遏萬里之烟塵、南擁中原、爲大國之屏蔽、山之形勢、難以盡言、五峯中立、千嶂環開、曲屈窈窕、鎖千道之長

《清涼山志》 卷一 清乾隆二十年刻本

《清凉山志》属于历史地理类山水志，收藏于《四大名山志》，为佛教地理名著。是五台山九部志书中，流行最广，而且是唯一走向市场的一种。清凉山即山西省五台山，系太行山余脉，是中国四大佛教圣地之一。因其地夏无暑热之感，气候凉爽，故称清凉山，又称清凉圣地，清高宗、仁宗皆曾至此巡幸。从明嘉靖至清康熙朝曾几次修纂山志，但清高宗弘历认为这些志书“体例俱有未当”，故于乾隆五十年命军机大臣派员重修。该版本内容大多取自古、广、续三传，共二十二卷：圣制二卷，天章四卷，巡典一卷，佛迹一卷，名胜一卷，寺院二卷，历代崇建一卷，灵感二卷，方外二卷，历代艺文二卷，国朝艺文二卷，杂志一卷，物产一卷。书中内容丰富，涉及清凉山的名胜古迹、人物事迹及有关诗词歌赋等。该书注重文采，每卷篇首都是一篇提纲挈领的骈文，而介绍山、寺，大都“有诗为证”，第八卷则干脆就是“名公题咏”，这形成《清凉山志》的一大特色。

非法之聲、口不道非法之語、心不緣非法之事、太宗
平晉、聞師道、詔見行宮、勅建寺、賜額太平興國、以師
主之、即楊五郎之師也、中有五郎祠、五郎之役、真寶
代州人、以義爲質、能外死生、欽宗厚遇、靖康之亂、寶
爲金酋所獲、庭抗不禮、金不忍殺、百方勸誘、終不顧、
且曰、吾許宋皇帝以死、死爲佛弟子、豈當爲妄言耶、怡
然受戮、上聞痛悼不已、立祠本寺、今祠沒焉、秋崖詩
宋世功臣志異常、棄名林下學僧郎、乾坤到此誰堪
並、獨許英風動帝王、○阿師功業與天齊、恨殺丹
青不與題、當得將軍常在世、宋朝爭肯屬單于、　法
雲寺　即華嚴嶺、唐三昧姑開化處、代藩中宮王朝、因
僧真善開拓重修、丘坦之詩、欲覽諸山勝、先須
渡法雲、萬山開釜口、五頂各支分、侑佛山中
樂、留賓澗底芹、老僧慰辛苦、安置費慇懃、　普恩寺
普濟寺　東山、舊稱西天寺、元建、　國朝洪武間、具生
室利板的達寓此、道聞于　上、詔入京、應對稱旨、賜
龍章、護持、正統間、賜藏經、兼護持、　太祖御製詩、師
心好善善心淵、宿因曠作今復堅、與佛同生極樂天、

清涼志　卷之三

《清凉山志》封底

《李太白文集》

(唐)李白 著
(清)王琦 辑注

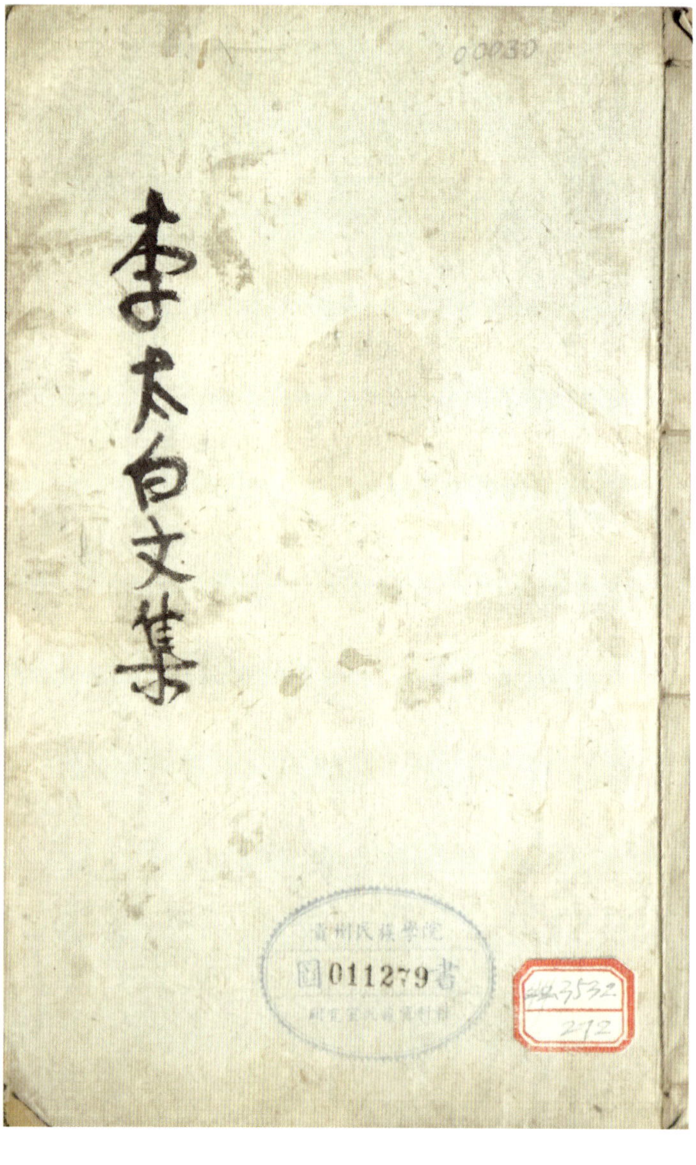

《李太白文集》藏书印

清乾隆二十四年(1759)
中国宝笏楼刻本

框高17.3厘米
宽13厘米
半叶10行20字

馆存
八册　三十六卷

李白（701~762），字太白，号青莲居士。是唐代伟大的浪漫主义诗人，被后人誉为“诗仙”。有《李太白集》传世。

王琦，字载韩，号琢崖、紼庵（载庵），晚号胥山老人，浙江钱塘人，大概生活在清康熙至乾隆年间。他在文学史上以注释李白、李贺诗文而著名。他辑注的三十六卷《李太白全集》和五卷本《李长吉歌诗汇解》影响深远。《李太白全集》卷末赵信序称赞此书一出，“一注可以敌千家”。

《李太白文集》卷四至卷三十共辑录李白乐府诗一百一十九首（卷四至卷六）、古近体诗七百七十九首（卷七至卷二十五）、表书九首（卷二十六）、序二十首（卷二十七）、记颂赞二十首（卷二十八）、铭碑祭文九首（卷二十九）、诗文拾遗五十七首（卷三十）。卷三十一至卷三十六系附录。依次收录：序志碑传十二首、诗文二十一首、诗文五十九首、丛说二百二十则、年谱、外记一百九十四则。

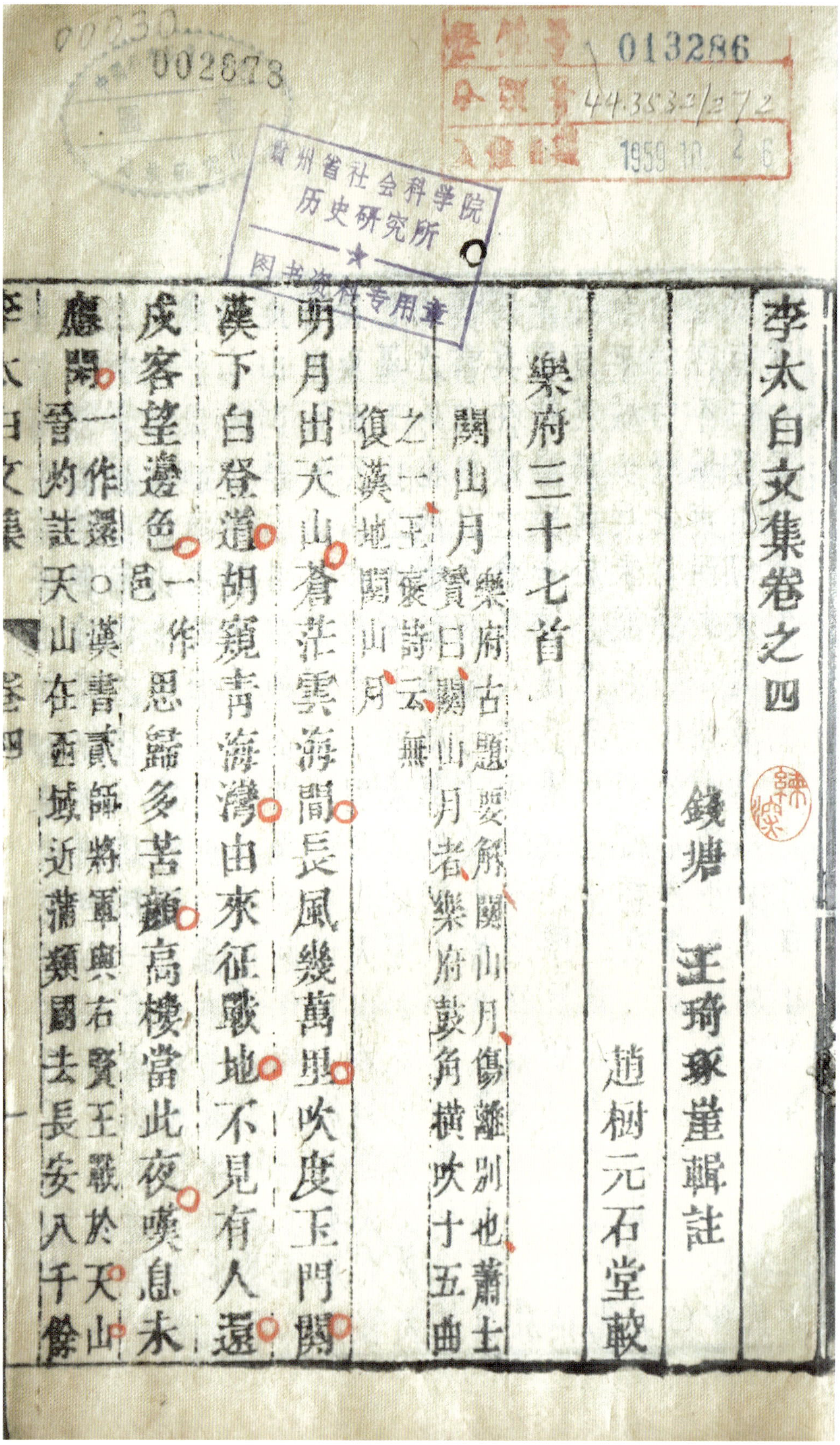

李太白文集卷之四

錢塘 王琦琢崖輯註

趙樹元石堂較

樂府三十七首

關山月 樂府古題要解關山月傷離別也蕭士贇曰關山月者樂府鼓角横吹十五曲之一王褒詩云無復漢地關山月

明月出天山蒼茫雲海間長風幾萬里吹度玉門關漢下白登道胡窺青海灣由來征戰地不見有人還戍客望邊色一作邑思歸多苦顏高樓當此夜歎息未應閑一作還○漢書貳師將軍與右賢王戰於天山晉灼註天山在西域近蒲類國去長安八千餘

李太白文集 卷四 一

中山孺子妾特以色見珍雖一本下多不如延年妾一無字亦是當時絕世人桃李出深井花艷驚上春一貴復一賤關天豈由身芙蓉老秋霜團扇羞網塵戚姬髡髮繆本作舂入舂市萬古共悲辛李延年歌事已見本卷陽春歌註深井即今庭中天井是周禮太府藏云上春釁寶鎮及寶器鄭玄註上春孟春也漢書一貴一賤此史事乃關天漢書高祖得定陶戚姬愛幸生趙王如意高祖崩惠帝立呂后爲皇太后乃令永巷囚戚夫人髡鉗衣赭衣令舂戚夫人舂且歌曰子爲王母爲虜終日舂薄暮常與死爲伍相離三千里當誰使告汝

荊州歌唐時荊州隸山南東道領江陵枝江當陽長林石首松滋公安荊門入縣天寶元年改爲江陵郡

白帝城邊足風波瞿塘五月誰敢過荊州麥熟繭成

人曰我欲易之彼四人輔之羽翼已成難動矣呂后真而主矣戚夫人泣上曰爲我楚舞我爲若楚歌歌曰鴻鵠高飛一舉千里羽翮已就橫絶四海橫絶四海當可奈何雖有矰繳尚安所施歌數闋戚夫人噓唏流涕上起去罷酒竟不易太子者留侯本招此四人之力也路史園公綺里季夏黄公角里先生代之所謂四皓者遭秦苛政避地商之藍田山中漢高招之以皇帝善慢士不至迨帝爲戚姬故欲易太子高后以留侯計致之太子以定四老人之力也去勿復見後俱葬於安陵三國志龐統傳向者之論阿諂爲失古詩不知貽阿誰後漢書鄭玄秀眉明目容儀溫偉神仙傳魯女生絶穀八十餘年日少壯色如桃花黄庭内景經骨青筋赤髓如霜阮籍詩自非王子晉誰能長美好陶潛詩丈夫志四海我願不知老張華詩龍虎方交爭七國並抗衡北史陛下不以劉裕欻起納其貢使韻會欻暴起也通典商州上洛縣有商山亦名地肺山亦名楚山四皓所隱通鑑地理通釋商山在商州商洛縣南一里廣韻酹以酒扶地也李善文選註琴操曰堯大許由之志禪爲天子由以其言不善乃臨河而洗耳李陵詩曰許由不洗耳後世

《司马文正公传家集》

（宋）司马光 撰
（清）陈弘谋 重订
（清）浦起龙 校

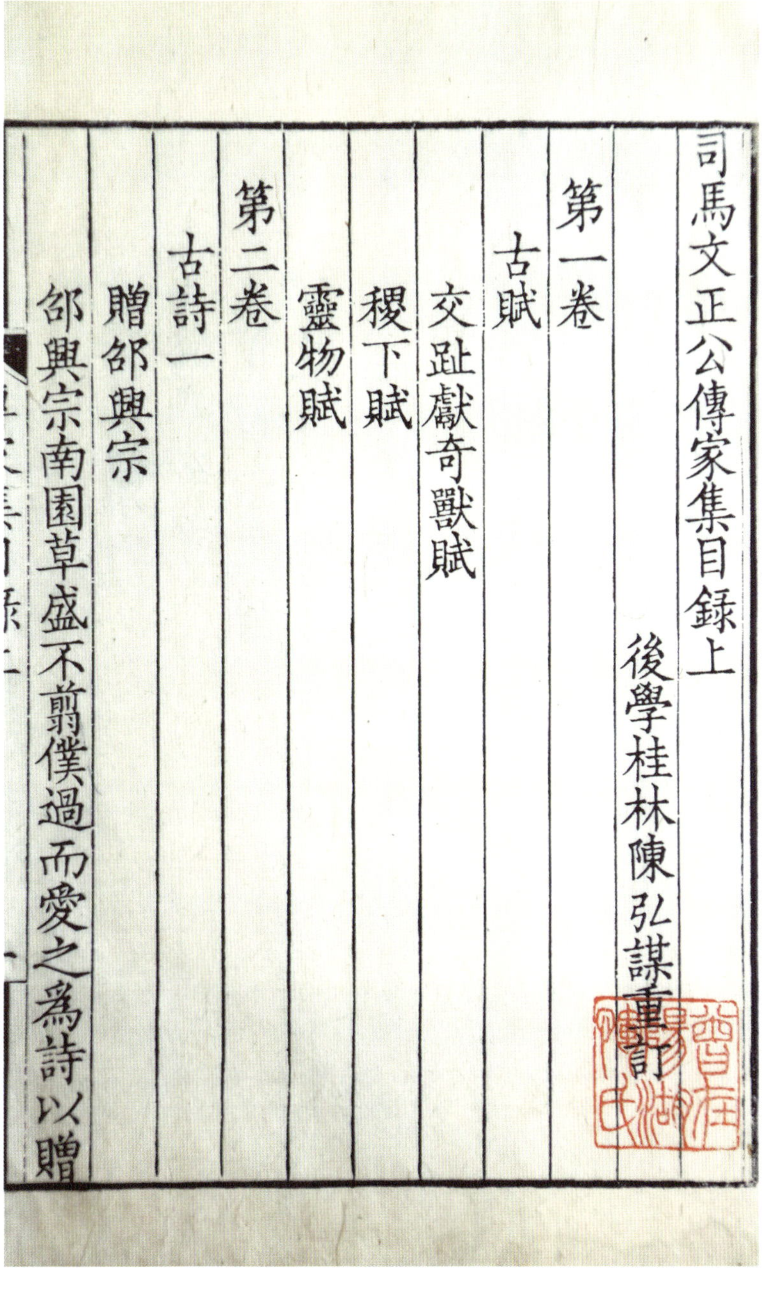
司馬文正公傳家集目錄上
後學桂林陳弘謀重訂
第一卷
古賦
交趾獻奇獸賦
稷下賦
靈物賦
第二卷
古詩一
贈邵興宗
邵興宗南園草盛不翦僕過而愛之爲詩以贈

《司马文正公传家集》目录上

清乾隆刻本

框高 19 厘米
宽 14 厘米
半叶 11 行 21 字

馆存
五册　十一卷
（一至七、十二至十五）目录 2 卷

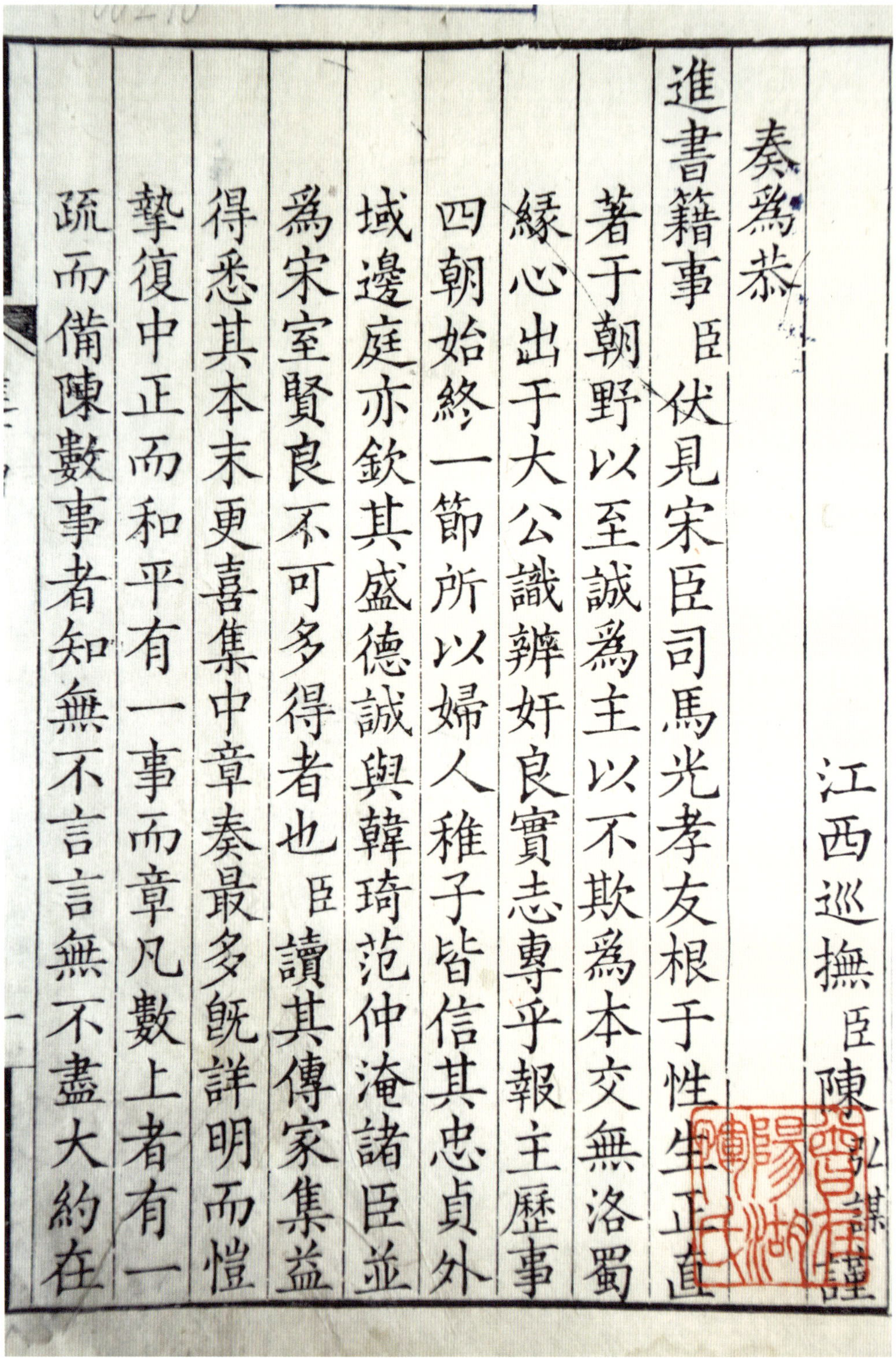

江西巡撫臣陳弘謀謹
奏為恭
進書籍事臣伏見宋臣司馬光孝友根于性生正直
著于朝野以至誠為主以不欺為本交無洛蜀
緣心出于大公識辨奸良實志專乎報主歷事
四朝始終一節所以婦人稚子皆信其忠貞外
域邊庭亦欽其盛德誠與韓琦范仲淹諸臣並
為宋室賢良不可多得者也臣讀其傳家集益
得悉其本末更喜集中章奏最多既詳明而愷
摯復中正而和平有一事而章凡數上者有一
疏而備陳數事者知無不言言無不盡大約在

《司马文正公传家集》 藏书印之一

司马光（1019~1086），字君实，号迂叟。陕州夏县（今山西闻喜县南旧夏县治）人，进士出身，历任北宋王朝天章阁待制兼侍讲、知谏院、御史中丞、翰林侍读学士等职。为人温良谦恭、刚直不阿、清正自持，崇尚务实精神，主张任官以才、怀民以仁、交邻以信。死后赠封温国公。著名的政治家、史学家、文学家和哲学家。司马光生平著作甚多，主要有《温国文正司马公文集》《资治通鉴》《稽古录》《涑水记闻》《潜虚》等。

陈弘谋（1696~1771），字汝咨，号榕门，清广西临桂（今属桂林市）人。雍正元年乡试解元，同年进士，授检讨，官扬州知府、云南布政使，江西、河南、陕西、江苏等地巡抚，两广总督，清代中期名臣。卒于山东兖州韩庄，享年75岁，赠谥“文恭”。著有《培远堂集》等。

浦起龙(1679~1762)，字二田，号孩禅，自署东山外史，晚号三山伧父，时称山伧先生，江苏无锡人。雍正八年进士。曾官云南昆明五华书院山长和江苏苏州紫阳书院教授，撰有《读杜心解》《古文眉诠》等。

《司马文正公传家集》为陈弘谋对司马光勤恳忠诚之品质景仰于怀，并对前人所辑司马光文集存在的舛讹多有遗憾，故对文集进行校勘并重刻，内容较之前版有异，涵盖司马光诗赋、章奏、制诰、表启、杂文、评、序、记、传等。

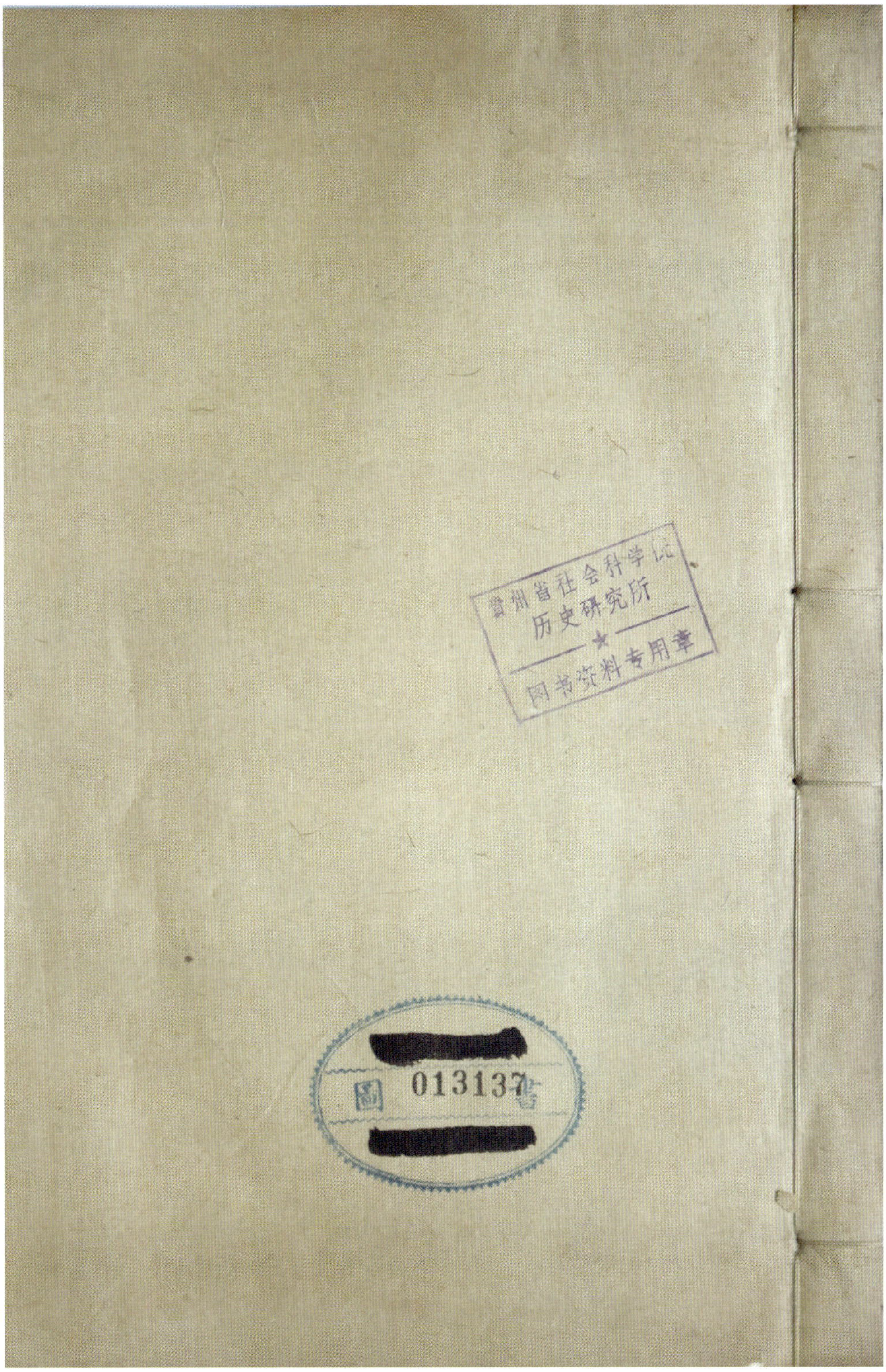

《司马文正公传家集》藏书印之二

《御选唐宋诗醇》

(清)爱新觉罗·弘历 选

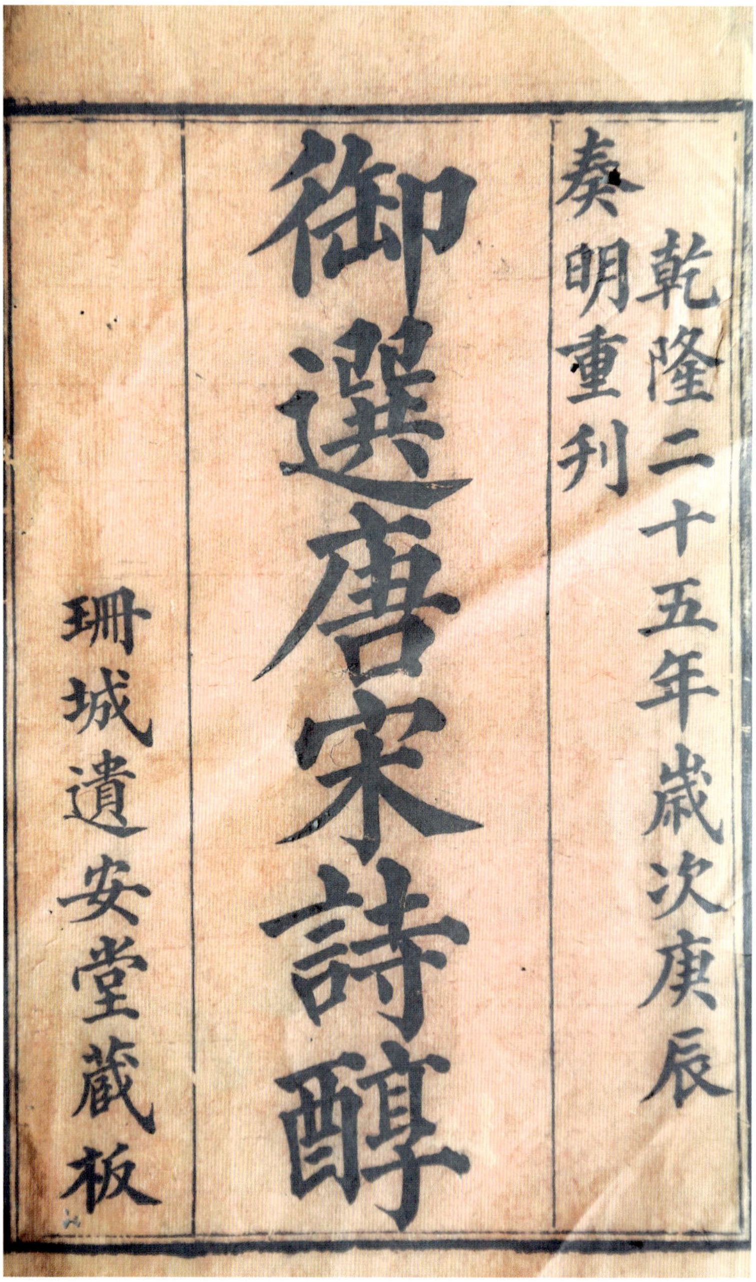

《御选唐宋诗醇》扉页

清乾隆二十五年（1760）刻朱墨印本
珊城遗安堂藏板

框高 18.8 厘米
宽 14.2 厘米
半叶 9 行 19 字

馆存
二十四册　四十七卷
目录二卷

《御选唐宋诗醇》由清高宗爱新觉罗·弘历御选，乾隆十五年弘昼等奉旨监理校对。和硕和亲王弘昼、和硕果亲王弘瞻任监理，梁诗正、钱陈群、陆宗楷、陈浩、孙人龙、张馨、徐堂任校对，永忠、三格、常宁监造。此本为据清乾隆十五年(1750)刻本重刻，前有乾隆二十五年江苏巡抚陈弘谋奏请重刊奏折一篇。

爱新觉罗·弘昼(1712~1770)，清雍正帝第五子。雍正十一年(1733)封和亲王，十三年(1735)设苗疆事务处，其与兄弘历领其事，清乾隆十年(1735)之前，任过都统，管理内务府、雍和宫、御书处，勘定过八旗佐领世职应袭则例。乾隆十一年(1746)充玉牒馆总裁，乾隆十八年(1753)继任议政等。平时最嗜弋腔曲文，史称“荒唐王爷”，著有《稽古斋集》。

梁诗正(1697~1763)，字养仲，号芗林，浙江钱塘(今杭州)人。清雍正八年(1730)进士，授编修，累迁侍讲学士、户部侍郎、东阁大学士，加太子太傅等。常随乾隆帝出巡，重要文稿多出其手。工书法，初学柳公权，继学赵孟頫，晚师颜真卿，著有《矢音集》。

《御选唐宋诗醇》卷一至卷八李白诗，卷九至卷十一杜甫诗，卷十二至卷二十六白居易诗，卷二十七至卷三十一韩愈诗，卷三十二至卷四十一苏轼诗，卷四十二至卷四十七陆游诗。是书于各家前有总评，各篇后常有编者、前人、清人评语及史料等。

《御选唐宋诗醇》卷十　襄阳杜甫诗

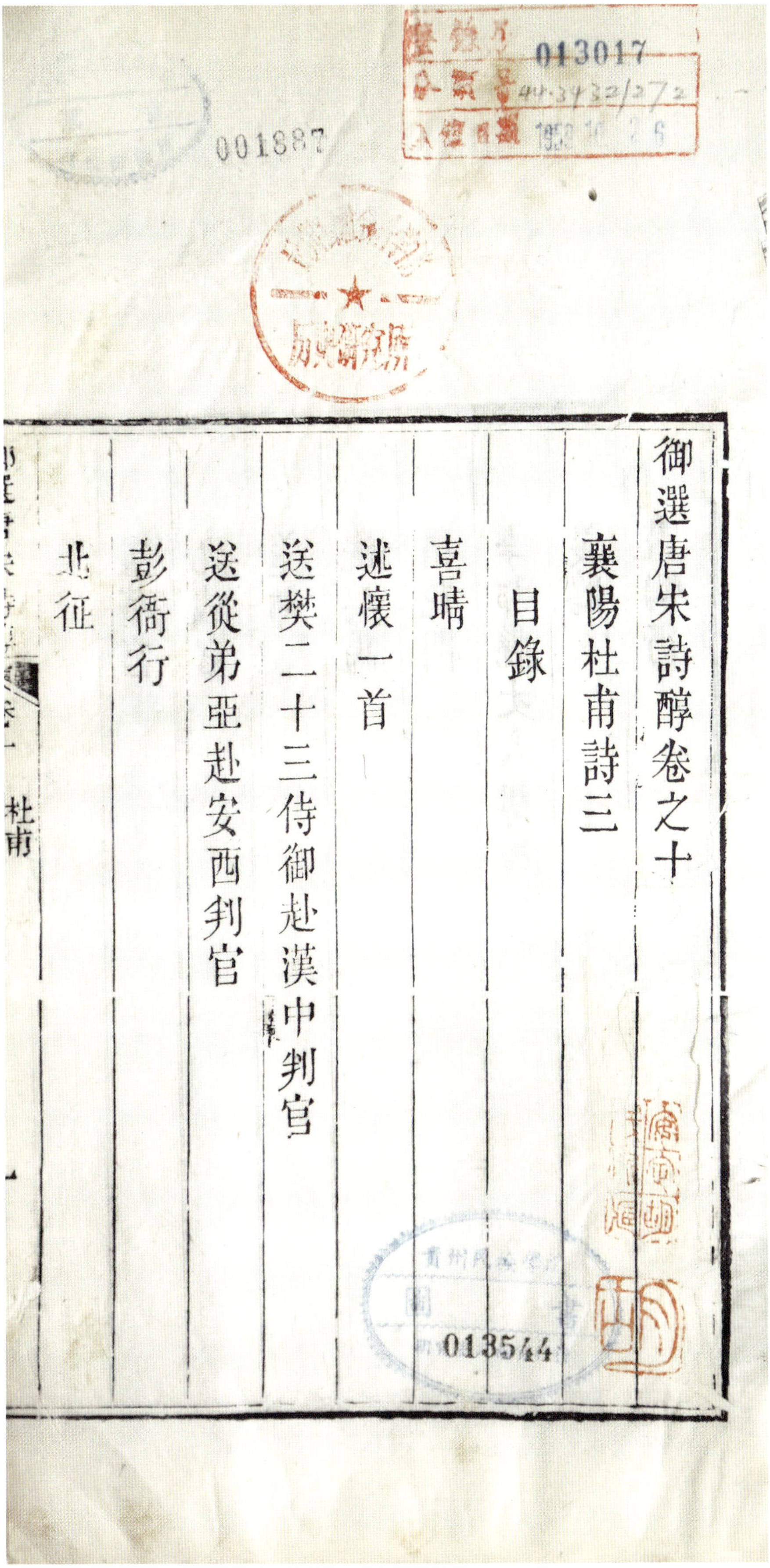

御選唐宋詩醇卷之十

襄陽杜甫詩三

目錄

喜晴

述懷一首

送樊二十三侍御赴漢中判官

送從弟亞赴安西判官

彭衙行

北征

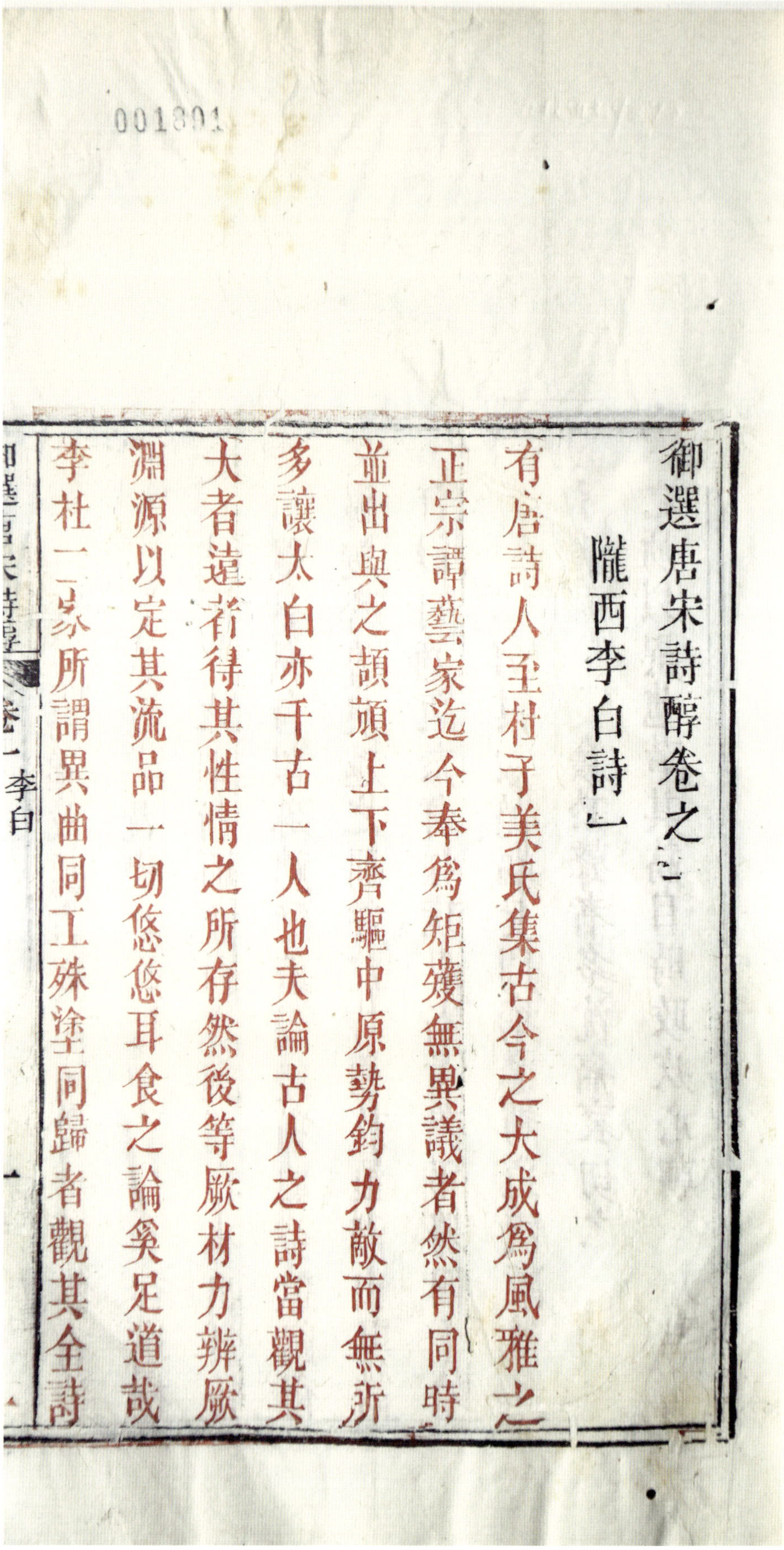

御選唐宋詩醇卷之一

隴西李白詩一

有唐詩人至杜子美氏集古今之大成為風雅之正宗譚藝家迄今奉為矩矱無異議者然有同時並出與之頡頏上下齊驅中原勢鈞力敵而無所多讓太白亦千古一人也夫論古人之詩當觀其大者遠者得其性情之所存然後等厥材力辨厥淵源以定其流品一切悠悠耳食之論奚足道哉李杜二家所謂異曲同工殊塗同歸者觀其全詩

御選唐宋詩醇　卷一　李白　一

《御选唐宋诗醇》卷一　陇西李白古风诗

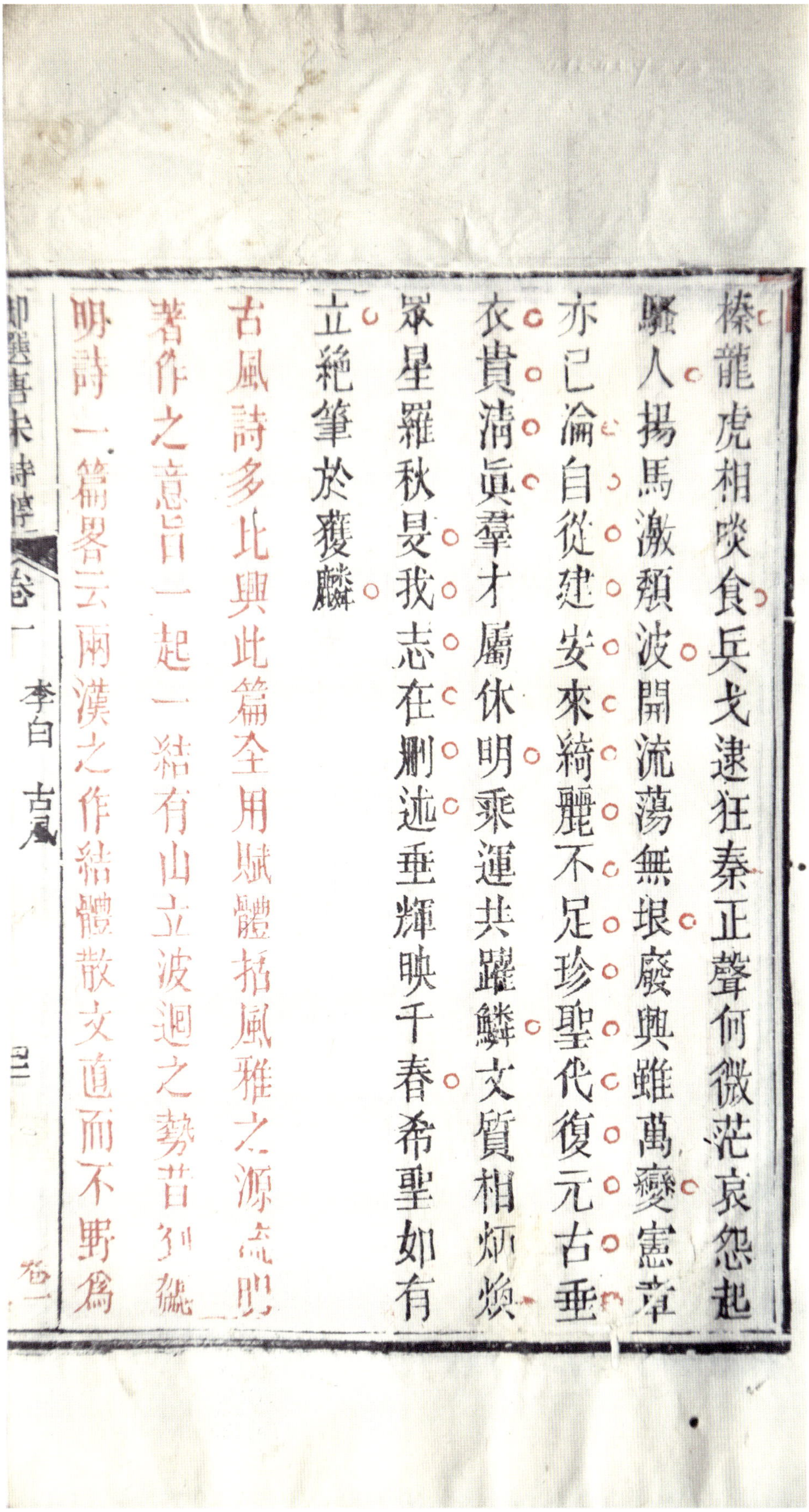
榛龍虎相啖食兵戈逮狂秦正聲何微茫哀怨起
騷人揚馬激頹波開流蕩無垠廢興雖萬變憲章
亦已淪自從建安來綺麗不足珍聖代復元古垂
衣貴清眞羣才屬休明乘運共躍鱗文質相炳煥
衆星羅秋旻我志在刪述垂輝映千春希聖如有
立絕筆於獲麟
古風詩多比興此篇全用賦體括風雅之源流明
著作之意旨一起一結有山立波迴之勢昔劉勰
明詩一篇畧云兩漢之作結體散文直而不野爲

御選唐宋詩醇　卷一　李白　古風　三　卷一

《文献通考详节》

（元）马端临 撰
（清）严虞惇 录

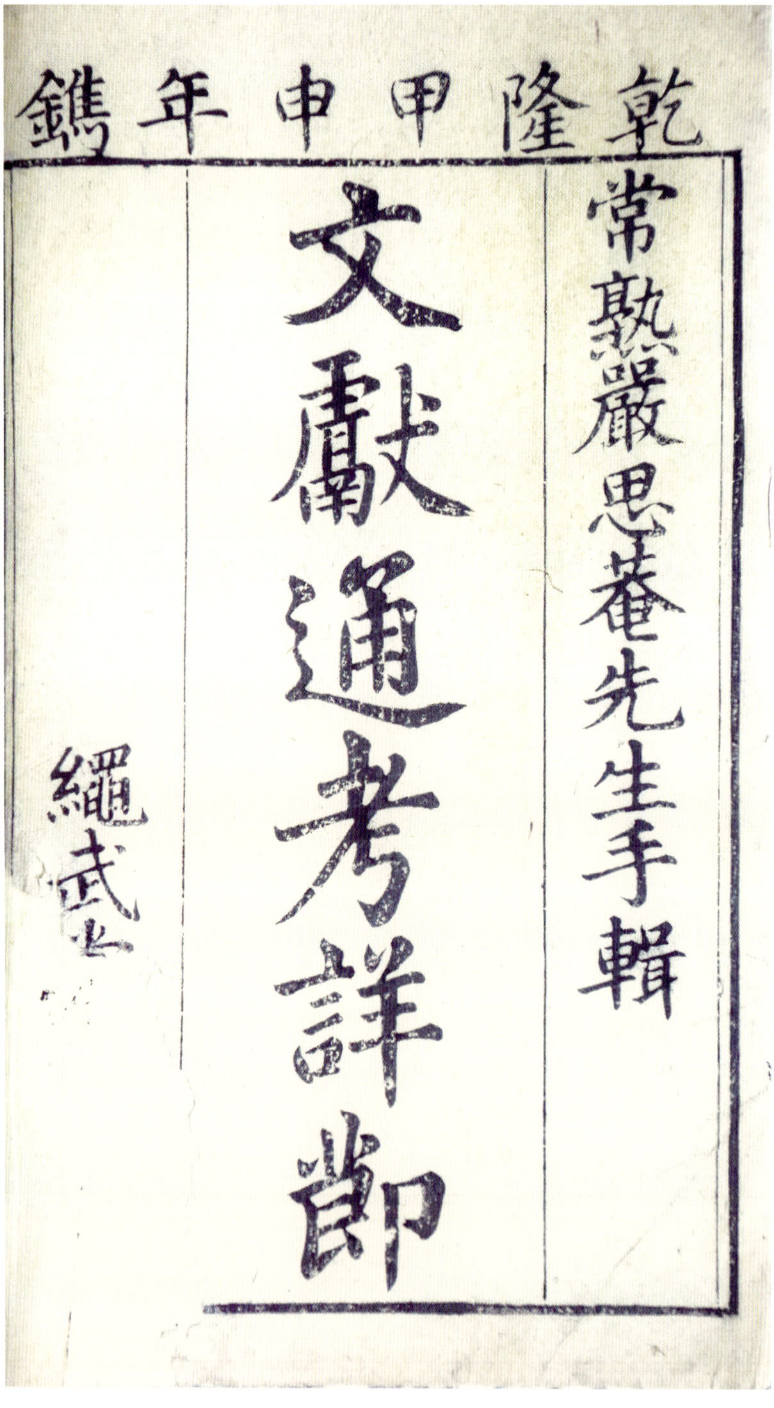

《文献通考详节》扉页

清乾隆二十九年（1764）刻本
版本年代据书名页
绳武堂藏板

框高 17 厘米
宽 13.1 厘米
半叶 11 行 24 字

馆存
十册　二十四卷

马端临（1254~1323），字贵舆，号竹洲。饶州乐平（今江西乐平）人，宋末元初史学家，曾出任慈湖书院和柯山书院山长，台州儒学教授。其“门弟甚众，有所论辩，吐言如泉涌，闻者必有得而返”。他学识广博，史学造诣深厚，青年时代就“有志于缀辑”，一生多在家乡隐居著书。著有《文献通考》。

严虞惇（1650~1713），字宝成，号思庵，江苏常熟人。清文学家、藏书家。著述甚富，其《读诗质疑》三十一卷，《清史列传》言其“有功诗学”。为文与欧、曾为近，江南人士刻为《严太仆集》，以继明归有光，论者以为无愧。

《文献通考》规模宏大，其内容起自上古，终于南宋宁宗嘉定年间，涉及内容繁复广杂，是马端临一生重要著作，经历二十余年始成书。全书共二十四门三百四十八卷。卷一至卷七田赋考、卷八至卷九钱币考、卷十至卷十一户口考、卷十二至卷十三职役考、卷十四至卷十九征榷考、卷二十至卷二十一市籴考、卷二十二土贡考、卷二十三至二十七国用考、卷二十八至卷三十九选举考、卷四十至卷四十六学校考、卷四十七至卷六十七职官考、卷六十八至卷九十郊社考、卷九十一至卷一百零五宗庙考、卷一百零六至一百二十七王礼考、卷一百二十八至一卷一百四十八乐考、卷一百四十九至卷一百六十一兵考、卷一百六十二至卷一百七十三刑考、卷一百七十四至卷二百四十九经籍考、卷二百五十至卷二百五十九帝系考、卷二百六十至卷二百七十七封建考、卷二百七十八至卷二百九十四象纬考、卷二百九十五至卷三百一十四物异考、卷三百一十五至卷三百二十三舆地考、卷三百二十四至卷三百四十八四裔考。

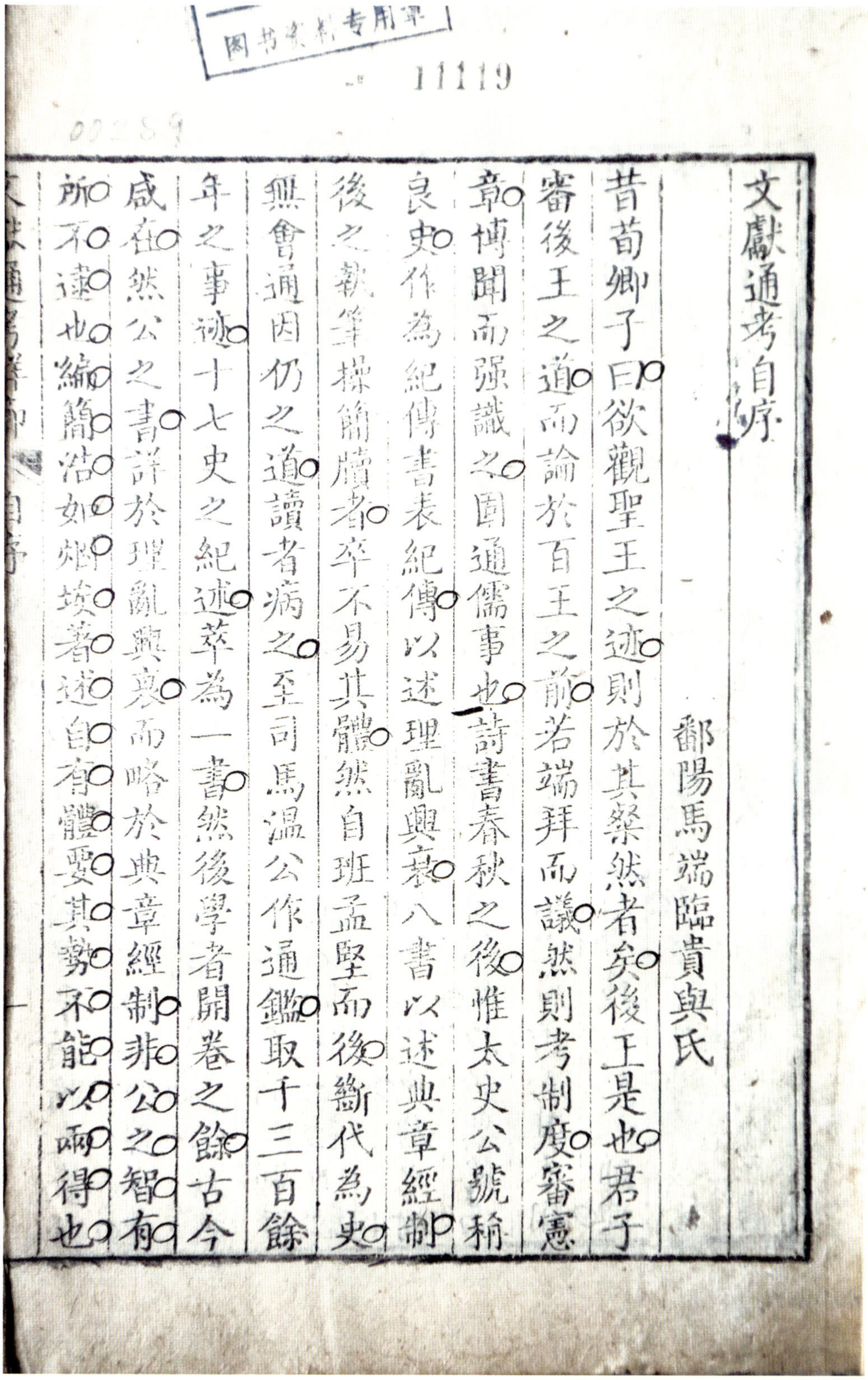
图书资料专用章
11119
00289
文獻通考自序
鄱陽馬端臨貴與氏
昔荀卿子曰欲觀聖王之迹則於其粲然者矣後王是也君子
審後王之道而論於百王之前若端拜而議然則考制度審憲
章博聞而强識之固通儒事也詩書春秋之後惟太史公號稱
良史作為紀傳書表紀傳以述理亂興衰八書以述典章經制
後之執筆操簡牘者卒不易其體然自班孟堅而後斷代為史
無會通因仍之道讀者病之至司馬溫公作通鑑取千三百餘
年之事迹十七史之紀述萃為一書然後學者開卷之餘古今
咸在然公之書詳於理亂興衰而略於典章經制非公之智有
所不逮也編簡浩如烟埃著述自有體要其勢不能以兩得也
文獻通考詳節 自序 一

《文献通考详节》自序

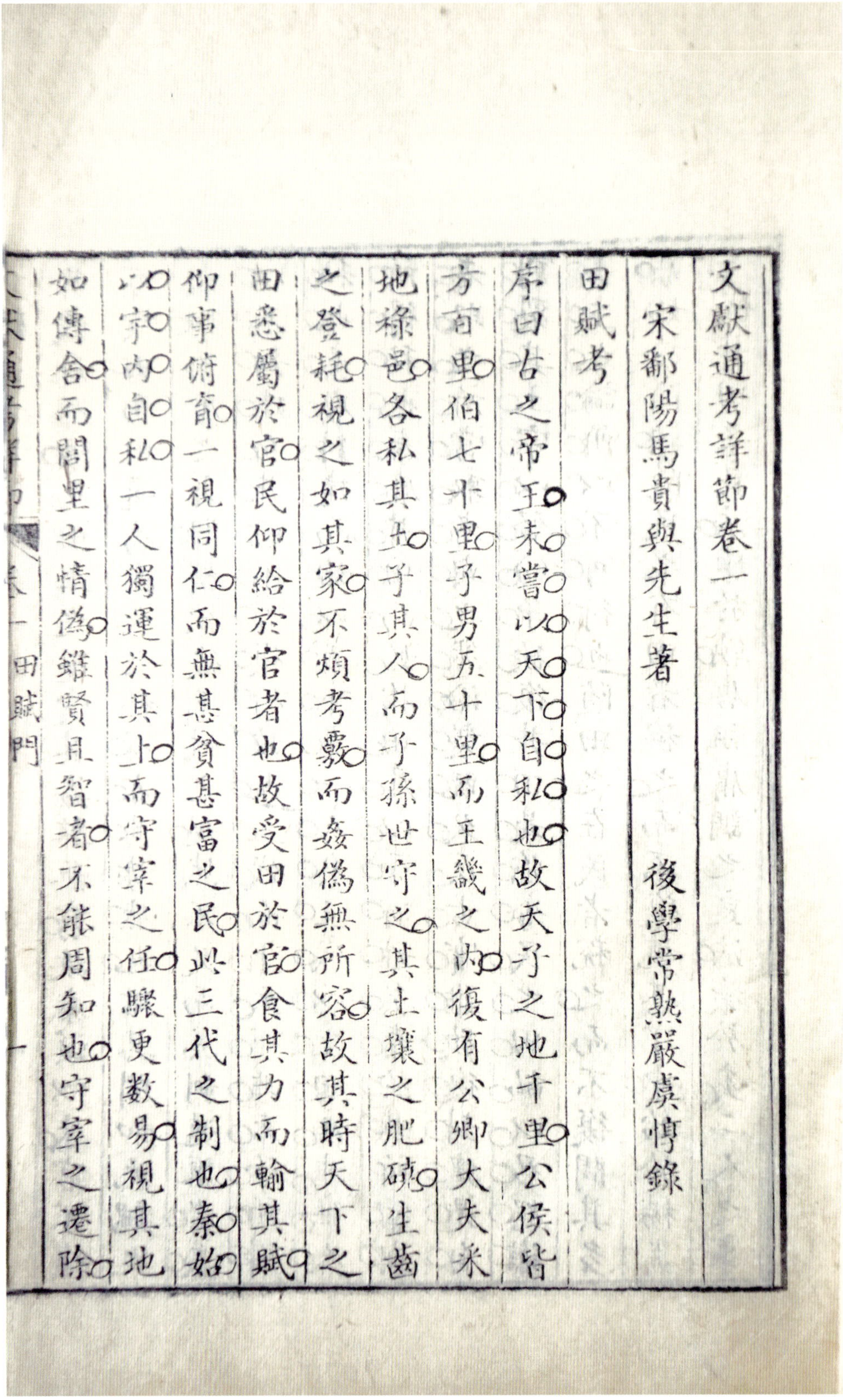

文獻通考詳節卷一

宋鄱陽馬貴與先生著　後學常熟嚴虞惇錄

田賦考

序曰古之帝王未嘗以天下自私也故天子之地千里公侯皆方百里伯七十里子男五十里而王畿之內復有公卿大夫采地祿邑各私其土子其人而子孫世守之其土壤之肥磽生齒之登耗視之如其家不煩考覈而姦偽無所容故其時天下之田悉屬於官民仰給於官者也故受田於官食其力而輸其賦仰事俯育一視同仁而無甚貧甚富之民此三代之制也秦始以宇內自私一人獨運於其上而守宰之任驟更數易視其地如傳舍而閭里之情偽雖賢且智者不能周知也守宰之遷除

文獻通考詳節　卷一　田賦門　一

《文献通考详节》卷一首页

《文献通考详节》共二十四卷，对应《文献通考》的二十四门，分别为：田赋、钱币、户口、职役、征榷、市籴、土贡、国用、选举、学校、职官、郊社、宗庙、王礼、乐制、兵制、刑制、经籍、帝系、封建、象纬、物异、舆地、四裔。

《文献通考详节》各条之后录入前人及当时文人评论，最后以按语形式阐述著者见解。其史料丰富，内容充实，评论精辟，考证精深，为中国古代典章制度方面集大成之作，是史学研究之重要参考资料。

《文献通考详节》封底藏书印

《国语》

（三国吴）韦昭 注
（清）孔传铎 校

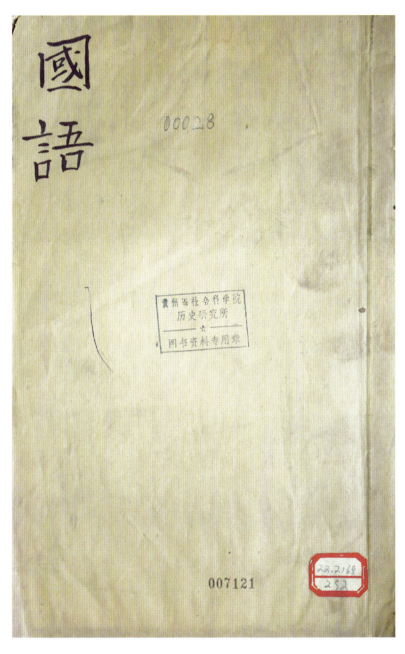

《国语》封面藏书印

清乾隆三十一年
（1766）诗礼堂刻本

框高 17.8 厘米
宽 12.8 厘米
半叶 9 行 20 字
小字双行 20 字

馆存
全四册　二十一卷

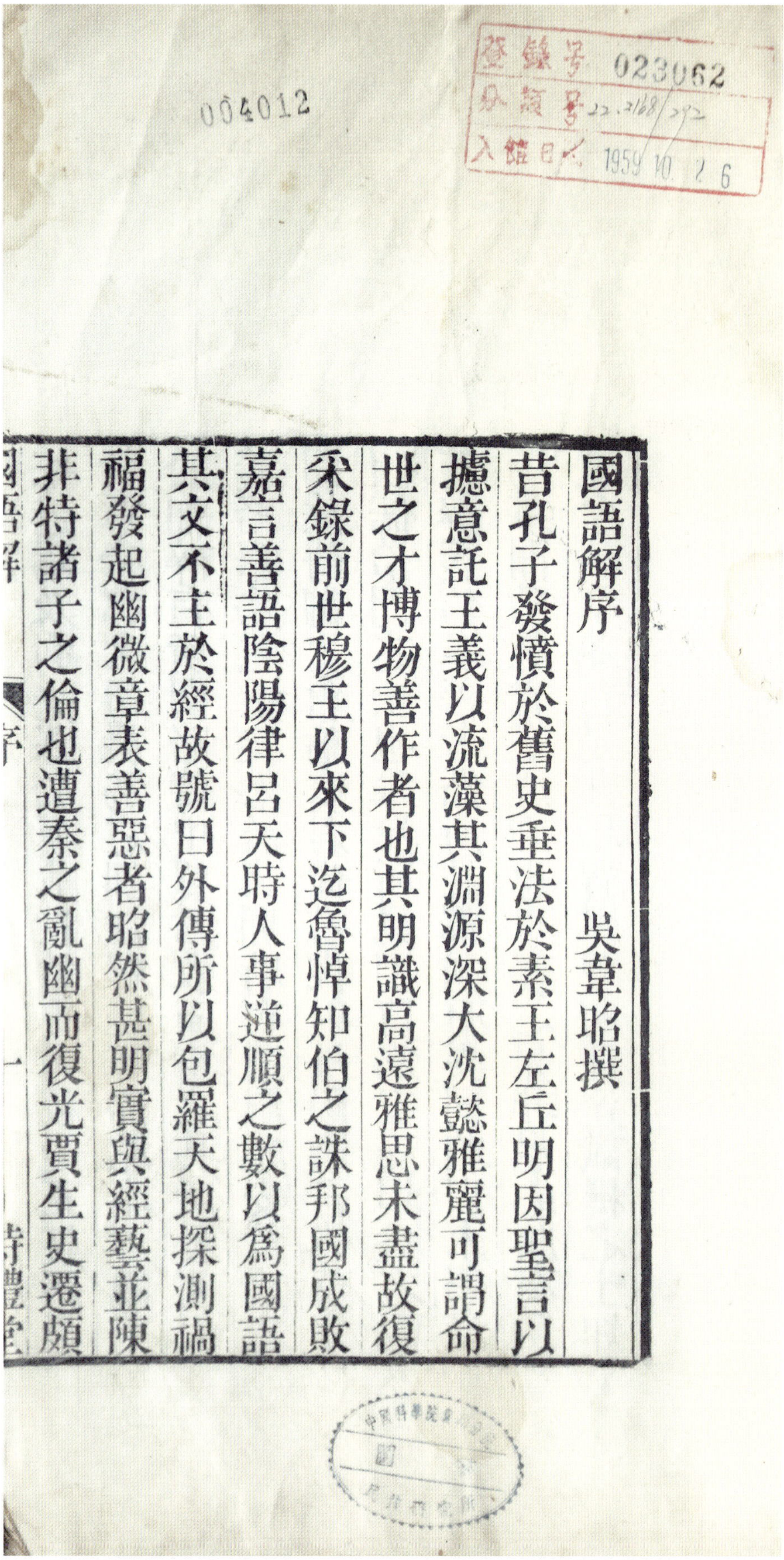

國語解序

吳韋昭撰

昔孔子發憤於舊史垂法於素王左丘明因聖言以攄意託王義以流藻其淵源深大沈懿雅麗可謂命世之才博物善作者也其明識高遠雅思未盡故復采錄前世穆王以來下迄魯悼知伯之誅邦國成敗嘉言善語陰陽律呂天時人事逆順之數以爲國語其文不主於經故號曰外傳所以包羅天地探測禍福發起幽微章表善惡者昭然甚明實與經藝並陳非特諸子之倫也遭秦之亂幽而復光賈生史遷頗

國語解 序 一 詩禮堂

韦昭（204~273），字弘嗣，吴郡云阳（今江苏丹阳）人。韦昭之名，史书多以“韦曜”记之，据裴松之《三国志》注，此为避晋帝司马昭之讳而改。三国时期著名史学家、东吴四朝重臣。著有《吴书》（合著）、《汉书音义》、《国语注》、《官职训》、《三吴郡国志》等。

孔传铎（1673~1732），字振路，号牖民。孔子第68代孙，衍圣公孔毓圻长子，好读书，通礼乐，工诗词，精研理学，博求律吕之书，深于乐理。著作有《安怀堂文集》《申椒集》《盟鸥集》等。

《国语》是我国第一部国别体史书，共二十一卷，它记叙了周、鲁、齐、晋、郑、楚、吴、越等八国的一些史实。从西周穆王十二年（公元前990），至东周贞定王十六年（公元前453），上下五百余年，大体与《左传》相当。《国语》的作者，众说不一。西汉以来，有人认为它和《左传》同出左丘明之手，所以称《左传》为“内传”，《国语》为“外传”，但多数人认为它是各国史官的原始记录，后经史官加工整理成书的。

《国语》侧重记言，保存了较为丰富的史料，在一定程度上反映了那个时代的社会矛盾，对统治阶级的荒淫残暴有所揭露，在内容上与《左传》互有详略异同。

國語第一

雲陽 韋昭 弘嗣 注
闕里 孔傳鐸 振路 校

周語上

穆王將征犬戎穆王周康王之孫昭王之子穆王滿也征正也上討下之稱犬戎西戎之別名在荒服祭公謀父諫曰不可祭畿內之國周公之後為王卿士謀父字也傳曰凡蔣邢茅胙祭周公之胤也先王耀德不觀兵耀明也觀示也明德尚道化也不示兵者有大罪惡然後致誅不以小事而示威武夫兵戢而時動動則威戢聚也威畏也時動謂三時務農一時講武守則有財征則有威觀則玩玩則無震玩黷也震

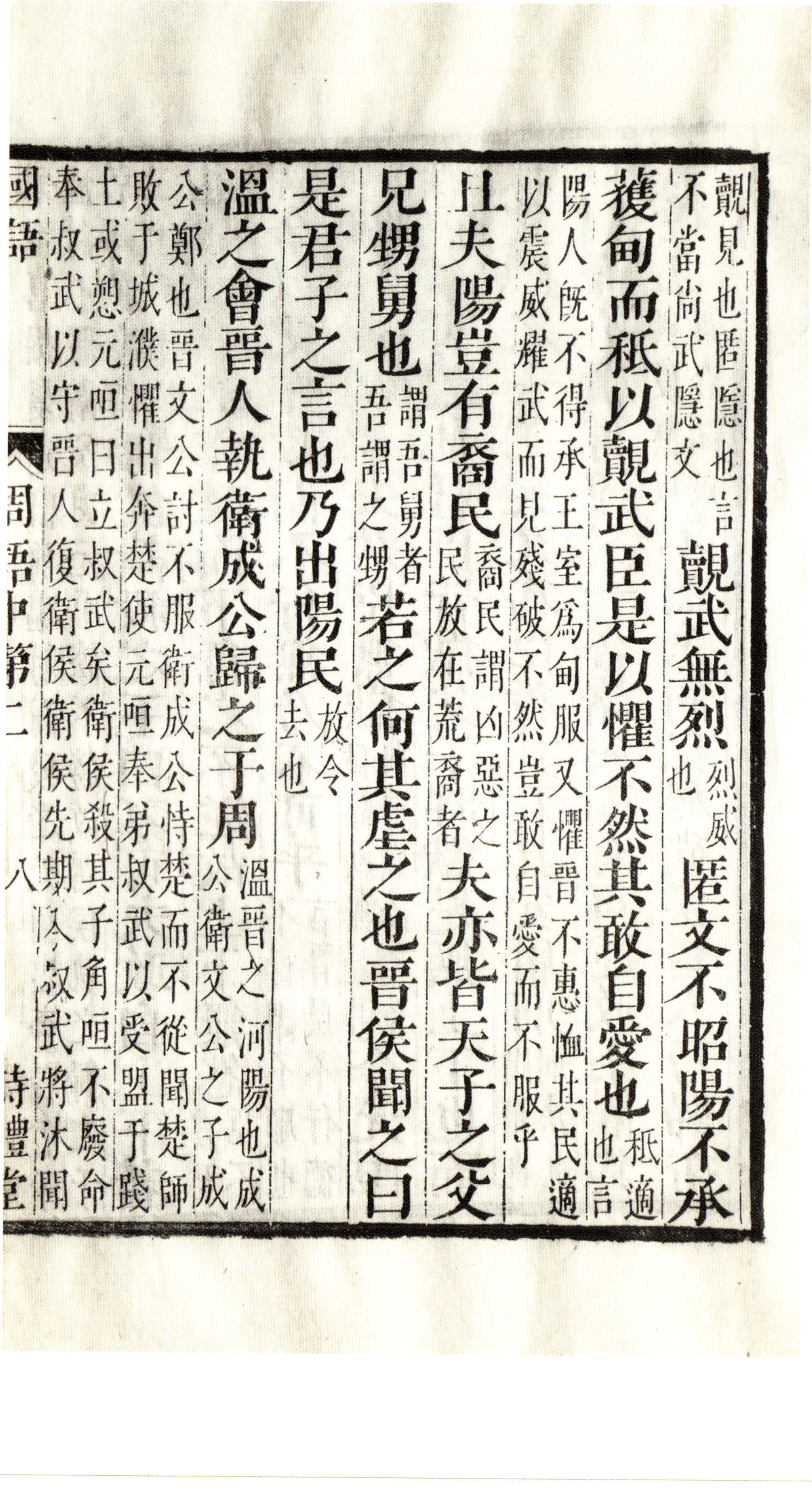

覿見也匿隱也言不當尚武隱文覿武無烈烈威也匿文不昭陽不承獲甸而祇以覿武臣是以懼不然其敢自愛也祇適也言陽人既不得承王室爲甸服又懼晉不惠恤其民適以震威耀武而見殘破不然豈敢自愛而不服乎且夫陽豈有裔民裔民謂凶惡之民放在荒裔者夫亦皆天子之父兄甥舅也謂吾舅者吾謂之甥若之何其虐之也晉侯聞之曰是君子之言也乃出陽民放令去也

溫之會晉人執衛成公歸之于周溫晉之河陽也成公衛文公之子成公鄭也晉文公討不服衛成公恃楚而不從聞楚師敗于城濮懼出奔楚使元咺奉弟叔武以受盟于踐土或愬元咺曰立叔武矣衛侯殺其子角咺不廢命奉叔武以守晉人復衛侯衛侯先期入叔武將沐聞

國語 周語中第二 八 詩禮堂

《国语》清乾隆三十一年诗礼堂刻本

三国时期的韦昭、近人徐元诰等均为《国语》作注。

韦昭在其《国语解叙》中说，其“因贾君之精实，采虞、唐之信善”，“参之以五经，检之以《内传》”“以《世本》考其流，以《尔雅》齐其训，去非要、存事实”来对《国语》作注。在继承前贤的基础上，韦昭对《国语》“亦以所觉，增润补缀”。《四库全书总目提要》给予韦注较高的评价：“自郑众《解诂》以下，诸书并亡。《国语》注存于今者，惟昭为最古。黄震《日抄》称其简洁，而先儒旧训亦往往散见其中。”近人吴曾祺在《国语韦解补正叙》中也称韦注“其词严洁不芜，深得汉人注书义法”。

韦注为存世最早最完整的《国语》古注，后代注疏家多在韦注的基础上进行疏证补缺，如清人董增龄《国语正义》、洪亮吉《韦昭国语注疏》、汪远孙《国语三君注辑存》《国语发正》《国语明道本考异》，近人徐元诰《国语集解》、吴曾祺《国语韦解补正》。

《国语》现存版本较多，诗礼堂刻本仅为其一。

《明辩录》

（清）陈法 手订

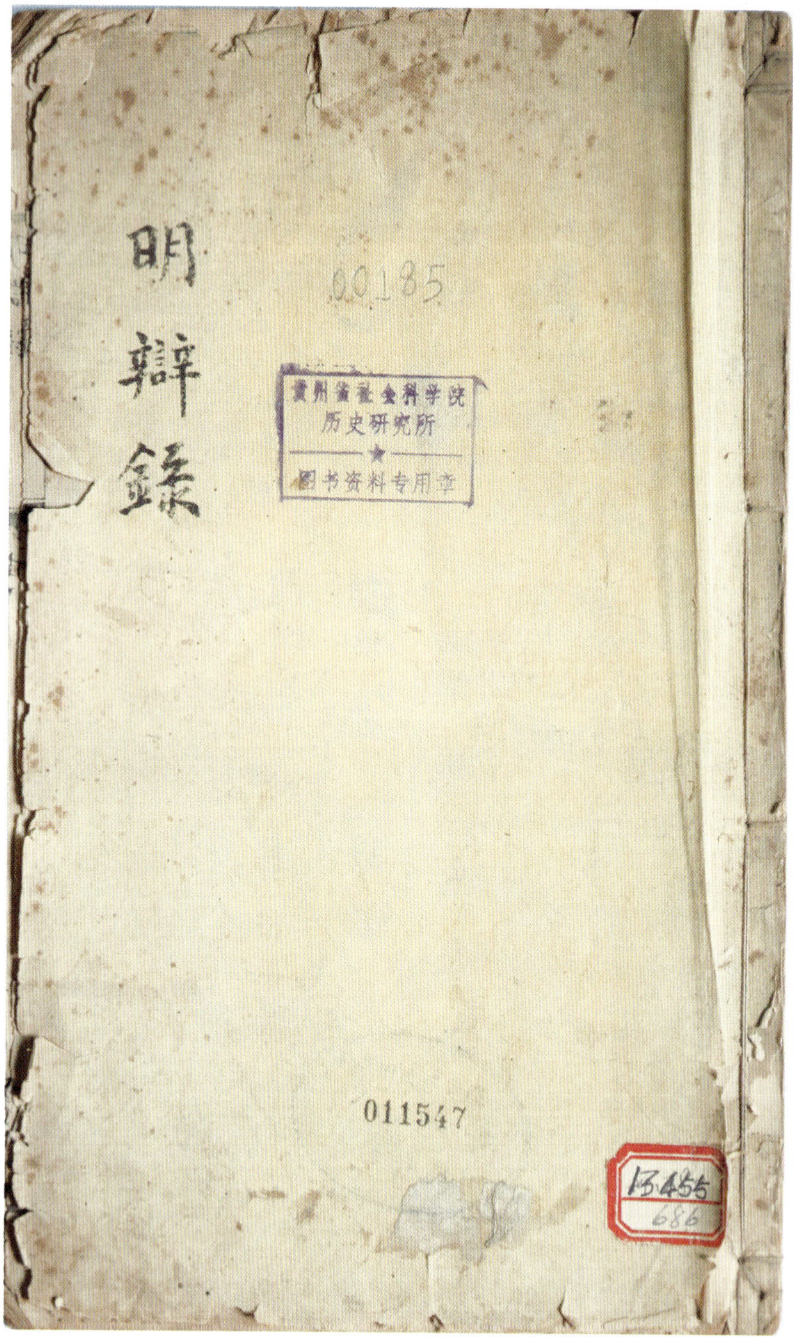

《明辩录》封面 藏书印

清乾隆三十五年（1770）务滋堂刻本

框高 19.8 厘米
宽 13.5 厘米
半叶 8 行 20 字

馆存
一册 一卷

陈法（1692~1766），字世垂，一字圣泉，晚号定斋，清朝贵州安平（今平坝县）人。清代乾隆年间著名学者、治水专家。一生著述颇丰，内容涉及哲学、政治、水利、诗文、教育等诸多方面。所著《易笺》共八卷，为世人所称道，也是贵州唯一入选《四库全书》的学术专著。

乾隆三十五年岁次庚寅季春下浣山右年眷侄荆如棠序，又，乾隆庚寅季春下浣新安后学程埙序。安平陈法定斋手订，山右荆如棠荫南校刊。内容包括：论象山认心为理之非、论象山复其本心之非、论象山之学异于孟子、论象山之学合乎禅宗、论象山教人之法、论象山辟禅之非、论象山轮对五札、良知辩、致良知辩、格致论。

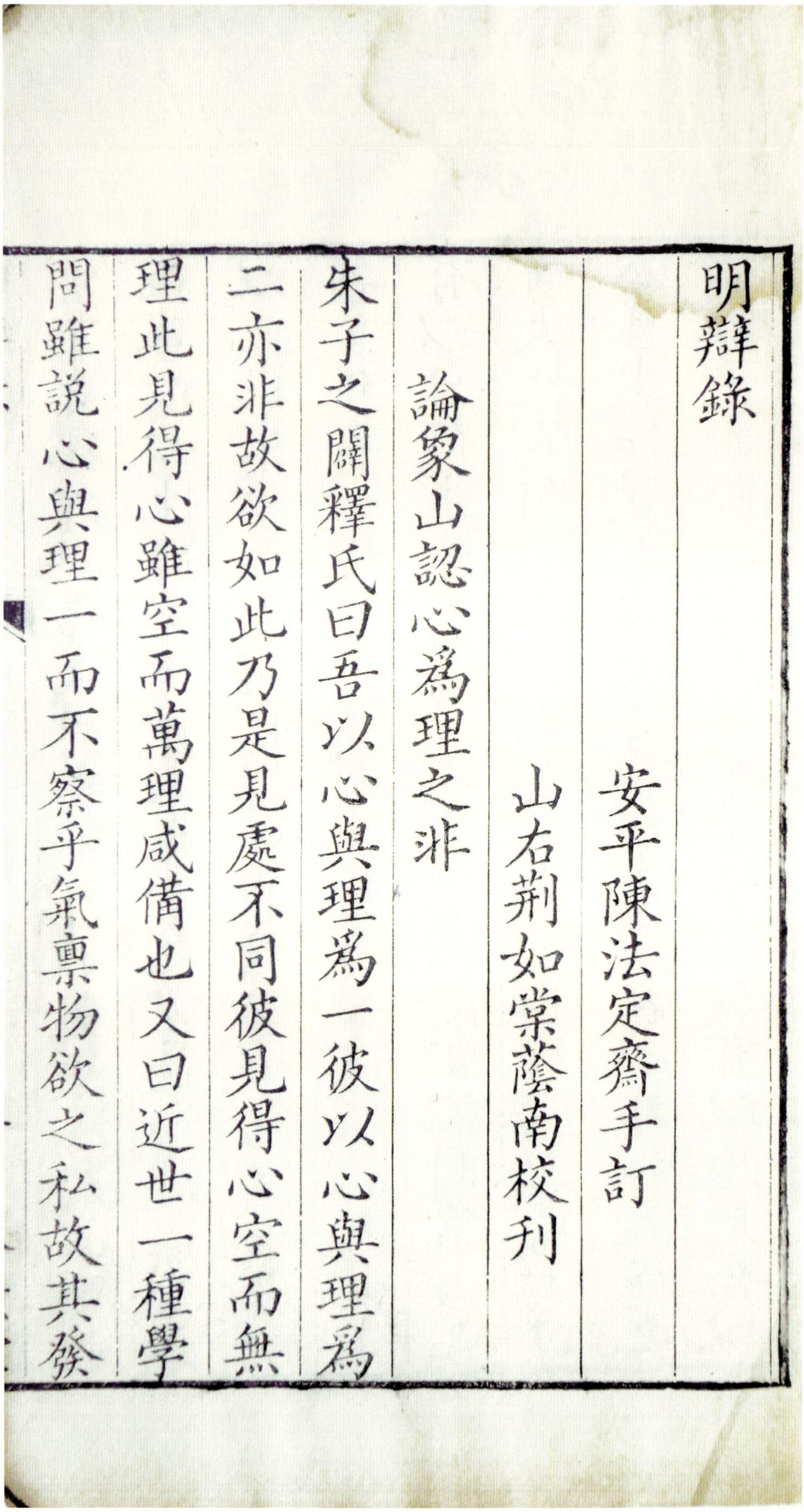

明辯錄

安平陳法定齋手訂

山右荊如棠蔭南校刊

論象山認心爲理之非

朱子之闢釋氏曰吾以心與理爲一彼以心與理爲二亦非故欲如此乃是見處不同彼見得心空而無理此見得心雖空而萬理咸備也又曰近世一種學問雖說心與理一而不察乎氣禀物欲之私故其發

良知辯

良知之說本之孟子非無稽也惟是孟子之言良知本愛敬而言陽明之言良知離愛敬而言是假良知之名以文其靈覺之知也且陽明既曰良知即天理又曰良知所知之天理是已岐而爲二矣既曰良知即性又曰佛氏本來面目即儒門所謂良知夫佛氏本來面目其果性耶天理耶又曰良知一也以妙用而言謂之神以流行而言謂之氣以凝聚而言謂之

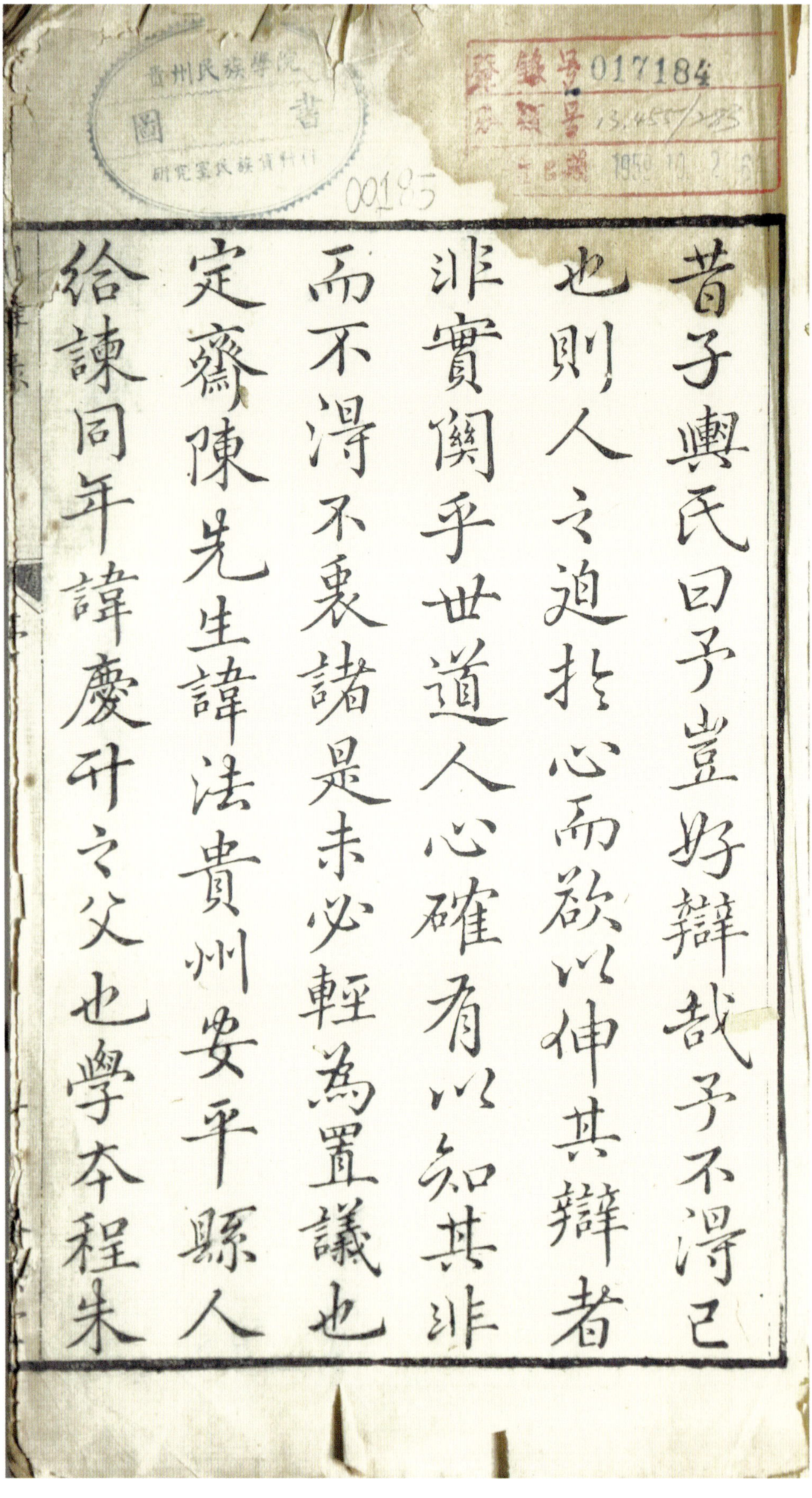

昔子輿氏曰予豈好辯哉予不得已
也則人之迫於心而欲以伸其辯者
非實關乎世道人心確有以知其非
而不得不衷諸是未必輕為置議也
定齋陳先生諱法貴州安平縣人
給諫同年諱慶升之父也學本程朱

《明辩录》藏书印

《文选》

（南朝梁）昭明太子萧统 编
（唐）李善 注

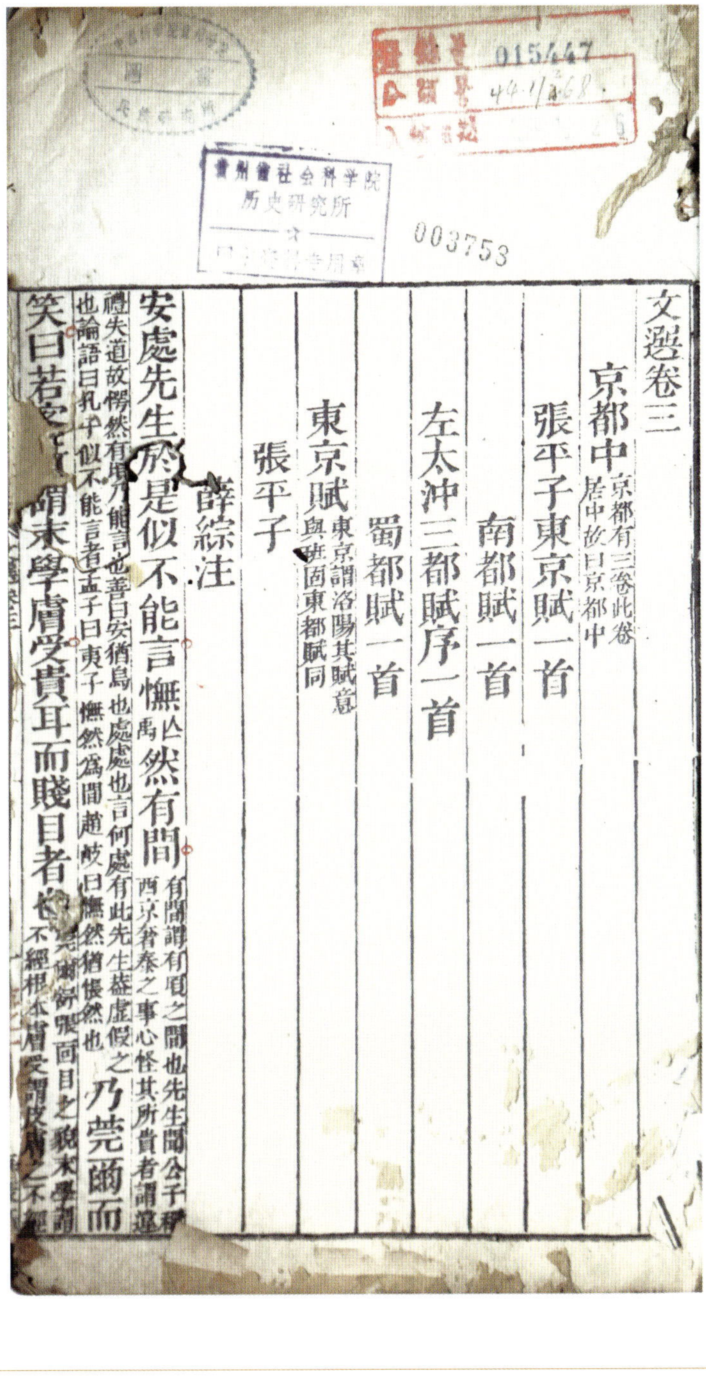

文選卷三

京都中京都有三卷此卷居中故曰京都中

張平子東京賦一首

南都賦一首

左太沖三都賦序一首

蜀都賦一首

東京賦東京謂洛陽其賦意與班固東都賦同

張平子

薛綜注

安處先生於是似不能言憮然有間有間謂有頃之間也先生聞公子稱西京奢泰之事心怪其所貴者謂違禮失道故憮然有頃乃能言也善曰安猶烏也處處也言何處有此先生蓋虛假之也論語曰孔子似不能言者孟子曰夷子憮然為間趙岐曰憮然猶悵然也乃莞爾而笑曰若客所謂末學膚受貴耳而賤目者也

重刻《文选》卷三 藏书印 清乾隆三十七年叶氏海录轩刻朱墨套印本

清乾隆三十七年（1772）叶氏海录轩刻朱墨套印本（文中有朱笔断句及批语 版心下方镌有“海录轩”三字 此为叶树藩室名）

框高 19.2 厘米
宽 15 厘米
半叶 12 行 25 字
小字双行 37 字

馆存
十三册 三十四卷
（一至二十三、四十八至五十八）

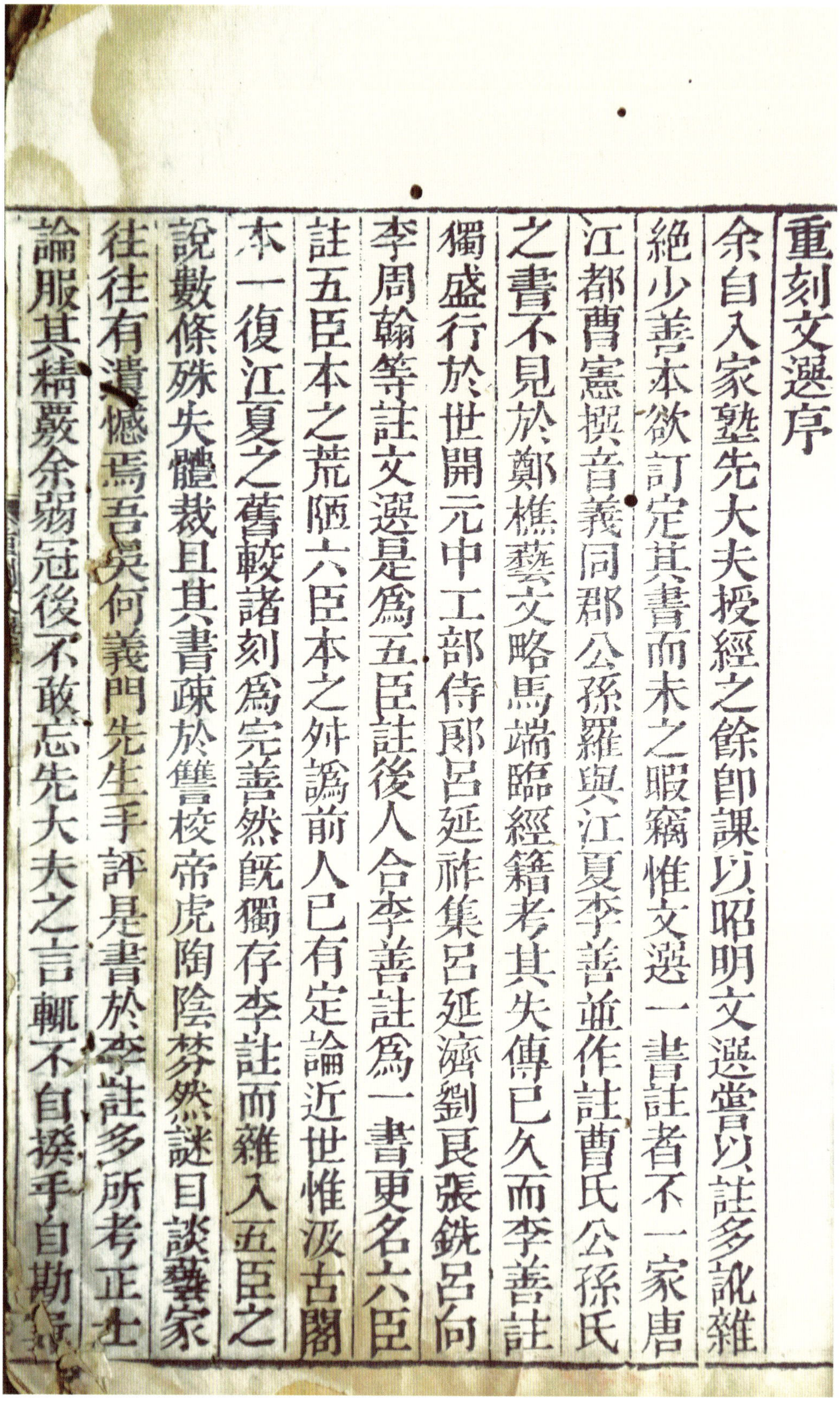

重刻文選序

余自入家塾先大夫授經之餘卽課以昭明文選嘗以註多訛雜絕少善本欲訂定其書而未之暇竊惟文選一書註者不一家唐江都曹憲撰音義同郡公孫羅與江夏李善並作註曹氏公孫氏之書不見於鄭樵藝文略馬端臨經籍考其失傳已久而李善註獨盛行於世開元中工部侍郞呂延祚集呂延濟劉良張銑呂向李周翰等註文選是爲五臣註後人合李善註爲一書更名六臣註五臣本之荒陋六臣本之舛譌前人已有定論近世惟汲古閣本一復江夏之舊較諸刻爲完善然旣獨存李註而雜入五臣之說數條殊失體裁且其書疎於讐校帝虎陶陰棼然謎目談藝家往往有遺憾焉吾吳何義門先生手評是書於李註多所考正士論服其精覈余弱冠後不敢忘先大夫之言輒不自揆手自勘定

重刻《文选》序 清乾隆三十七年叶氏海录轩刻朱墨套印本

萧统简介见《增补六臣注文选》。

李善(630~689)，唐代知名学者，江都(今扬州)人〔一说为江夏(今湖北武昌)人〕，有雅行，学贯古今，不能属辞，故人号“书簏”。李善先后任录事参军、秘书郎、崇贤馆直学士兼沛王侍读、泾城(今安徽泾县)县令。使“文选学”真正成为一门显学，作用最大的就是李善。

《文选》是现存编选最早的汉族诗文总集，它选录了先秦至南朝梁代八九百年间100多个作者、700余篇各种体裁的文学作品。因是梁代昭明太子萧统(501~531)主持编选的，故称《昭明文选》。全书共60卷，分为赋、诗、骚、七、诏、册、令、教、文、表、上书、启、弹事、笺、奏记、书、檄、移、对问、设论、辞、序、颂、赞、符命、史论、史述赞、论、连珠、箴、铭、诔、哀、碑文、墓志、行状、吊文、祭文等类。所选多大家之作，主要收录诗文辞赋，除了少数赞、论、序、述被认为是文学作品外，一般不收经、史、子等学术著作。选的标准是“事出于沉思，义归乎翰藻”，即情义与辞采内外并茂，偏于一面则不收。《文选》在唐朝与《五经》并驾齐驱，盛极一时，士子必须精通《文选》。宋代有“文章祖宗”之说，《文选》成为当时人们学习诗赋的一种最适当的范本，延至元、明、清，有关《文选》的研究亦未尝中辍，甚至与经传并列，比起同类型的其他诗文总集来，其影响更为深广，是今人研究梁以前文学的重要参考资料。

书成迄今，注疏评议之作不绝，选学兴盛。究其佳者，唯唐李善注、清何焯评为最。李善注本，长训诂、少纰缪；何焯评本，重考据、精要义。叶树藩海录轩本既以明汲古阁据宋刊李善注本为依，又添何焯评点，尾附叶氏管窥补订之“叶按”，广博精审，独出《文选》诸本之上。正文与何评，句读分以墨、朱二色橅印，一目了然。

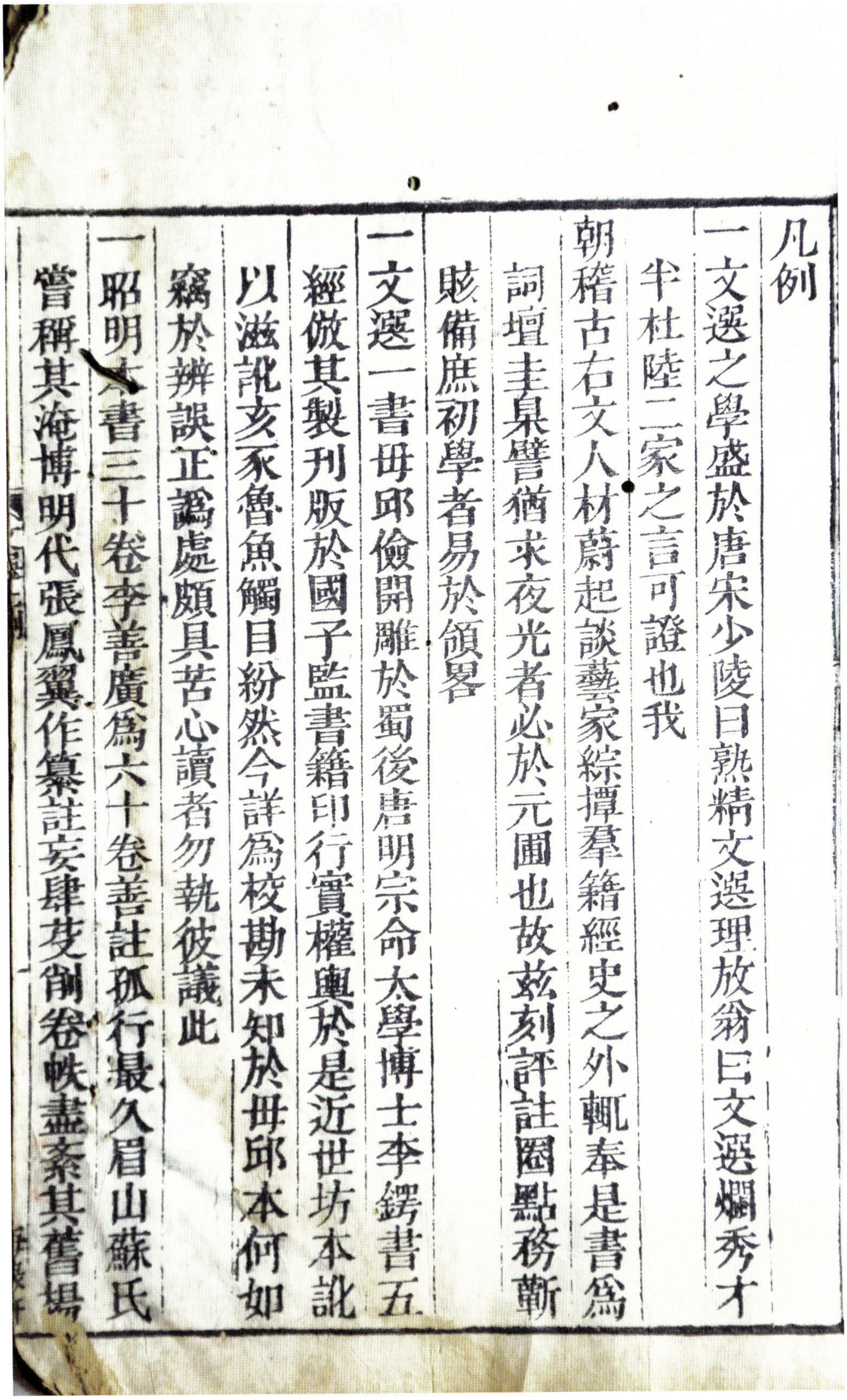

凡例

一文選之學盛於唐宋少陵曰熟精文選理放翁曰文選爛秀才半杜陸二家之言可證也我

朝稽古右文人材蔚起談藝家綜撢羣籍經史之外輒奉是書爲詞壇圭臬譬猶求夜光者必於元圃也故兹刻評註圈點務嶄賅備庶初學者易於領畧

一文選一書毋邱儉開雕於蜀後唐明宗命太學博士李鍔書五經倣其製刊版於國子監書籍印行實權輿於是近世坊本訛以滋訛亥豕魯魚觸目紛然今詳爲校勘未知於毋邱本何如竊於辨誤正譌處頗具苦心讀者勿執彼議此

一昭明太書三十卷李善廣爲六十卷善註孤行最久眉山蘇氏嘗稱其海博明代張鳳翼作纂註妄肆芟削卷帙盡紊其舊塢

《文选》凡例　清乾隆三十七年叶氏海录轩刻朱墨套印本

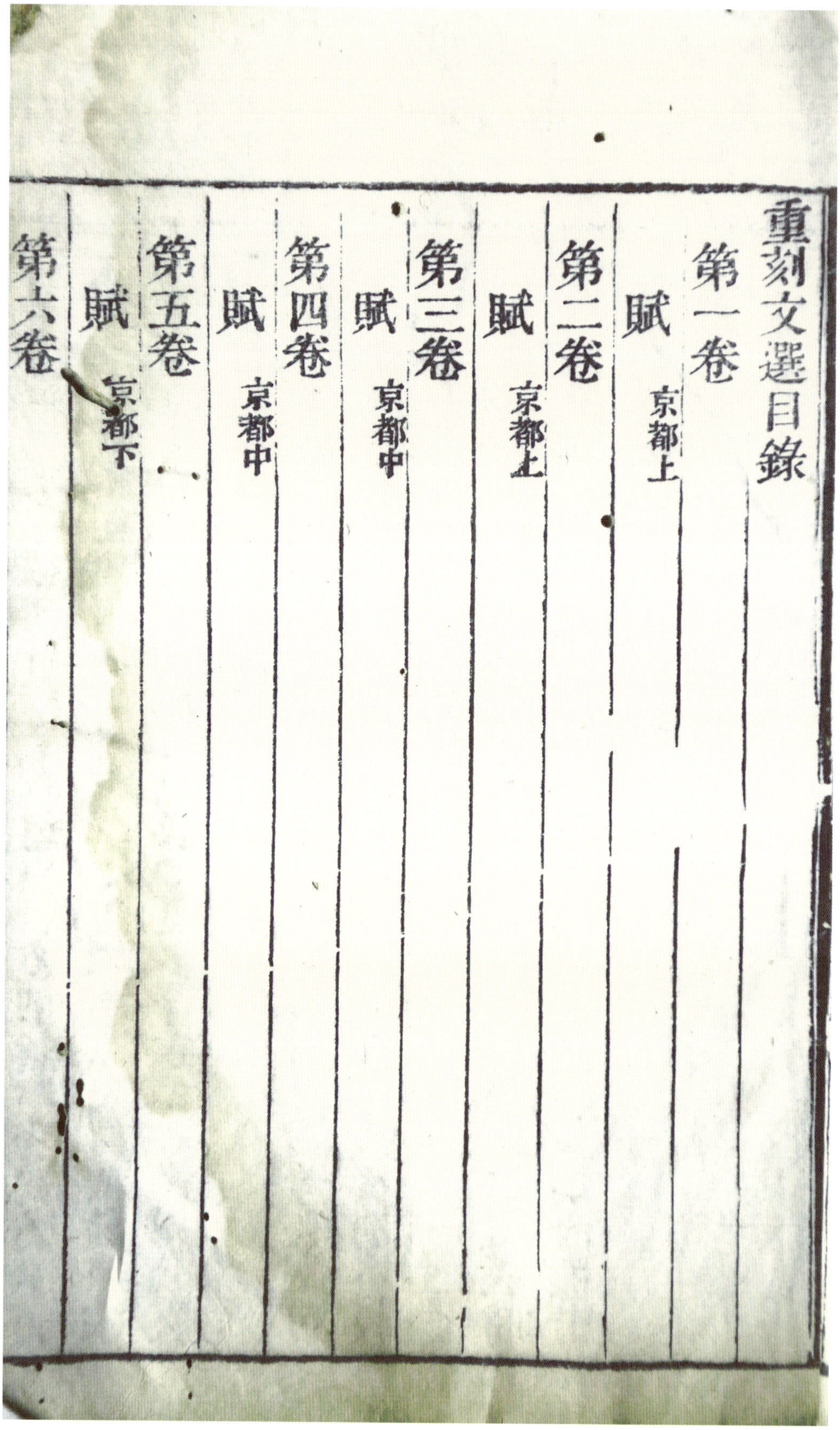
重刻文選目錄
第一卷
賦 京都上
第二卷
賦 京都上
第三卷
賦 京都中
第四卷
賦 京都中
第五卷
賦 京都下
第六卷

重刻《文选》目录 清乾隆三十七年叶氏海录轩刻朱墨套印本

《文选》清乾隆三十七年叶氏海录轩刻朱墨套印本

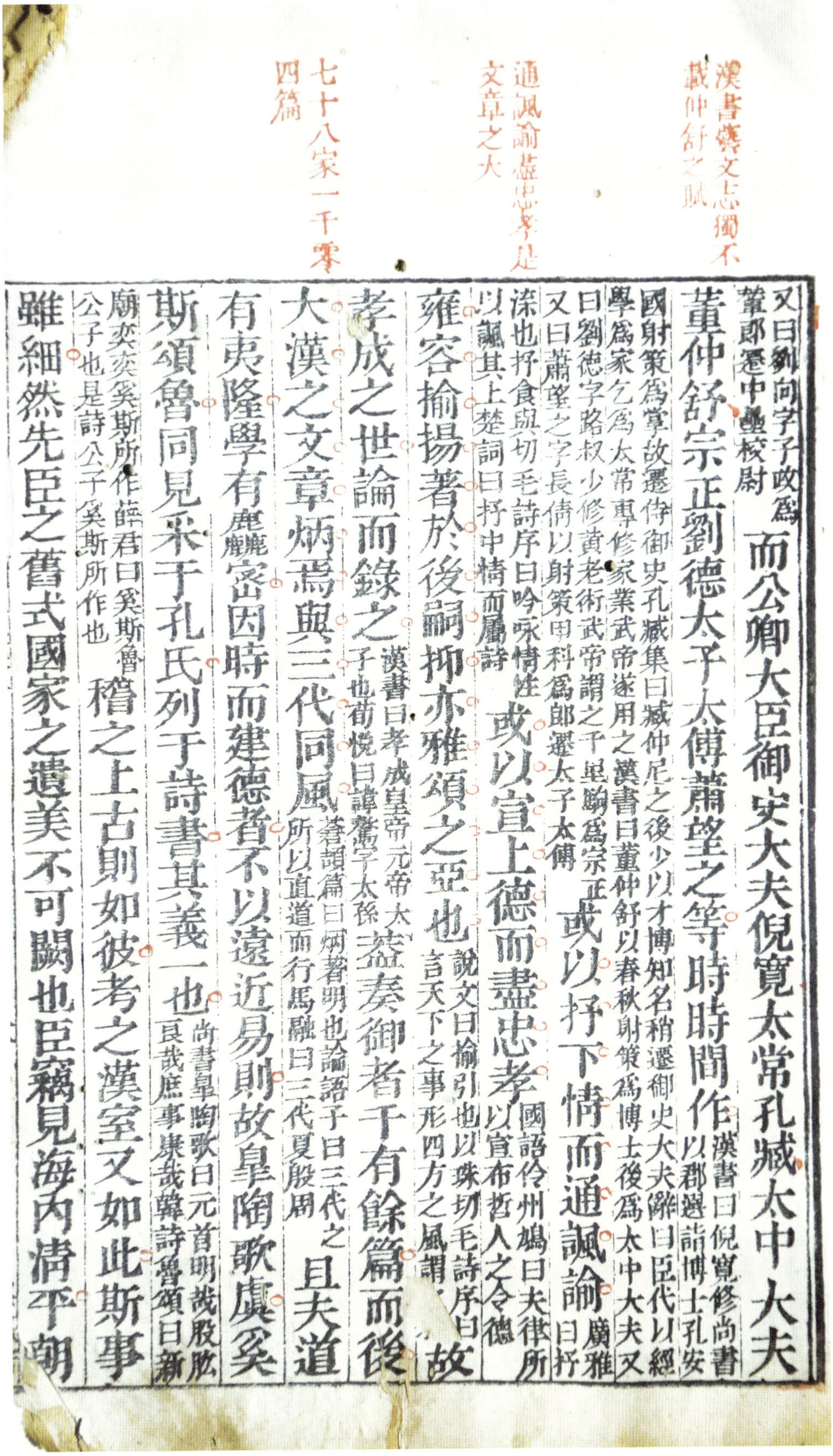
漢書藝文志獨不載仲舒之賦
通諷諭盡忠孝是文章之大
七十八家一千零四篇

又曰劉向字子政爲輦郎遷中壘校尉 而公卿大臣御史大夫倪寬太常孔臧太中大夫董仲舒宗正劉德太子太傅蕭望之等時時間作漢書曰倪寬修尚書以郡選詣博士孔安國射策爲掌故遷侍御史孔臧集曰臧仲尼之後少以才博知名稍遷御史大夫辭曰臣代以經學爲家乞爲太常專修家業武帝遂用之漢書曰董仲舒以春秋射策爲博士後爲太中大夫又曰劉德字路叔少修黃老術武帝謂之千里駒爲宗正又曰蕭望之字長倩以射策甲科爲郎遷太子太傅 或以抒下情而通諷諭廣雅曰抒渫也抒食與切毛詩序曰吟咏情性以諷其上楚詞曰抒中情而屬詩 或以宣上德而盡忠孝國語伶州鳩曰夫律所以宣布哲人之令德 雍容揄揚著於後嗣抑亦雅頌之亞也說文曰揄引也以珠切毛詩序曰言天下之事形四方之風謂之雅 故孝成之世論而錄之漢書曰孝成皇帝元帝太子也荀悅曰諱驁字太孫 蓋奏御者千有餘篇而後大漢之文章炳焉與三代同風蒼頡篇曰炳著明也論語子曰三代之所以直道而行馬融曰三代夏殷周 且夫道有夷隆學有麤密因時而建德者不以遠近易則故皐陶歌虞奚斯頌魯同見采于孔氏列于詩書其義一也尚書皐陶歌曰元首明哉股肱良哉庶事康哉韓詩魯頌曰新廟奕奕奚斯所作薛君曰奚斯魯公子也是詩公子奚斯所作也 稽之上古則如彼考之漢室又如此斯事雖細然先臣之舊式國家之遺美不可闕也臣竊見海內清平朝

《徐霞客游记》

（明）徐霞客 撰
（清）叶廷甲 补编

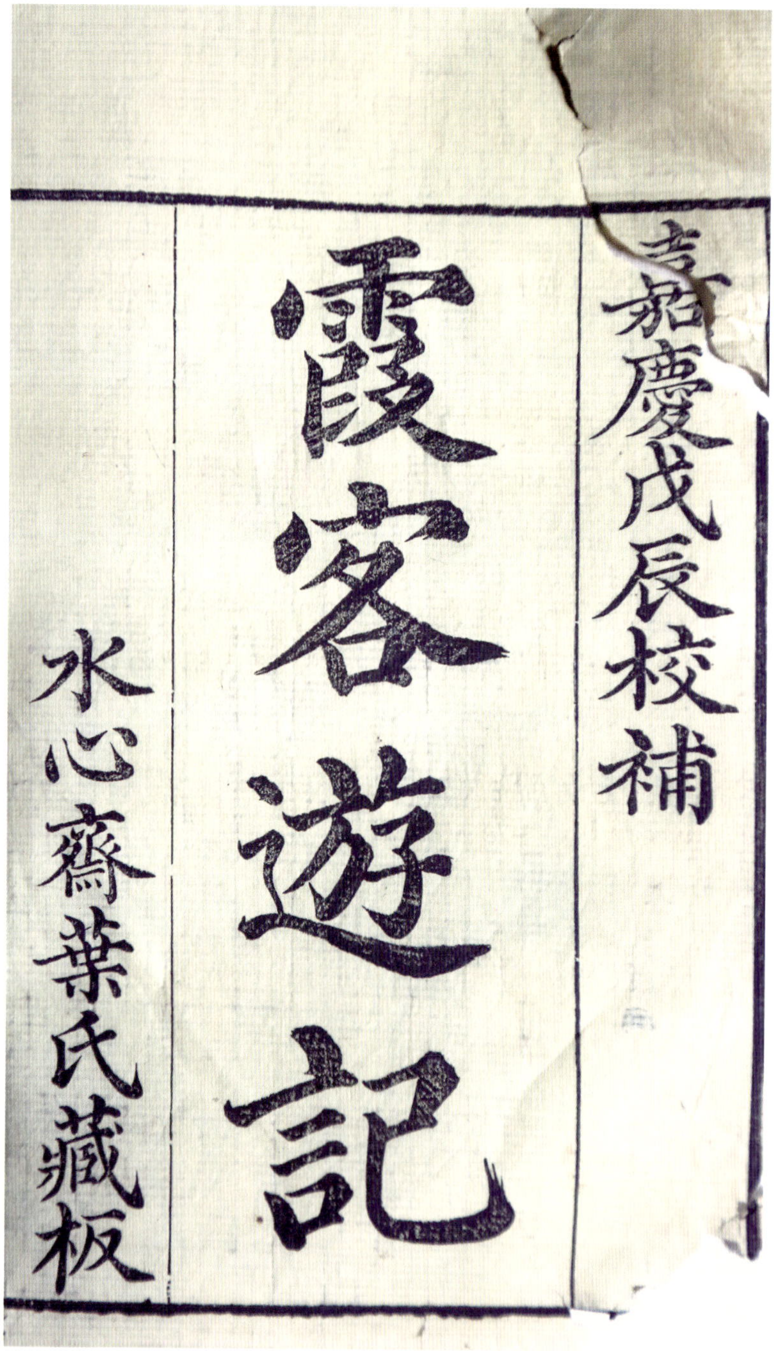

《徐霞客游记》扉页

清乾隆四十一年（1776）江阴徐镇刻嘉庆十三年（1808）江阴叶廷甲水心斋增刻本

框高 17.4 厘米
宽 13.1 厘米
半叶 10 行 23 字

馆存
全十册　十卷
外编一卷　补编一卷

徐霞客（1587~1641），名弘祖，字振之，号霞客，南直隶江阴（今江苏江阴市）人。明代地理学家、旅行家和文学家。他经过30年考察撰成60万字地理名著《徐霞客游记》，被称为“千古奇人”。

叶廷甲（1754~1832），字保堂，号梅江，别号云樵，江苏省张家港市杨舍镇人。清代学者，嘉庆年间的藏书家、出版家。藏书5万余卷，曾刊刻《徐霞客游记》《梧溪集》《杨氏全书》等三部奇书，对校雠、刊刻《徐霞客游记》一书作出重大贡献。

《徐霞客游记》叶廷甲补编版的顺序依次为：赵翼《题辞》、叶廷甲序、孙镇《刻游记原序》、旧序（杨名时《录徐霞客游记序》、陈泓识《重录徐霞客游记序》）、例言、目次、正文、《钦定四库全书提要》、外编、补编。其中“赵翼《题辞》”“叶廷甲序”“《钦定四库全书提要》”“补编”等四个部分，为叶本《游记》所独有，被后世的《游记》刊本所沿用。开卷乾嘉三大家之一赵翼的《题辞》为《徐霞客游记》的传史增添了新的数据，彰显了嘉庆年间《游记》的影响力；叶廷甲的序言则强调了徐霞客的游记负有“政教之责”和“宜民之道”的使命，书中一些赠诗随文刊印了批语，与乾隆本相比，嘉庆叶廷甲刊本流行更广，其影响所及直到1928年的丁文江本。

补是叶本最突出的特色之一，可分为霞客诗、题、晴山堂帖及旧序四部分：共有霞客诗五组，补《游记》之抒情不足；补编所辑录的题赠内容，为黄道周与唐泰来写给徐霞客的赠诗；晴山堂，是历代名人为徐霞客先人题赠的一个汇编，诗、文、赋、记一应俱全；旧序是为叶本补编中仅收录了与徐霞客直接相关的几篇，故叶本附二人序于此。叶本的补编有两方面的侧重，一是徐霞客的生平与交游，一是《游记》的传播与影响。

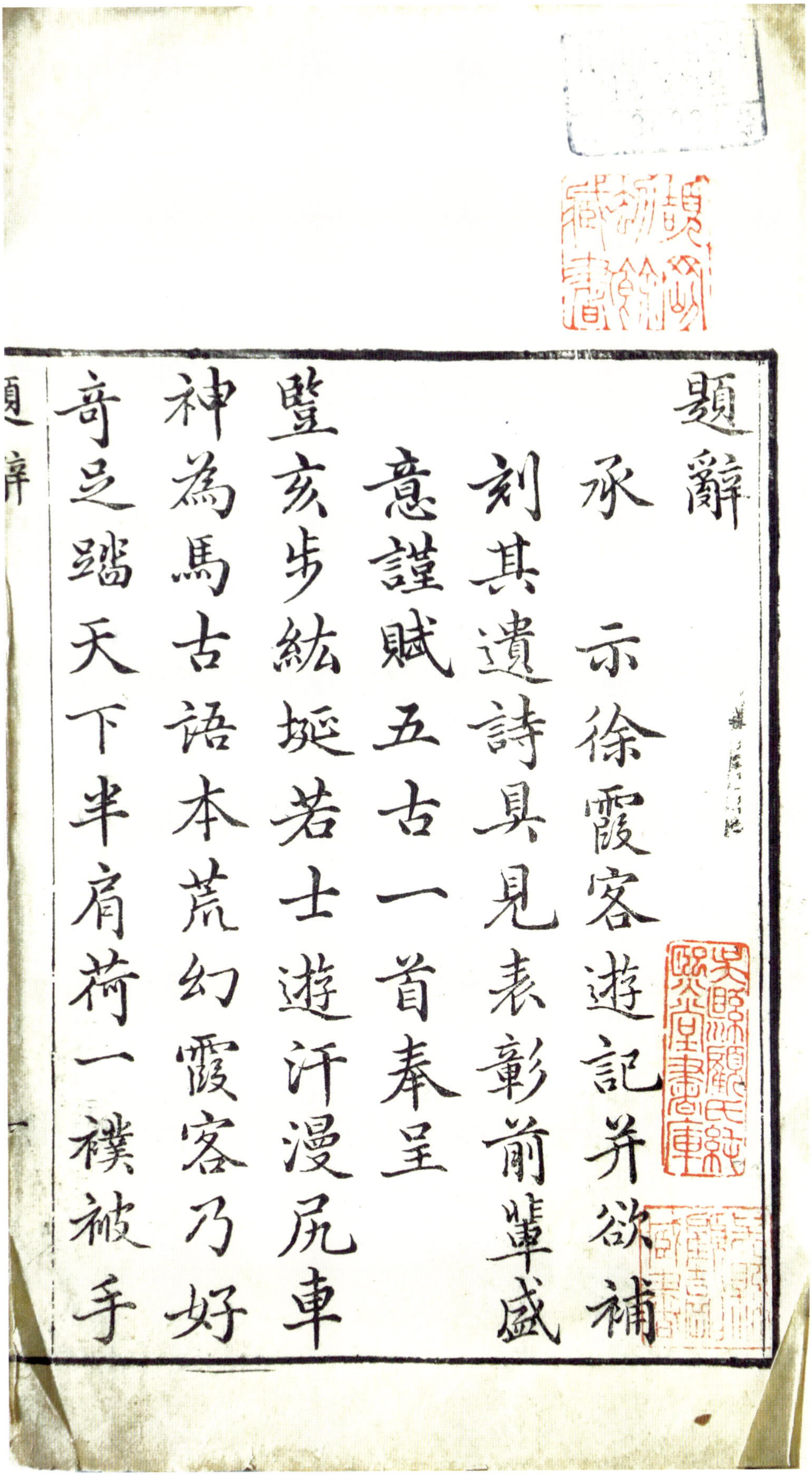
題辭
承　示徐霞客遊記并欲補
刻其遺詩具見表彰前輩盛
意謹賦五古一首奉呈
豎亥步紘埏若士遊汗漫尻車
神爲馬古語本荒幻霞客乃好
奇足蹈天下半肩荷一襆被手
題辭　一

周官大司徒之職以天下土地之圖周知九州地域廣輪之數辨其山林川澤邱陵墳衍原隰之名物漢司馬子長創爲河渠書後漢班孟堅始志地理前宋范蔚宗始志郡國自是有史即有志沿及唐宋而郡縣有志寰宇有記凡建置沿革疆域田賦戶口關塞險要名勝古蹟皆在所詳至於山川之源委脈絡未必能知其曲折辨其經緯歷歷如指諸掌也恭讀乾隆四十七年刊行

欽定四庫全書簡明書目史部地理類開列徐霞客游記十二卷分注云明徐宏祖少好遊足跡幾遍天下嘗西行數千里求河源是編皆其紀游之文舊本殘缺失次楊

《水道提纲》

（清）齐召南 编录

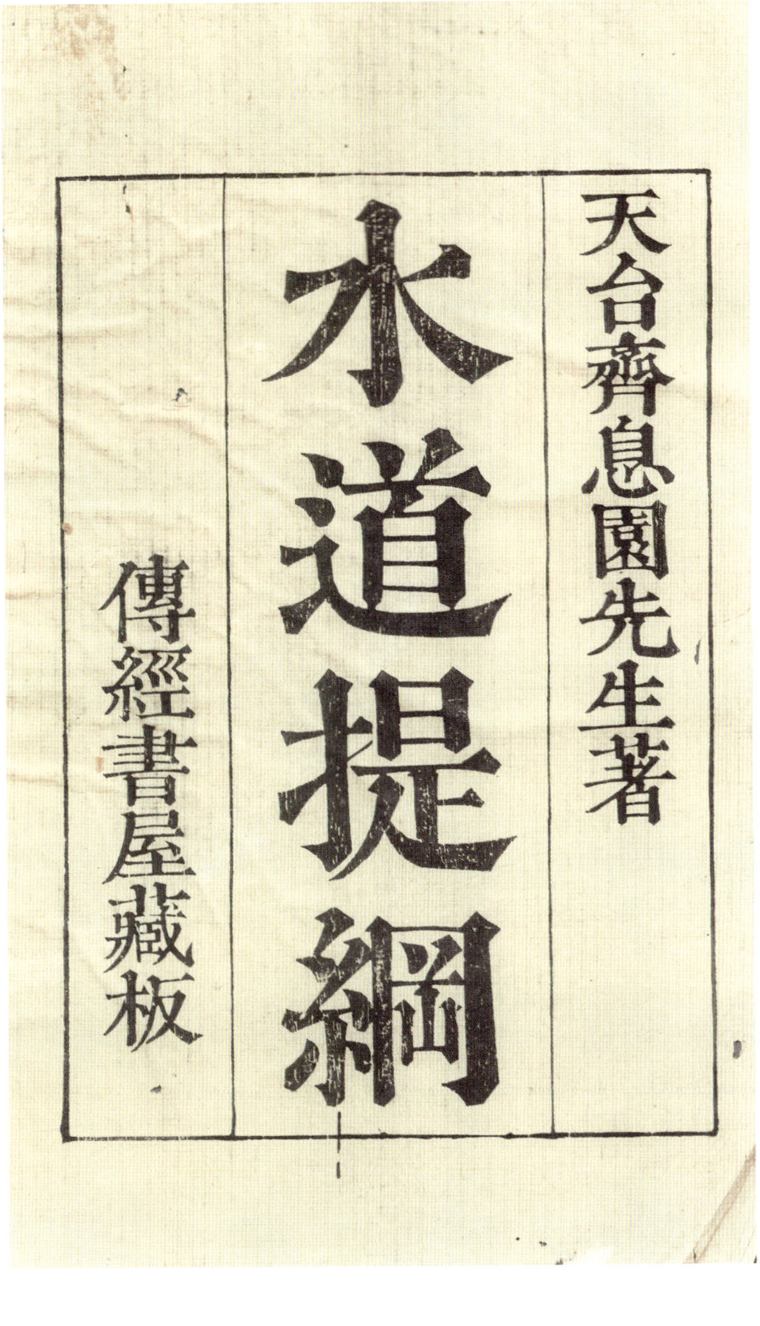

《水道提纲》扉页

清刻本有乾隆丙申（乾隆四十一年，即1776）跋，书名页题“传经书屋藏板”

框高 18.6 厘米
宽 13.6 厘米
半叶 9 行 20 字
小字双行 20 字

馆存
全八册　二十八卷

序

通天地人之謂儒自漢以後號爲通儒者可屈指數通儒而有大著述傳於千百世者尤尠自宋迄元如鄭夾漈馬貴與眞西山王浚儀諸公其表表者也明之楊用修唐荊川王弇州鄭端簡徒以繁富炫奇其於古人有閒矣我

朝文治之盛遠軼往代名儒輩出如顧亭林黃蔾洲萬季野閻百詩諸先生俱足方駕古人予生也晚不獲師承前哲而所親接而熟悉者則惟天台齊息園先

水道提綱序 一

齐召南（1703~1768），字次风，号琼台，晚号息园，浙江天台人，清代地理学家，精于舆地之学，又善书法。雍正七年（1729）己酉科乡试中副车，雍正十一年（1733），举博学鸿词，以副榜贡生被荐。乾隆元年（1736），召试于保和殿，钦定二等第八名，为翰林院庶吉士，授检讨，乾隆二十六年（1761），完成最重要的作品《水道提纲》二十八卷。

《水道提纲》成于乾隆二十六年(1761),全书共二十八卷,冠以海水,起自与朝鲜交界的鸭绿江口,止于与越南交界的钦江口,叙述了自东北至西南的海岸线走向及沿海各大小河口和岛屿。包括全部国土,海,盛京诸水,京畿诸水,运河及山东诸水,黄河及青海、甘肃不入河诸水,入河巨川,淮河及入淮巨川,南运河,长江,入江巨川,江南运河及太湖入海港浦,浙江、浙东入海诸水,闽江及西南至广东潮州府水,粤江(珠江流域)及西南至合浦入海诸水,云南诸水,西藏诸水,漠北阿尔泰山以南诸水,黑龙江,入黑龙江巨川,海自黑龙江口以南诸水及朝鲜国诸水,塞北各蒙古诸水,西域诸水,皆以巨川为纲,所受支流为目,故名提纲。该书系统、准确地记述了18世纪中叶中国范围内水道的源流分合,每卷首有小序,概述大势和编记次第,然后依水系叙述,脉络清晰,原委详明。《水道提纲》最早用经纬度定位,虽有错误,但仍为中国地理著作中的一个创举,从东北的鄂霍次克海往南,渤海、东海直到南海,沿岸的城镇、关隘、河流入海口、岛屿等都有叙述,第一次把中国18世纪的海岸线清晰地勾画了出来。

水道提綱目次

卷一

海 東北自鴨綠江經盛京京畿山東江南浙江福建廣東

卷二

盛京諸水 鴨綠江 大遼河 西至京東 灤河 薊運河

卷三

京畿諸水直沽所滙 白河 滹沱河 桑乾河 漳河 清水河 衛河

卷四

運河 源自山東之汶上分水北至天津南至清口

《水道提纲》封底藏书印

《水经注释》

（清）赵一清 录

《水经注释》扉页

清乾隆五十一年（1786）
小山堂刻本
书口题“东潜赵氏定本”

框高 20 厘米
宽 14.6 厘米
半叶 10 行 21 字
小字双行 21 字

馆存
全十六册　四十卷
附录上下卷
水经注笺刊误十二卷

赵一清（1709~1764），字诚夫，号东潜，浙江仁和（今杭州城区东）人，赵昱之子。少禀父昱教，学于全祖望，从事根柢之学，一时词章之士，莫能抗手。著有《东潜诗文稿》、《水经注释》四十卷、《水经注刊误》十二卷、《直隶河渠志》一百三十二卷等。

《水经注释》以明朱谋玮《水经注笺》为基础并参考有关校本近三十种，博采旧籍及前人考订，详为补充阐释。经与全祖望反复商讨，发现在旧本中有经、注混淆五百余处，逐一订正，基本上恢复了经、注原貌。据全祖望郦注本注中有注之说，辨验文义，用大小字予以区别，颇便观览。又将唐宋地志所引郦注原文，辑录成篇，补出今本已散佚的滏、洺等十二水。其释文部分则博采经史旧籍及前人考订，稽核详明，足资参证。

予久聞仁和趙誠夫先生有釋水經注一書惜未之見昨春移節大梁適先生子載元官是方以屬吏進謁言次及之載元知隄防宣泄之宜能世其家學予既以其治績奏于朝擢守歸德今年夏謀鋟先生是書請序于予予始得受而讀之見其抉擇之詳明徵引之該核有升菴之博而無其不可信有中尉之勤而去其不必疑洵謂有是書以來不可少之撰述矣予服官數十年頗留意地理之學以爲有裨于民生實事自癸卯歲校刻山海經畢即欲疏是書是時幕下之士如邵錢洪孫諸子皆足以襄予編校之役數年以來已十得其三四今觀先生是書條剖縷析遠

水經注釋　卷首　二　東潛趙氏定本

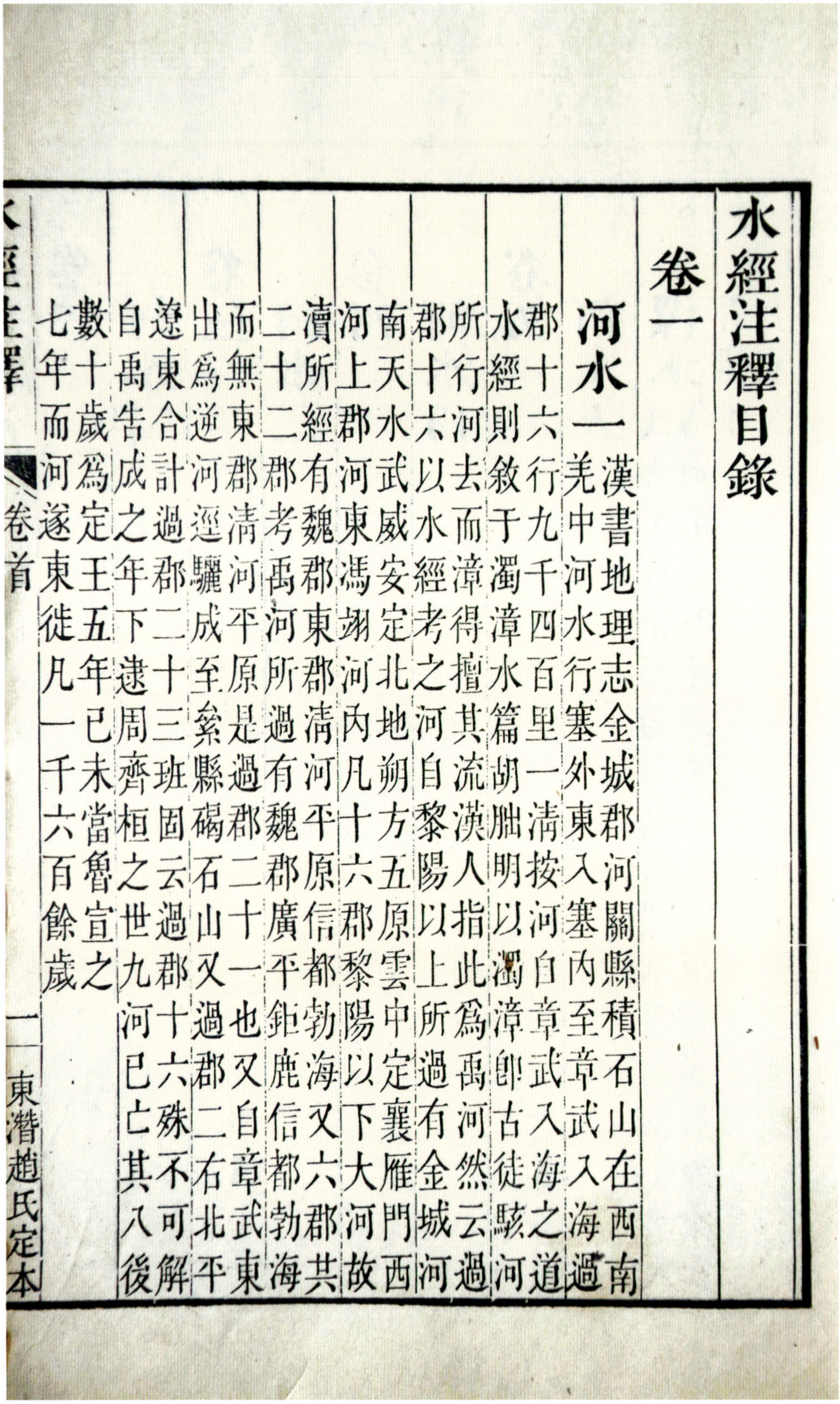

水經注釋目錄

卷一

河水一

漢書地理志金城郡河關縣積石山在西南羌中河水行塞外東入塞內至章武入海過郡十六行九千四百里一清按河自章武入海之道水經則敘于濁漳水篇胡朏明以濁漳即古徒駭河所行河去而漳得擅其流漢人指此爲禹河然云過郡十六以水經考之河自黎陽以上所過有金城河南天水武威安定北地朔方五原雲中定襄雁門西河上郡河東馮翊河內凡十六郡黎陽以下大河故瀆所經有魏郡東郡清河平原信都勃海又六郡共二十二郡考禹河所過有魏郡廣平鉅鹿信都勃海而無東郡清河平原是過郡二十一也又自章武東出爲逆河逕驪成至絫縣碣石山又過郡二右北平遼東合計過郡二十三班固云過郡十六殊不可解自禹告成之年下逮周齊桓之世九河已亡其八後數十歲爲定王五年已未當魯宣之七年而河遂東徙凡一千六百餘歲

水經注釋 卷首 一 東潛趙氏定本

《附录》二卷，从近四十种古籍中辑录有关《水经》和《注》的著录、序、跋及考证等，为《水经注》研究提供了较系统的材料。

《水经注笺刊误》十二卷，专订朱笺之误。此书撰成于乾隆初叶，在戴震校本之前；刊布于乾隆季年一清死后，在戴本之后。二书剖析经注，所见略同，故后人或疑戴袭赵，或疑刻赵书者袭戴，成为学术界长期争论不决的公案。

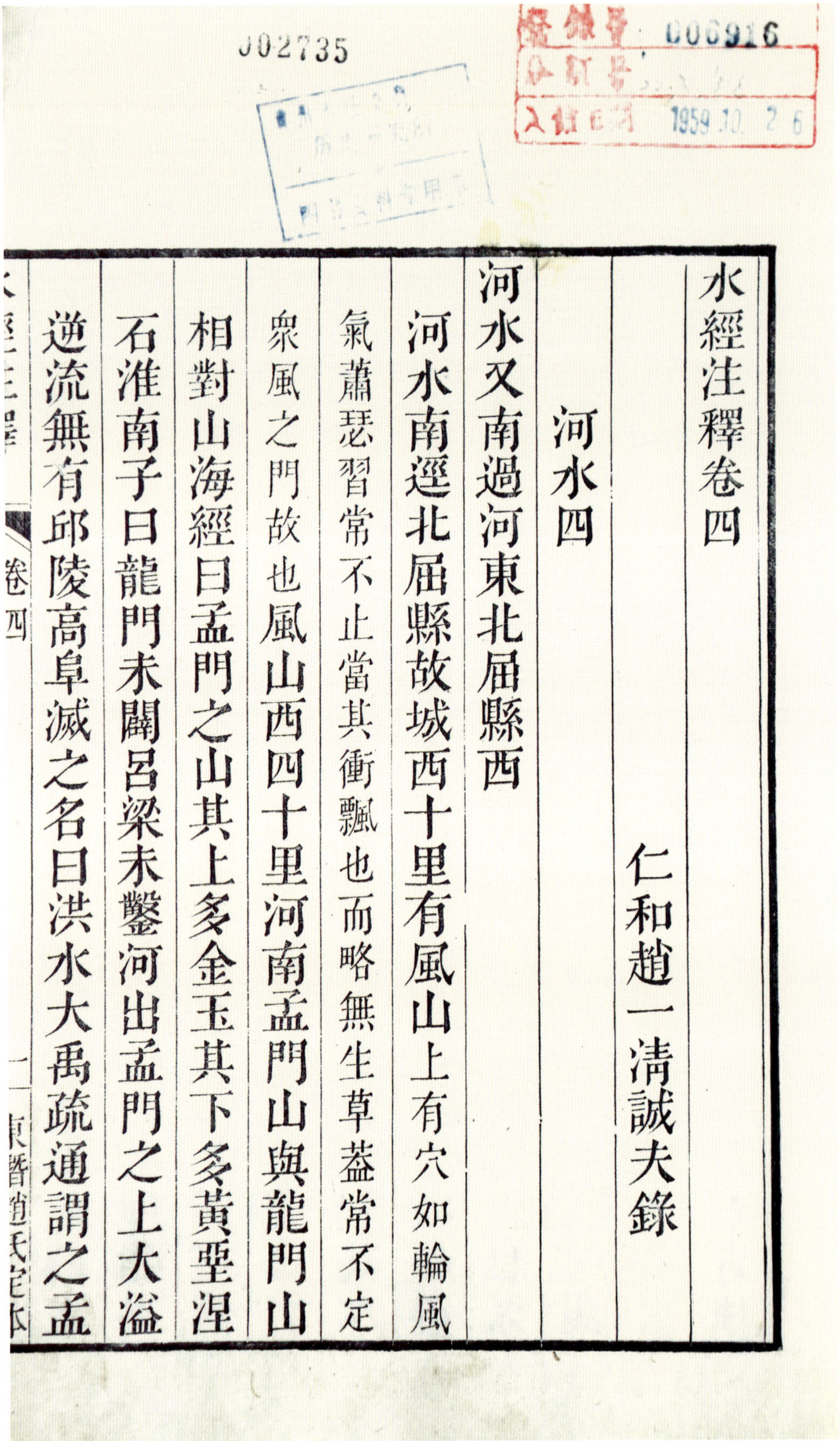
水經注釋卷四

仁和趙一清誠夫錄

河水四

河水又南過河東北屈縣西

河水南逕北屈縣故城西十里有風山上有穴如輪風氣蕭瑟習常不止當其衝飄也而略無生草蓋常不定衆風之門故也風山西四十里河南孟門山與龍門山相對山海經曰孟門之山其上多金玉其下多黃堊涅石淮南子曰龍門未闢呂梁未鑿河出孟門之上大溢逆流無有邱陵高阜滅之名曰洪水大禹疏通謂之孟

水經注釋　卷四　一　東潛趙氏定本

《尔雅正义》

(清)邵晋涵 撰

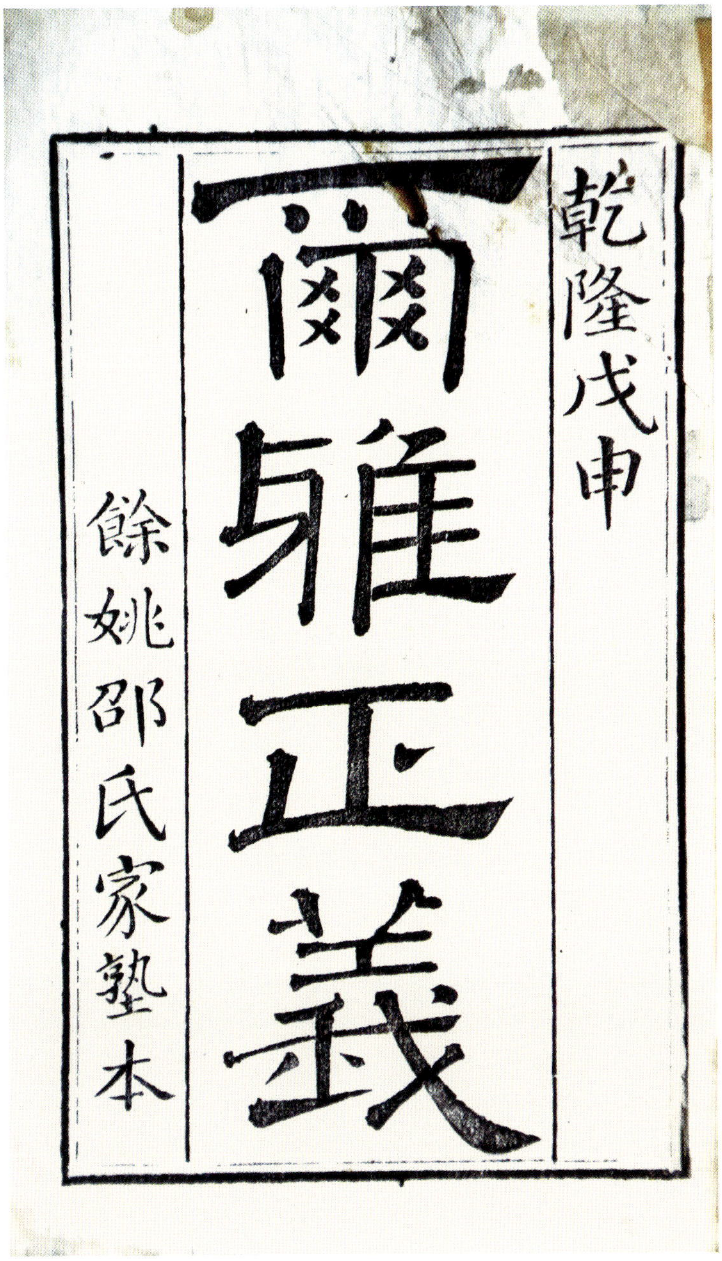

《尔雅正义》扉页

清乾隆五十三年(1788)
余姚邵氏家塾本
琉璃厂西门内金陵文炳斋
刘德文镌刻

框高 17.8 厘米
宽 12.3 厘米
半叶 9 行 20 字
小字双行 20 字

馆存
全四册　二十卷
后附(唐)陆德明撰《尔雅释文》上、中、下卷

《尔雅正义》最初成书在汉武帝时代以前（即公元前二世纪以前），因为汉武帝时已有犍为文学的《尔雅注》（今已佚）。

关于《尔雅正义》的作者，说法不一。现今学术界普遍认为，《尔雅正义》不是一手所成，它经过许多人的增补。有的地方可能是东汉人增补进去的。

邵晋涵（1743~1796），字与桐，号二云，又号南江，浙江余姚人。清乾隆时期进士，授翰林院庶吉士、编修、擢侍讲学士。清代著名史学家、经学家，曾参与《明史》《四库全书》《续三通》《八旗通志》等通纂。于经精《春秋》三传及《尔雅正义》，著有《孟子述义》《榖梁正义》《南江诗钞》等。

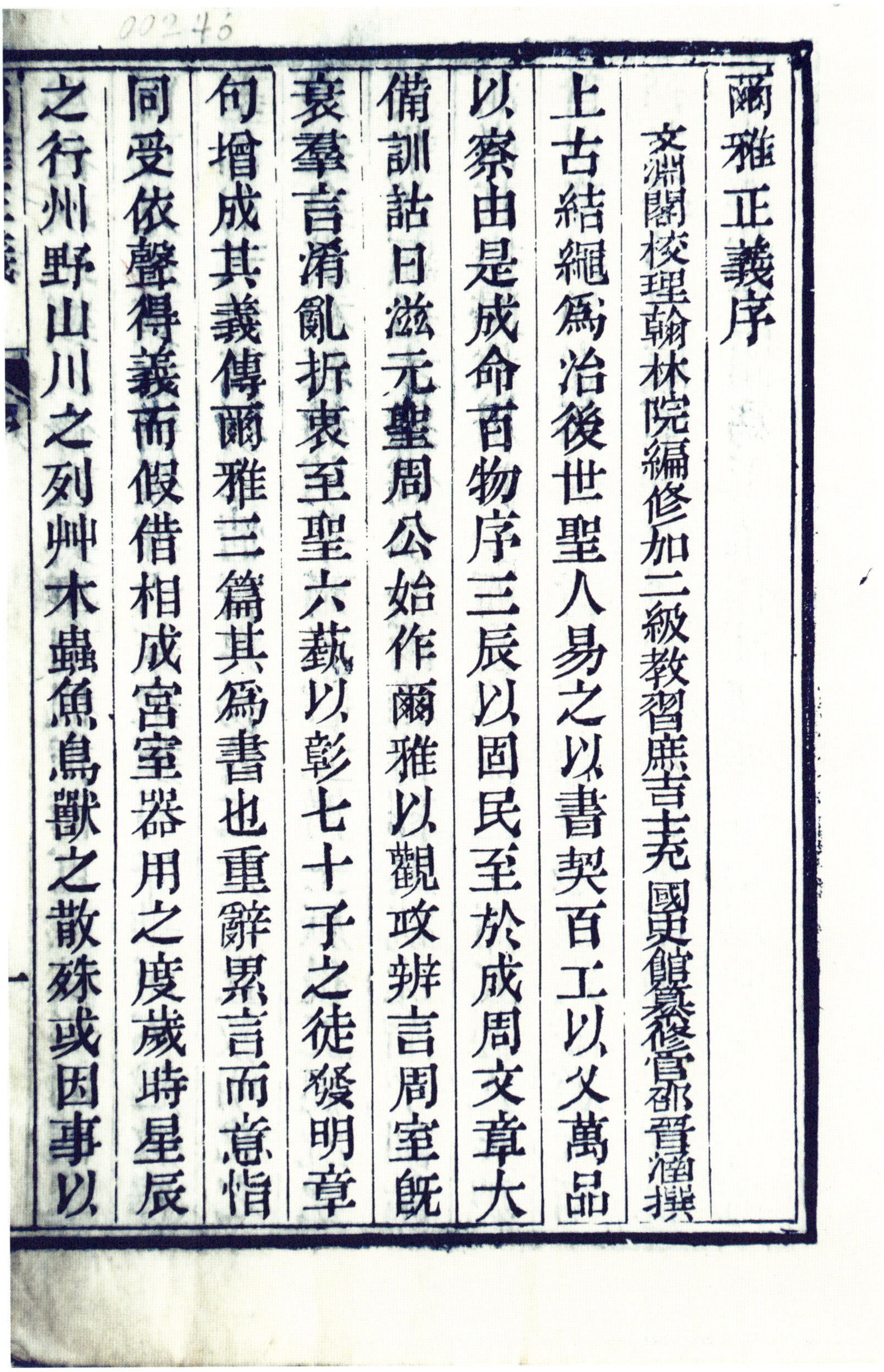
爾雅正義序
文淵閣校理翰林院編修加二級教習庶吉士國史館纂修官邵晉涵撰
上古結繩爲治後世聖人易之以書契百工以乂萬品以察由是成命百物序三辰以固民至於成周文章大備訓詁日滋元聖周公始作爾雅以觀政辨言周室既衰羣言淆亂折衷至聖六藝以彰七十子之徒發明章句增成其義傳爾雅三篇其爲書也重辭累言而意指同受依聲得義而假借相成宮室器用之度歲時星辰之行州野山川之列艸木蟲魚鳥獸之散殊或因事以

《尔雅正义》序

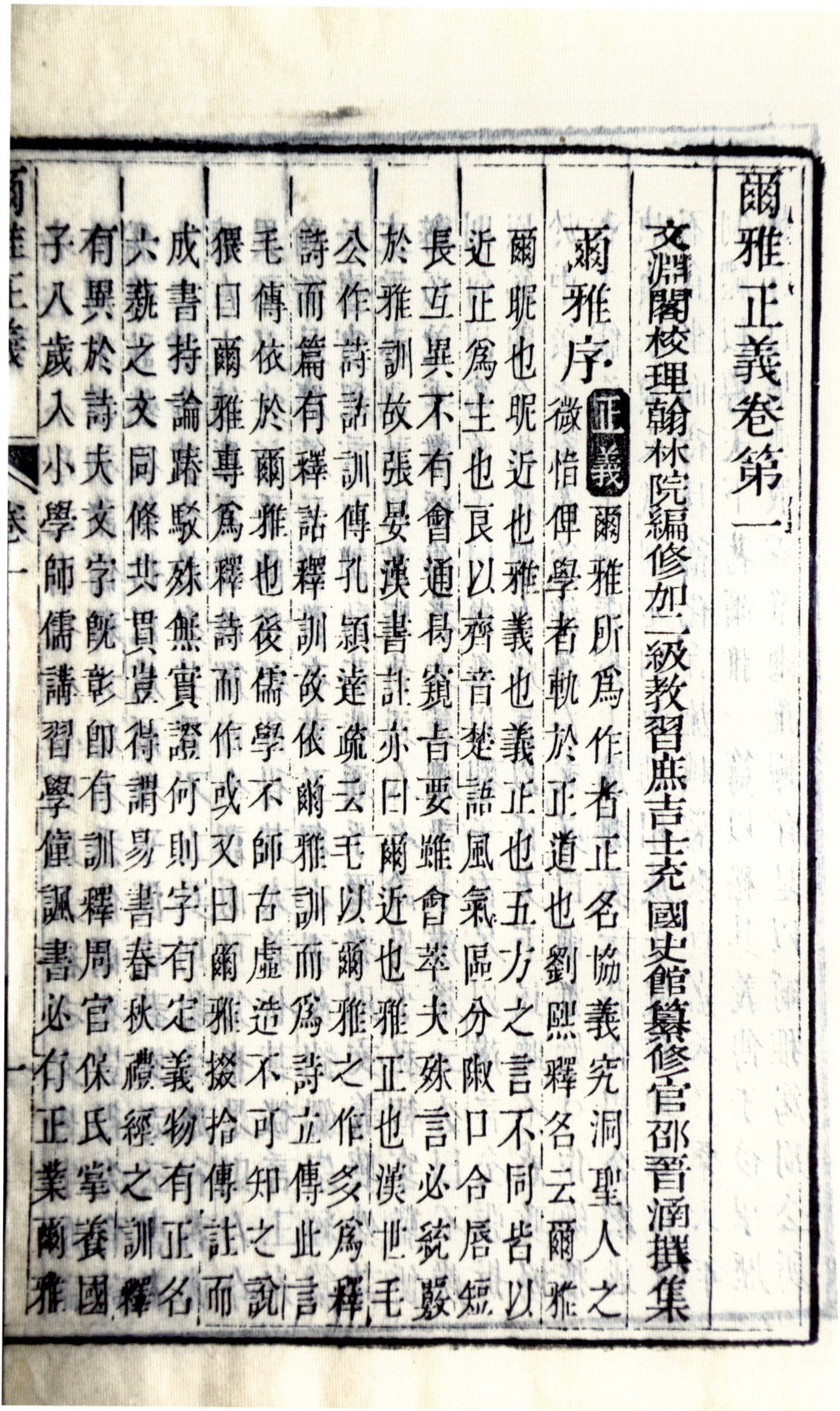
爾雅正義卷第一

文淵閣校理翰林院編修加二級教習庶吉士充國史館纂修官邵晉涵撰集

爾雅序【正義】爾雅所爲作者正名協義究洞聖人之微恉俾學者軌於正道也劉熙釋名云爾雅爾昵也昵近也雅義也義正也五方之言不同皆以近正爲主也良以齊音楚語風氣區分脗口合脣短長互異不有會通曷窺旨要雖會萃夫殊言必統壹於雅訓故張晏漢書注亦曰爾近也雅正也漢世毛公作詩詁訓傳孔穎達疏云毛以爾雅之作多爲釋詩而篇有釋詁釋訓故依爾雅訓而爲詩立傳此言毛傳依於爾雅也後儒學不師古虛造不可知之說猥曰爾雅專爲釋詩而作或又曰爾雅掇拾傳註而成書持論踳駁殊無實證何則字有定義物有正名六蓺之文同條共貫豈得謂易書春秋禮經之訓釋有異於詩夫文字既彰即有訓釋周官保氏掌養國子八歲入小學師儒講習學僮諷書必有正業爾雅

爾雅正義 卷一 一

《尔雅正义》卷一首页

《尔雅正义》共二十卷。卷一至卷四“释诂”“释言”“释训”。内容较为复杂，有名词、动词、形容词、副词等。卷一、卷二为“释诂”。“释诂”是罗列古人所用的同义词，以当代的词来解释它们，每条往往接连说了十几个词，最后以一个词来解释。卷三“释言”所选择的多数是常用词。被释的往往只有一个单词，至多不过两三个词。卷四“释训”，着重描写事物的情貌，被释字多为叠字。卷五至卷八“释亲”“释宫”“释器”“释乐”分别解释亲属称谓、宫室、器用、乐器名称；卷九至卷十三“释天”“释地”“释丘”“释山”“释水”解释天文地理方面词语；卷十四至卷二十“释草”“释木”“释虫”“释鱼”“释鸟”“释兽”“释畜”解释植物动物方面词语。是书体例每条先列《尔雅》原文，次列晋郭璞注，再次列邵氏正义。以郭注为本，兼采舍人、樊光、刘歆、李巡、孙炎诸家之说。其郭注未详者，考诸齐鲁韩诗，与马融、郑玄之诗注易注以及诸经旧说确有据者，补郭注所未备。采用“经注异详，训义兼辩”之训释方法，其文献价值主要有：校勘文字，稽考声韵，引经证注，辨别名物，补充郭注。

册四《尔雅正义》卷二十后附陆德明《尔雅释文》三卷。

陆德明（简介见《尔雅注疏》）。

陆德明在校理群书的基础上，“精研六典，采纳九流，搜访异同，校之《苍》《雅》”，著《经典释文》三十卷。《经典释文》以考证古音为主，兼辨训义，引用了十四部文献《周易》《尚书》《毛诗》《周礼》《仪礼》《礼记》《春秋左传》《公羊传》《穀梁传》《孝经》《论语》《老子》《庄子》《尔雅》。

此处所附《尔雅释文》为其中一部分，主要为《尔雅》经文之字注音，同时兼有解义。陆氏《经典释文序录》云：“《尔雅》之作，本释五经，既解者不同，故亦略存其异。”由于“略存其异”，书中记有大量汉魏六朝时期多家音切，兼及训释、各本异同，对于后世《尔雅》研究有很大益处。

《尔雅释文》分上、中、下三卷。卷上包括《尔雅序》、释诂、释言、释训、释亲；卷中为释宫、释器、释乐、释天、释地、释丘、释山、释水；卷下为释草、释木、释虫、释鱼、释鸟、释兽、释畜。

羣公曰宮明堂位云魯公之廟文世室也武公之廟
武世室也是宗廟通稱宮室也左氏莊二十一年傳
云虢公爲王宮于玤詩序云斯干宣王考室也鄘風
定之方中云作于楚宮又云作于楚室毛傳室猶宮
也孟子曰爲巨室趙岐註巨室大宮也是天子諸侯
所居通稱宮室也左氏僖二十八年傳云令無入僖
負羈之宮檀弓云季武子成寢杜氏之葬在西階之
下請合葬焉許之入宮而不敢哭內則云由命士以
上父子皆異宮是大夫通稱宮室也士昏禮云請吾
子之就宮喪服傳云所適者以其貨財爲之築宮廟
大戴禮千乘篇云百姓不安其居不樂其宮豳風七
月云入此室處是士庶人通稱宮室也釋文云古者
貴賤同稱宮秦漢以來唯王者所居稱宮焉【註】皆所
至兩名。【正義】書疏引李巡云所以古今通語明實
同而異名郭
註本李巡
牖戶之間謂之扆【註】窗東戶西也禮云斧扆者以其所

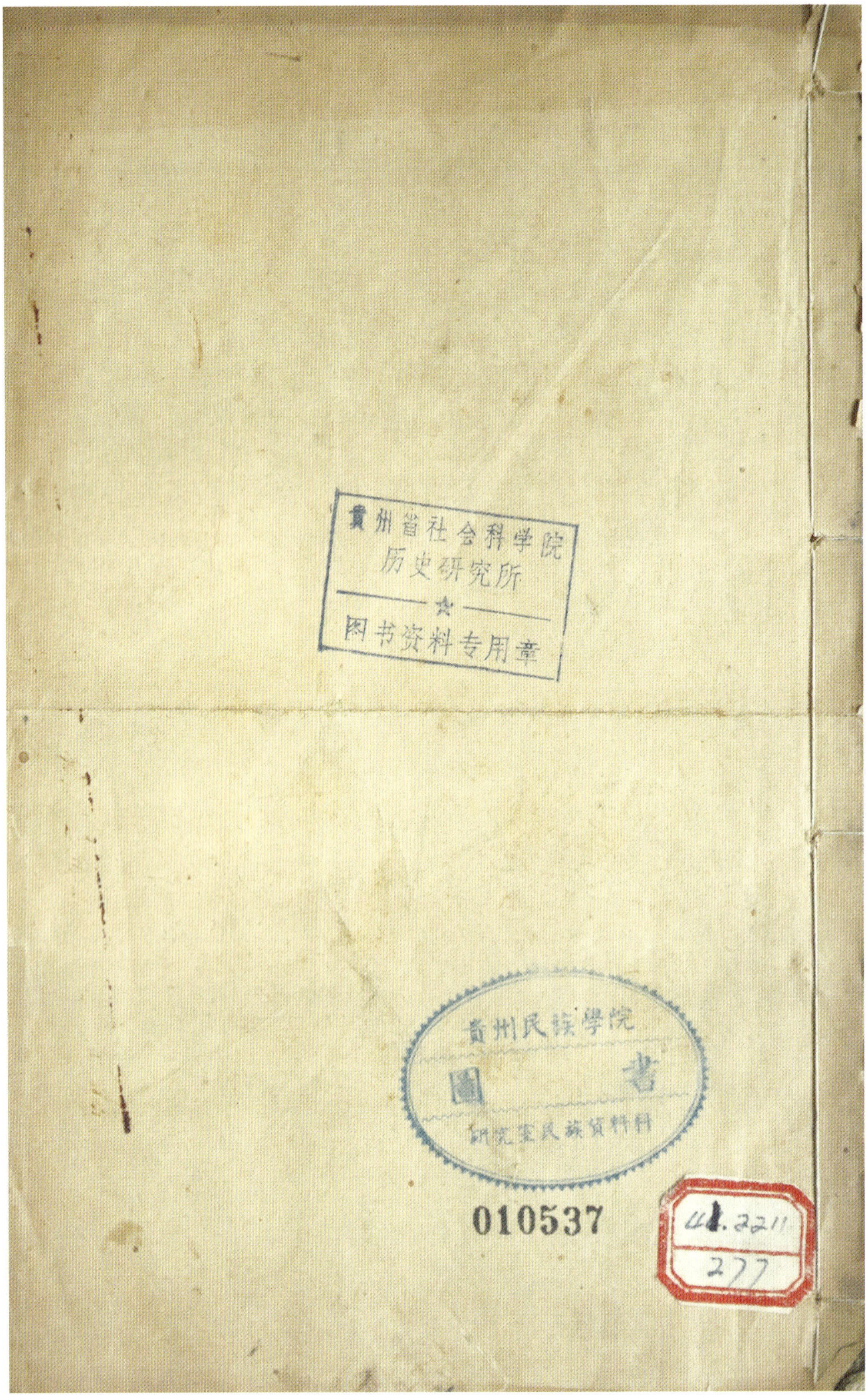

《尔雅正义》封底藏书印

青铜文物

贵州省社会科学院藏青铜文物

贵州省社会科学院藏青铜文物，来源于望谟县城西北约 30 公里的石屯镇巧散村。经贵州省文物系统业务人员现场调研，初步断定当地环境不适宜人居，这批青铜文物应为窖藏出土。据贵州省博物馆专家鉴定，贵州省社会科学院藏 64 件青铜文物总体可分为铜镯、铜铃、铜链、铜飞鸟等四大类，从器物的造型、风格、纹饰等元素分析，并与贵州出土青铜文物比较，确定这批文物的历史年代为汉代或稍早，具有明显的贵州区域性文化特征，可以纳入夜郎青铜文化序列。

铜铃

铜铃，53 件，分为两型四式

A 型 12 件，分为二式。

Ⅰ式，1 件（图一），长扁圆筒形，内空，券顶，铃口呈菱形，两正面对穿单圆孔，中部凸起，使铃身自孔以下呈四棱形，口部一周条形重沿。通高 10.2 厘米、通宽 9.7 厘米、口长径 7.2 厘米、短径 5.4 厘米，壁厚 0.3 厘米。铃身两侧面上部各向上斜伸出一管形耳，耳口处凸出一棱，耳高 1 厘米、口径 1 厘米。

Ⅱ式，11 件（图二），扁圆筒形，内空，券顶呈一斜坡，至铃两正面上部略凸出一道折，铃口为椭圆形或叶片形，一般为两正面对穿单圆孔，也有的为十字孔或三角孔，个别无孔。口部一周条形重沿，两侧上部各斜伸或平伸出一管形耳。铃口沿壁厚一般 0.25 厘米左右，耳高 1 厘米左右，耳径 1 厘米～ 1.45 厘米不等。

图一　A型铜铃Ⅰ式

图二　A型铜铃Ⅱ式

B型41件，分为二式。

Ⅰ式，共27件（图三），铃身较扁，为六棱体，弧形肩，敞口，口部一周条形重沿，铃口呈六边形，圆形钮。多数铜铃顶部有一孔，孔形不一，有圆孔、椭圆孔、条孔、方孔等。铃体两正面分别有对穿十字孔、单圆孔、双圆孔、三角孔、条形孔等，有的也非对穿孔，孔的位置一面较高一面较低。铃壁厚度差距不大，一般为0.25厘米左右，最厚的0.3厘米，最薄的0.15厘米。每个铃的大小尺寸都不同。

Ⅱ式，共14件（图四），通体呈钟状，铃身较扁，弧形肩，敞口，口部一周条形重沿，铃口呈叶片形或椭圆形，圆环钮，铃体两正面均有孔，其种类繁多，有对穿十字孔、单圆孔及三角孔，或非对穿三角孔，孔的位置一面高一面低，或一面单孔一面双孔。其中40号铃（图五），顶部小圆孔中，挂一铜条弯成的小环，铜条两端穿过小孔外折，固定于铃壁上，铃内环下悬一棒形舌，舌长5.6厘米，在此铃的圆环钮上，还绕有细铜条三圈。

图三　B 型铜铃 Ⅰ 式

图四　B 型铜铃 Ⅱ 式

图五　B 型铜铃 Ⅱ 式 40 号铃

铜镯

铜镯，9 件

铜镯，9 件（图六），其中完整的 5 件，残断的 4 件，1 件仅存半段。

除不完整的 1 件，其余 8 件可分为两型。

A 型，为开口型铜镯，镯的中部凸出一小钮。

Ⅰ式，1 件（图七），为素面，小钮如浅乳钉，略鼓出镯面，镯长 15.5 厘米、宽 1.9 厘米、厚 0.2 厘米。

Ⅱ式，1 件（图八），镯面布满纹饰。其中一件，小钮约 0.6 厘米高，饰有弦纹。镯面纹饰以六条竖列弦纹和一个纵向“S”形螺旋纹为一组组合而成，镯长 16.3 厘米、宽 1.35 厘米、厚 0.45 厘米。

B 型，也是开口型铜镯，但镯面无钮。

Ⅰ式，1 件（图九），素面，长 15.4 厘米、宽 1.4 厘米、厚 0.4 厘米。

Ⅱ式，5 件（图十），镯面饰有竖列弦纹和“S”形螺旋纹组成的纹饰，长度约 15 厘米、宽 1 厘米左右，纹饰稍有差异。

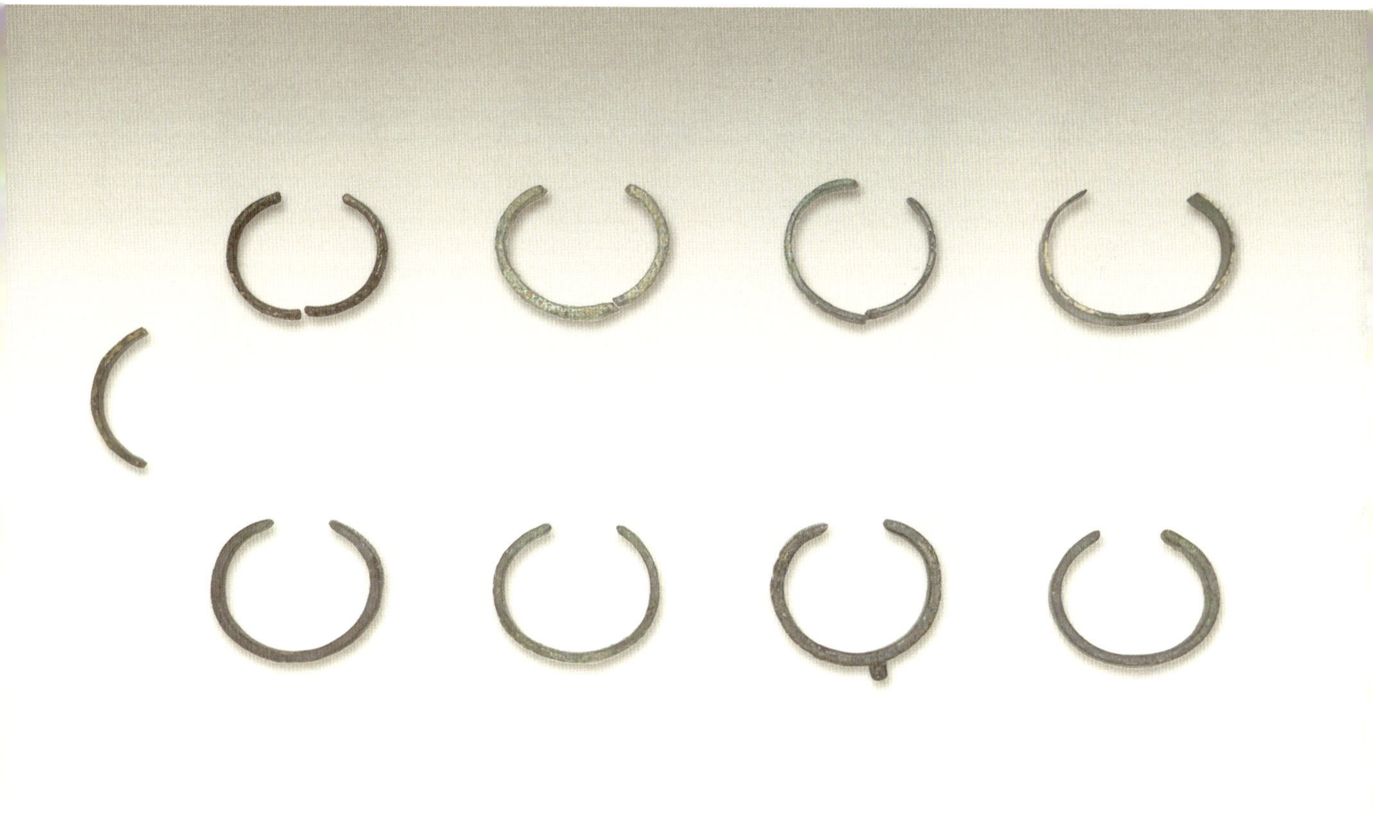

图六　铜镯

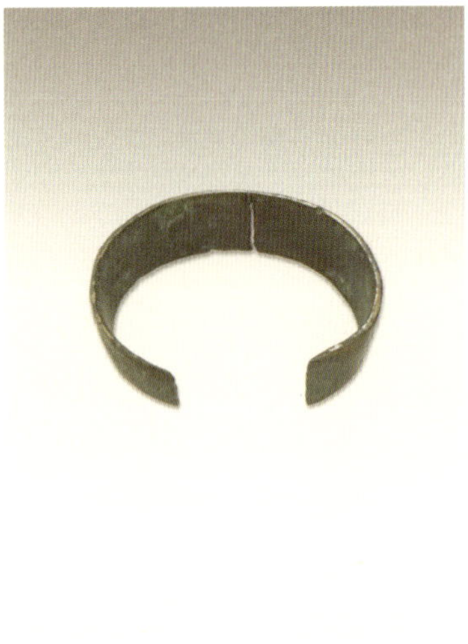

图七　A型铜镯Ⅰ式

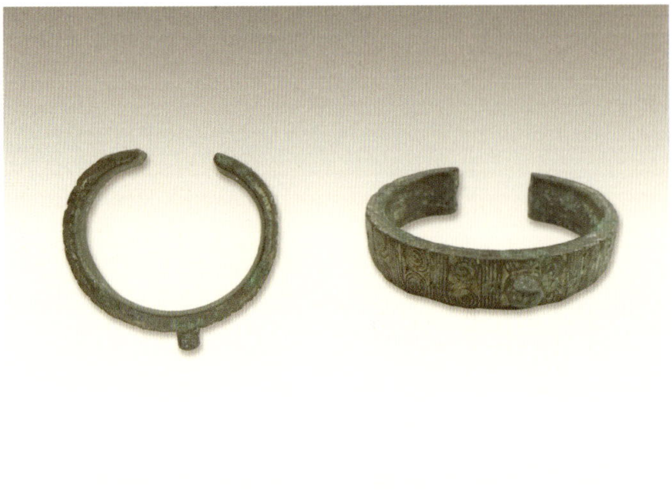

图八　A型铜镯Ⅱ式

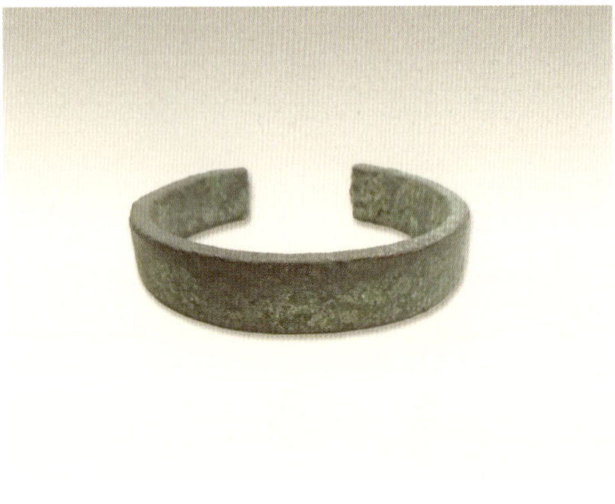

图九　B型铜镯Ⅰ式

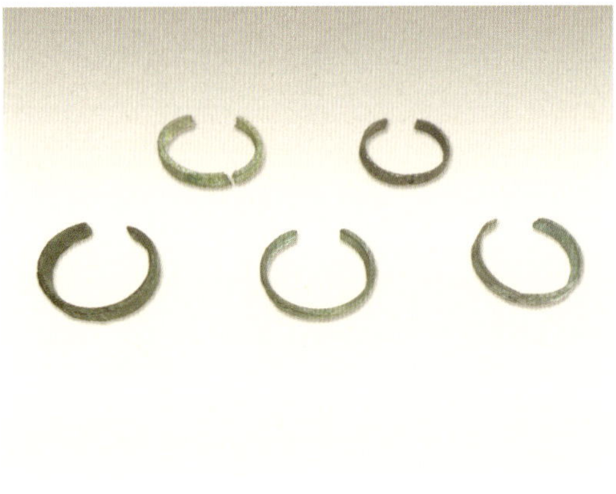

图十　B型铜镯Ⅱ式

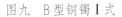

铜链

铜链，1 件

铜链用铜丝扭成，共四节，三节基本完整，长度分别为 4.3 厘米、4.25 厘米、3.6 厘米，一节断裂成三段（图十一）。

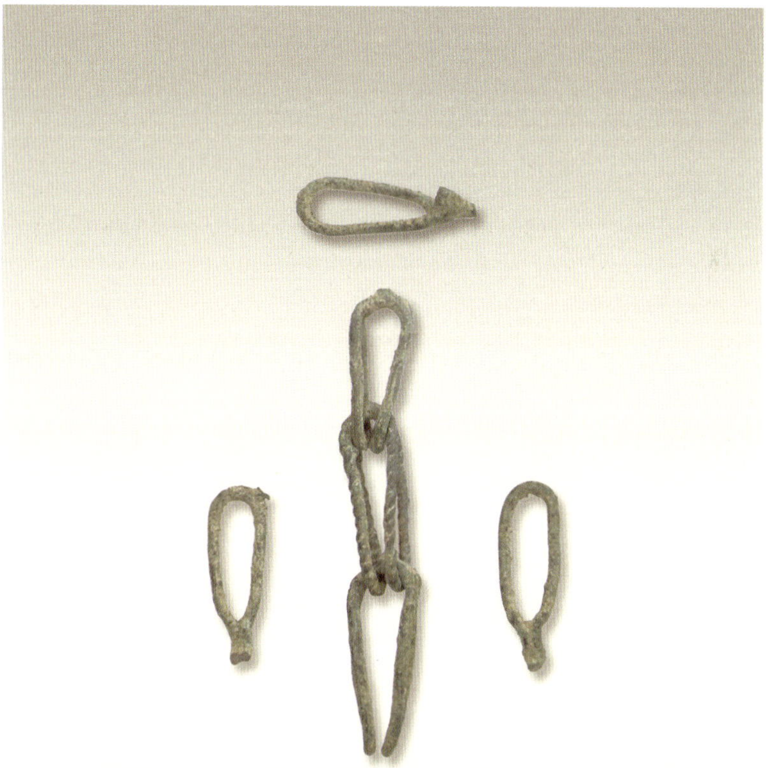

图十一　铜链

铜飞鸟

铜飞鸟，1 件

鸟呈空中滑翔状，头前伸，双翼平展，燕式剪刀长尾上扬，双眼凸出，头顶有冠，冠长 2.15 厘米。头后生一对双歧小角长 1.35 厘米。颈、翼、背、尾部均饰有浮雕状“S”形螺旋纹，排列方向不同，大小不等。在鸟的背脊处从冠根至尾饰一条辫索纹，在鸟身所有边缘处均饰有辫索纹，双翼后侧及尾外侧，各有一双涡纹铜片，尾翼端亦以双涡纹收头。鸟颈、腹中空，背部正中一圆环，环柱从腹腔纵穿至腹下，向前弯一挂钩，长 5.5 厘米，从背环至腹下挂钩，用一根直径 0.8 厘米的铜条做成。尾部铆两铜环，每环各悬一小铃，左翼下焊接两铜环，各悬一小铃，铃似球形，中部剖开，而饰螺旋纹，铃通高 2 厘米，铃径 0.8 厘米。右翼断损，有明显补接痕迹，翼下焊接有两铜环，已损，缺小铃。鸟通长 12.3 厘米、通宽 10.25 厘米、壁厚 0.3 厘米（图十二）。

图十二　铜飞鸟

这批青铜装饰物能被这么慎重地窖藏起来，可见其主人对它们的钟爱，也说明夜郎民族不仅讲究实用，更注重美观，尤其偏爱铜铃。从已知的考古资料看，一次出土如此众多数量的铜铃，在贵州还是首例，特别是前文所描述的 B 型Ⅰ式铃。过去发掘一个墓葬群，几十座墓中才出几件，这说明使用此铃的主人绝非常人，一定有相当的地位。由此更应考虑望谟这批文物主人的身份，还应研究这批青铜器所隐含的某种象征意义，至少通过它们的出土，更坚定了我们认为古夜郎国邑很可能在黔西南州及其附近的信心。

宋吟可 《赛马图》

1960 年 2 月作
纵 158 厘米、横 198 厘米，纸本设色

原画无标题，《赛马图》系笔者根据画的内容命名。该画绘五男三女 8 个少数民族青年，各骑一匹骏马，参加节日的赛马活动，他们或高扬马鞭，或紧勒缰绳，催动胯下坐骑在草地上奋勇奔驰。马的头上系绸带，脖颈挂铜铃，使画面洋溢着喜庆的气氛。作品造型生动准确，笔墨简洁潇洒，构图疏密有致，表现了画家深厚的艺术功力。宋吟可的人物画一般皆为尺幅不大的小品，像《赛马图》这样尺寸硕大且艺术精湛的作品十分罕见。他作此画时正值精力充沛、画艺成熟的壮年，故作品神完意足、气势飞扬，实属不可多得的精品。

宋吟可（1902~1991），原名荫科，南京人。早年入上海商务印书馆当练习生，学画书籍插图，业余学习绘画，常研习任伯年、吴昌硕的作品。抗战时期漂泊西南以卖画为生，1945年定居贵阳。新中国成立后历任贵州人民出版社美术编辑组组长、贵州民族学院暨贵州大学教授、贵州省美协主席、贵州国画院院长、中国美协理事、中国文联委员。有《宋吟可画集》《宋吟可作品选集》等出版。

宋吟可精于国画，作品题材广泛，以人物为主，兼工水牛、花鸟、山水。其人物画大多描绘少数民族风情，笔墨苍劲秀润，形象生动传神，意境清新优美，格调明朗健康，具有浓郁的时代气息和强烈的时代精神，是贵州现代人物画的开拓者。代表作有《妈妈您看我在开拖拉机》《绣和平鸽》《上学之前》等。宋吟可是贵阳十大文化名人之一，又与王渔父、孟光涛、方小石并称新中国贵州四大国画名家，为“宋王孟方”四家之首。

《赛马图》 宋吟可

王渔父（1909~1974），原名柳汀，河北涿县人。早年就读于京华美术专科学校，毕业后在中学任美术教员，抗战期间南下逃难，1944 年定居贵阳，供职于贵州省立艺术馆。新中国成立后历任贵州省文化局艺术科科长、贵州民族学院暨贵州大学艺术系教授、贵州省美协副主席、中国美协会员。有《王渔父花鸟画选集》《王渔父画集》等出版。

王渔父是一个富有创新精神的花鸟画家，其作品一反文人花鸟画偏重笔墨、气韵而轻视造型、色彩之弊，将笔、墨、形、色有机结合，并继承和发展了岭南派用粉、渲染的技法，在长期探索中形成了鲜明的艺术风格，特点是：形象鲜活灵动，色彩艳丽明快，意境优美抒情，格调雅俗共赏。代表作有《月夜飞凫》《梨花斑鸠》《大地春深》等；《月夜飞凫》曾参加第二届全国美展和社会主义国家造型艺术展览，是中国美术馆的第 1 号藏品，又入编多种大型权威画集，成为中国现代花鸟画的精典杰作。

王渔父《和平之春》（之一）

1960 年作
纵 158 厘米、横 198 厘米，纸本设色

该画绘鸽子与杜鹃花，鸽子共 15 只，12 只在草地上栖息、觅食，3 只在花丛间飞翔。鸽子毛色各异，或灰或白或褐，三三两两分为数群，神态生动，活泼可爱；背景绘红、黄两色杜鹃，花蕾赋色妍丽，枝干穿插自然；草地用深浅不一的绿色点染而成，使画面显得清新雅致。整幅画用小写意的手法绘成，笔墨灵动，意境优美，形神兼备，令人赏心悦目。作者在画右自题“和平之春”四字，点出了作品的主题。王渔父的画在“文化大革命”中遭到严重损毁，存世作品在新中国贵州“四大家”中是最少的，像《和平之春》这样尺幅巨大，构图精心，神采焕发的作品犹如凤毛麟角，值得我们格外地珍视。

《和平之春》之一　王渔父

和平之春
一九六零年春　王渔父

王渔父 《和平之春》（之二）

1960 年 3 月作
纵 158 厘米、横 198 厘米，纸本设色

此画内容、构图、风格、尺寸与前画十分相似，唯题款略有不同，前画只标明创作年份即 1960 年，此画则标明作于 1960 年 3 月，具体到了月份。相较于前一幅同题作品，此画艺术上似略逊一筹，一是构图稍显拥挤、迫塞，二是少数鸽子造型不够生动。若单看此画，已经相当不错，但与前一幅画对照，此画的一些瑕疵便显现了出来。王渔父是一个创作型画家，一幅作品往往要画两三次甚至更多，每一稿都反复斟酌锤炼，直至满意为止。推测此画创作在前，画家不甚满意，认为艺术上尚有提高的余地，所以又创作了前一幅画。正是由于这种认真严肃、一丝不苟的创作态度，使王渔父一生留下了许多精品佳作。他的两幅《和平之春》，为我们研究其绘画艺术提供了生动的范本。

《和平之春》之二 王渔父

孟光涛 《乌江天险》

1960 年 3 月作
纵 157.5 厘米、横 198 厘米，纸本设色

该画绘乌江景色，湍急的江水从远方奔腾而来，江中惊涛汹涌，木筏漂流，一座铁桥矗立江心，把两岸连为一体。近处巨石嵯峨，杂树丛生，远处峰峦如削，云雾弥漫，一条公路盘旋其间……乌江素称天险，红军在长征途中曾强渡乌江，攻占遵义；党中央在遵义召开政治局扩大会议，确立了毛泽东在党和红军中的领导地位，使中国革命转危为安。孟光涛画乌江天险，既为缅怀那一段英雄的历史，也是为歌颂新中国建设的伟大成就。作品构图严谨，笔墨劲爽，赋色清雅，应是在写生的基础上加工而成，堪称源于生活而高于生活的佳作。

孟光涛（1917~1987），贵州仁怀县人。早年就读于成都艺专和武昌艺专，1940年入中央大学艺术系，师从黄君璧、徐悲鸿等名家。毕业后在务川和贵阳多所中学任教，曾担任贵州省立艺术馆美术部主任。新中国成立后历任贵州民族学院暨贵州大学艺术系副主任、贵州国画院副院长、贵州省美协副主席；系中国美术家协会会员，有《中国近现代名家画集·孟光涛》等多种画集出版。

孟光涛是贵州当代杰出的山水画家，他对贵州山水画的贡献在于：首先，他是画史上第一个把贵州山水作为主要描绘对象的画家，也是第一个在山水画中描绘汽车、火车、钻塔等现代景物的贵州画家。他笔下的山水丝毫没有文人山水画萧瑟、空寂的意趣，而激荡着宏伟、壮美的时代旋律，这使他明显区别于古典山水画家，成为贵州现代山水画的奠基人。其次，他较好地把继承传统、借鉴西画和深入生活三者统一起来，创造了一套为贵州山水传神写照的图式和法式。在其作品中，贵州的喀斯特岩溶地貌和湿润多雨雾的气候，被表现得十分准确、生动；他对贵州高原瀑布、溪流的精彩描绘，丰富了传统绘画的画水技法。

《乌江天险》 孟光涛

孟光涛 《娄山关》

1960年3月作
纵157.5厘米、横198厘米，纸本设色

该画绘娄山关雄伟景色，画中山势回环，悬崖陡峭，峰峦层叠，公路蜿蜒，把娄山关“一夫当关，万夫莫开”的雄姿描绘得十分真实，惊心动魄。当年红军曾在娄山关与敌军激战，取得长征以来罕有的大捷，毛泽东兴奋之余，写了著名的《忆秦娥·娄山关》词。观者欣赏孟光涛此画时，不由会联想起毛泽东“雄关漫道真如铁，而今迈步从头越”的名句。

孟光涛的《乌江天险》与《娄山关》作于同一时期，二者艺术手法相近，都为淡着色的青绿山水，描绘的都是当年红军长征经过的天险雄关。所不同的是，前者以画水为主，后者以画山为主，但都具有很高的艺术水平，堪称孟光涛山水画的双璧。

方小石 《为红军搭桥》

1960 年作
纵 96 厘米、横 122 厘米，纸本设色

该画绘 1934 年红军长征途经黎平县八舟河，河上木桥因年久失修，已破败不堪，人马难以通过，当地侗胞得知这一情况，自筹木材、石料，修复木桥让红军胜利前进的故事。画的右上部绘 20 多个侗胞正在湍急的河水中修建木桥，左下部绘两个红军首长两个红军战士特地骑马前来致谢。作品一共画了 30 多人、两匹马，人物刻画生动，构图主次分明，把历史上真实发生的事件表现得十分感人，是民族团结、军民团结的颂歌。

方小石（1911~2012），名山，字小石，贵阳人。1937 年入国立艺专学习国画和木刻，毕业后历任贵州省立艺术馆暨图书馆主任等。新中国成立后相继在贵州人民出版社、贵州省群众艺术馆、贵州民族学院、贵州大学等单位工作。生前系贵州省美协名誉主席、贵州画院名誉院长、贵州师范大学美术学院名誉教授、中国美术家协会会员。有《方小石画集》《方小石画辑》等出版。

方小石是当代贵州成就卓著的花鸟画家，是新中国贵州中国画四大名家之一。但他20世纪五十年代主要致力于版画、年画和门画创作，兼及中国画，六十年代后才潜心研习写意花鸟画，经过几十年的探索和耕耘，形成了个人鲜明的风貌，表现为：1.方小石常画前人未画过或很少画的花鸟，反映了他在题材上勇于开拓的精神；2.方小石的画笔墨苍劲、朴拙、简洁，这主要得益于他深厚的书法、篆刻功底；3.方小石素以傅色精妙著称，所作色墨纯净、饱满、滋润，丰富了花鸟画的色彩世界。方小石传世的中国画主要为写意花鸟，像《为红军搭桥》这样尺幅巨大的人物画作极为罕见，该画对研究方小石的绘画艺术具有珍贵的资料价值。

《为红军搭桥》 方小石

为红军搭桥
一九三四年
红军到黎
平八舟
吴之焕和
侗族人民
修复大
桥让红
军顺利
前进红
军热烈
向他表示

贵州大学艺术系《花溪》（之一）

1960 年作
纵 170 厘米、横 102 厘米，纸本设色

该画绘花溪公园景色，作品为全景式构图，由近及远把花溪大桥、大礼堂、放鸽桥、百步跳蹬、麟山、坝上桥，乃至远处的花溪水库，全部收入图中。展开画卷，但见桃红柳绿，溪水蜿蜒，房舍棋布，游人如织，一派春天的景色，令人心旷神怡。全画章法严谨，笔墨工致，色彩妍丽，属于工笔重彩青绿山水。作品署名贵州大学艺术系，由此可知为集体创作，推测是在宋吟可、王渔父、孟光涛、方小石等老先生指导下，由部分青年教师和学生共同执笔完成的，因此画中洋溢着一股青春的气息，折射出那个特定时代的精神面貌。

《花溪》之一 贵州大学艺术系

贵州大学艺术系《花溪》（之二）

未署年款，推测与上图作于同一时期，即 1960 年
纵 135 厘米、横 291 厘米，纸本设色

该画描绘的也是花溪公园景色，但构图采用平远法，与上图采用深远法相异。作品主要描绘放鸽桥至坝上桥之间的风光，包括百步跳蹬和麟山，从全画的艺术风格分析，推测主体部分系出自贵州大学艺术系部分青年教师和学生之手，但近景的树石用笔比较老辣粗犷，近似孟光涛的画风，当由孟光涛先生所绘。

贵州大学艺术系集体创作的两幅《花溪》，一为横幅，一为立轴，从不同视角描绘了 20 世纪六十年代的花溪公园景色，不仅具有较高的艺术价值，也具有珍贵的历史价值，为后人研究花溪公园的布局及变迁，留下了形象生动的图像资料。

无名氏 《人民公社好》

未署年款
纵 153.5 厘米、横 222 厘米，纸本设色

作品描绘大跃进中涌现的新生事物，画中一群公社社员刚从集体食堂就餐完毕，有的扛着锄头，有的推着小车，有的举着红旗，意气风发，谈笑风声，正准备下地干活；食堂前停着一辆装满蔬菜的马车，两个炊事员忙着把菜卸下来运往食堂；左边几个阿姨抱着或牵着社员们的孩子，向托儿所缓缓走去；右边的商店中，一个妇女打量着橱柜中陈列的物品，两个男人买到自己喜爱的书和乐器，刚从店中走出来……全画人物众多，构图精心，描绘生动，虽然画中表现的场景早已成为往事，但该画真实记录了那个火热而浮夸的时代，对后人了解人民公社的历史不无裨益。

该画原无标题，画题系笔者根据作品描绘的内容命名。该画亦未标明作者和创作年代，但若把它同前面两幅《花溪》对照，不难发现二者的艺术风格十分相似，也当出自贵州大学艺术系的青年教师和学生之手，创作时间也应是1960年。

《人民公社好》 无名氏

学习毛澤东思想

潘中亮 《娄山关》

1960 年作
纵 84.5 厘米、横 44.5 厘米，套色木刻

潘中亮的这两幅版画色彩、题跋有异，但实为同一作品的两次拓印。该画以娄山关为背景，表现新中国社会主义建设的伟大成就。画的左下部绘悬崖陡峭，古树挺拔，钻塔巍峨，帐篷掩映，几个工作者正在钻塔下作业；右下部绘一座高压电塔，高高地耸立在山崖之上；山谷中一列火车吐着白烟，满载货物向远方奔驰而去。画的上部绘几座高山剪影，一抹朝霞映照在远山上，为作品增添了几分亮色。

潘中亮（1928~2001），别名柳屯，山东齐河县人。幼家贫，自学绘画，1948 年参加解放军，历任十六军文工团美术分队长、贵州军区文化处副处长等。1980 年转业，任贵州国画院副院长兼秘书长；系中国美术家协会会员、国家二级美术师。潘中亮是部队培养的军旅版画家，他长期深入连队，深入生活，用刻刀为部队服务，为兵服务。一生勤奋创作，发表各种绘画 600 多幅，主要成就为版画，曾出版《兵之歌——潘中亮版画作品集》。其版画代表作有《大破天险窗子洞》《安错湖之滨》《追踪》《边疆大道》等。

《娄山关》木刻拓印一　潘中亮

《娄山关》木刻拓印二　潘中亮

后记

凡是过往，皆有价值。这批尘封已久的“家底”，并未被遗忘。我们编辑出版的《渊鉴掘菁——贵州省社会科学院典藏》，除择录院藏32部善本古籍，还录入了部分院藏文物、字画。贵州省博物馆专家对书中64件青铜文物进行鉴定后认为，这批青铜文物分为铜镯、铜铃、铜链、铜飞鸟等四大类，从器物的造型、风格、纹饰等元素分析，并与贵州出土青铜文物比较，确定这批文物的历史年代为汉代或稍早，具有明显的贵州区域性文化特征，可以纳入夜郎青铜文化序列。贵州省美术家协会对书中11幅院藏字画进行了鉴定，鉴定意见认为，这批创作于20世纪60年代的画作，多出自贵州著名画家之手，艺术精湛、画幅巨大、装裱精良，保存完好，具有很高的艺术价值，尤其以新中国贵州“四大家”即“宋王孟方”的佳作最为珍贵。像《赛马图》这样尺寸硕大且艺术精湛的作品十分罕见，“作品神完意足、气势飞扬，实属不可多得的精品”。

我院这些古籍、文物、字画等“宝贝”得以完好保存至今，重见天日，离不开贵州省社会科学院几代社科人的精心呵护；《渊鉴掘菁——贵州省社会科学院典藏》一书得以出版，离不开领导、专家、学者、职工的指导、支持和帮助。在此，一并致谢。

图书在版编目（CIP）数据

渊鉴挹菁：贵州省社会科学院典藏 / 贵州省社会科学院编 . -- 北京：社会科学文献出版社，2018.12
ISBN 978-7-5097-6437-4

Ⅰ . ①渊… Ⅱ . ①贵… Ⅲ . ①古籍 – 图书目录 – 中国
Ⅳ . ① Z838

中国版本图书馆 CIP 数据核字 (2018) 第 281709 号

渊鉴挹菁
——贵州省社会科学院典藏

编　　者 / 贵州省社会科学院

出 版 人 / 谢寿光
项目统筹 / 邓泳红
责任编辑 / 陈　雪

出　　版 / 社会科学文献出版社 · 皮书出版分社（010）59367127
地址：北京市北三环中路甲 29 号院华龙大厦　邮编：100029
网址：www.ssap.com.cn
发　　行 / 市场营销中心（010）59367081　59367083
印　　装 / 三河市东方印刷有限公司

规　　格 / 开 本：889mm × 1194mm　1/16
印 张：18　字 数：38 千字
版　　次 / 2018 年 12 月第 1 版　2018 年 12 月第 1 次印刷
书　　号 / ISBN 978-7-5097-6437-4
定　　价 / 598.00 元